REDBONE

La verdadera historia de una banda de rock indígena estadounidense

Facebook: **facebook.com/idwpublishing**
Twitter: **@idwpublishing**
YouTube: **youtube.com/idwpublishing**
Tumblr: **tumblr.idwpublishing.com**
Instagram: **instagram.com/idwpublishing**

978-1-68405-818-1   23 22 21 20   1 2 3 4

Traducido por
Lenny M. Cauich Maldonado

Tipografía por
Lucas Gattoni

Editado por
Justin Eisinger y **Alonzo Simon**

Diseñado por
Maqsimum Creation

Producción por
Tara McCrillis

NOTA DEL EDITOR: Este libro es una versión al español de la publicación original de Steinkis Groupe. Es una obra de no ficción y basada en las experiencias profesionales y personales y observaciones de Pat Vegas, miembro fundador de Redbone. En este sentido, mientras se pretende proveer con la información lo más precisa posible, ciertos recuerdos podrían diferir de los de otros y los autores y el editor no aceptan responsabilidad por inexactitudes u omisiones, y renuncia específicamente a cualquier responsabilidad por pérdida de cualquier naturaleza incurrida como resultado de la misma

Chris Ryall, Presidente y director creativo
Cara Morrison, Jefa de finanzas
Matthew Ruzicka, Jefe de contabilidad
John Barber, Editor jefe
Justin Eisinger, Director editorial, novelas gráficas y artículos coleccionables
Scott Dunbier, Director de proyectos especiales
Jerry Bennington, Vicepresidente de desarrollo de productos
Lorelei Bunjes, Vicepresidente de servicios digitales
Jud Meyers, Directora de ventas
Anna Morrow, Directora de mercadotecnia
Tara McCrillis, Directora de diseño y producción
Mike Ford, Director de operaciones
Shauna Monteforte, Director de operaciones de producción
Rebekah Cahalin, Gerente general

Ted Adams y Robbie Robbins, Fundadores de IDW

Escrito por
Christian Staebler y Sonia Paoloni

Ilustraciones hechas por
Thibault Balahy

Inspirado en la música de Redbone y la amistad de Pat Vegas

PRÓLOGO

La historia de Pat y Lolly Vegas no es fácil de contar pero tocará lo más profundo de tu corazón. La historia de Redbone es aún más significativa porque cambió las vidas de Pat, Lolly, Tony, Pete y Butch, así como las de todos que corrieron un riesgo y escucharon su mensaje.

La comunidad indígena estadounidense ha pasado por muchas pruebas y adversidades: victorias, derrotas e interludios pacíficos entre unas y otras. Muchas vidas nos han sido arrebatadas (100 millones durante el genocidio), en Wounded Knee, la segregación y más... en el camino a la transformación, hay muchos ejemplos donde la fuerza de la comunidad indígena estadounidense fue puesta a prueba. Pero a pesar de todo prevalecimos.

Es un honor para mí presentarles la historia del viaje que mi padre y mi tío hicieron juntos. Todos los días me maravillo de sus logros, y como su efecto dominó continúa elevando a aquellos que los rodean. Pat y Lolly no vinieron de una familia rica en dinero, si no de una familia rica en amor y comunicación. Los dos hermanos aún eran muy jóvenes cuando se les enseñó el verdadero valor del trabajo, lo cual era la base para su triunfo. Tuvieron que batallar, algunas noches se durmieron con hambre. Trabajaron como locos y vivieron la vida al máximo. ¡Pasaron por lo mejor y lo peor!

Adonde sea que ellos fueran, se esforzaban por algo y en una era regida por una conformidad inquietante, concientizaron a la gente mayormente a través de su música.

Eso fue lo que los convirtió en leyendas - ¡y qué leyendas!

Ellos son el rostro público de la comunidad indígena estadounidense, y aún hoy, son una fuente de inspiración para todos a su alrededor.

Esta historia recuerda con detalle los orígenes de Pat y Lolly Vegas y el nacimiento de Redbone.

Te llevará por la historia de nuestro pueblo y el futuro de nuestras próximas generaciones. Seas o no indígena estadounidense, esta es una increíble historia para todos, y cualquiera puede identificarse con ella. Como todos hemos sentido el tomahawk [hacha] de la guerra.

Hay un aspecto hermoso de realizarse... que a pesar de todo, si te mantienes fiel a ti mismo y sigues luchando por todo lo que te motiva, tus sueños se harán realidad por seguro. Espero que disfrutes de esta aventura retrospectiva a través de la historia de mi familia. Es rica en conocimiento, sabiduría, verdad, amor, originalidad y fortaleza.

Esta es una historia que nunca olvidarás.

Recuerda...

Todos somos miembros de la misma raza,

la raza humana.

Entenderlo

es comprender lo que nosotros somos y ser capaz de unir para construir un futuro mejor. Ahora es tu turno de actuar y cambiar el mundo. No esperes ¡Empieza ahora!

Gracias especiales a: PJ, Tobie, Sarah, Acela, Bianca, Dominic, Malia, River, Sophia, Nikko, nuestra familia entera de Salinas, y a ti ¡nuestra FAMILIA REDBONE!

Lolly y Tony, descansen en la música.

¡Con todo mi amor y mis bendiciones!

¡Feliz lectura!

FRANKIE VEGAS

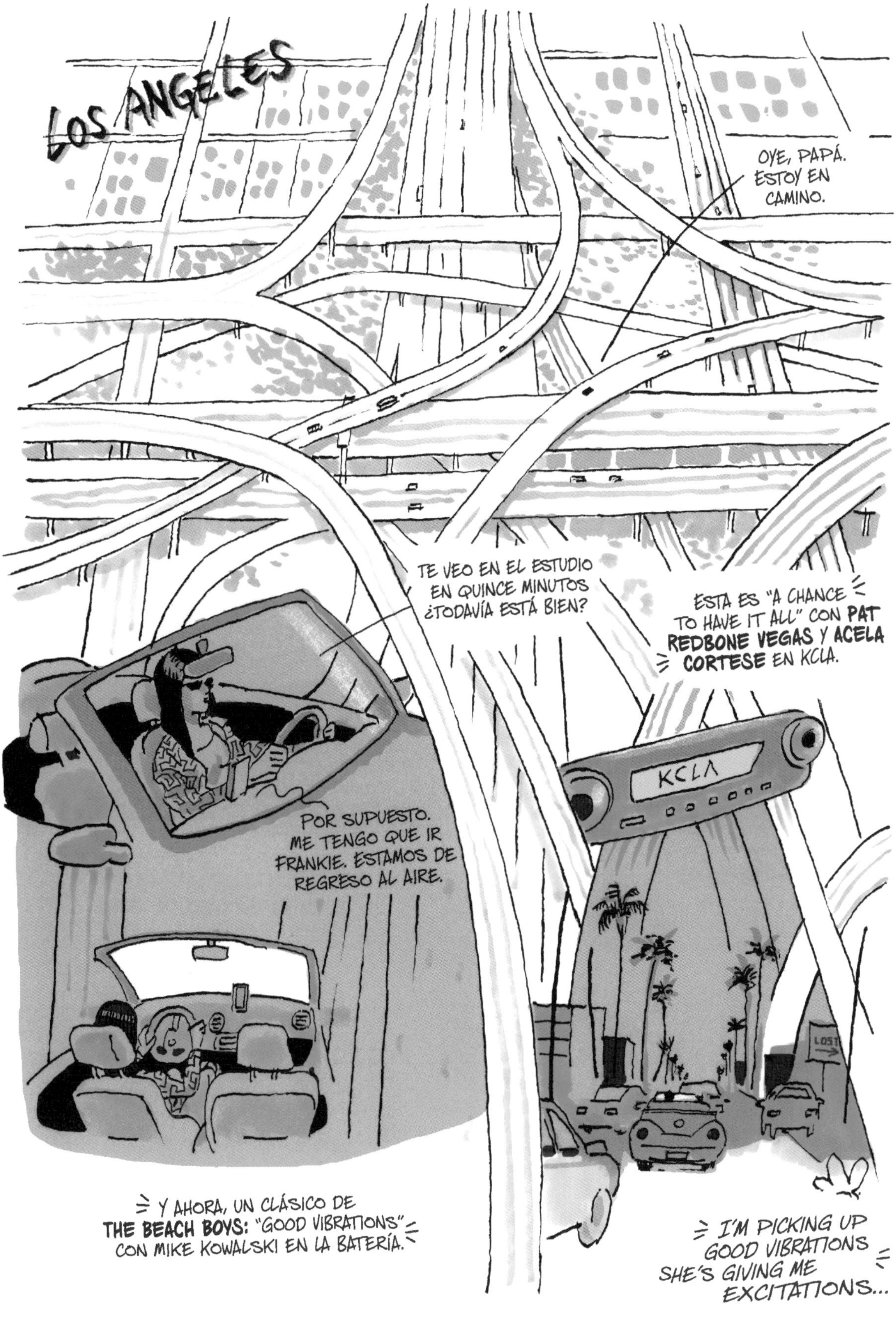

LOS ANGELES
OYE, PAPÁ. ESTOY EN CAMINO.
TE VEO EN EL ESTUDIO EN QUINCE MINUTOS ¿TODAVÍA ESTÁ BIEN?
ESTA ES "A CHANCE TO HAVE IT ALL" CON **PAT REDBONE VEGAS** Y **ACELA CORTESE** EN KCLA.
KCLA
POR SUPUESTO. ME TENGO QUE IR FRANKIE. ESTAMOS DE REGRESO AL AIRE.
LOST
Y AHORA, UN CLÁSICO DE **THE BEACH BOYS:** "GOOD VIBRATIONS" CON MIKE KOWALSKI EN LA BATERÍA.
I'M PICKING UP GOOD VIBRATIONS SHE'S GIVING ME EXCITATIONS...

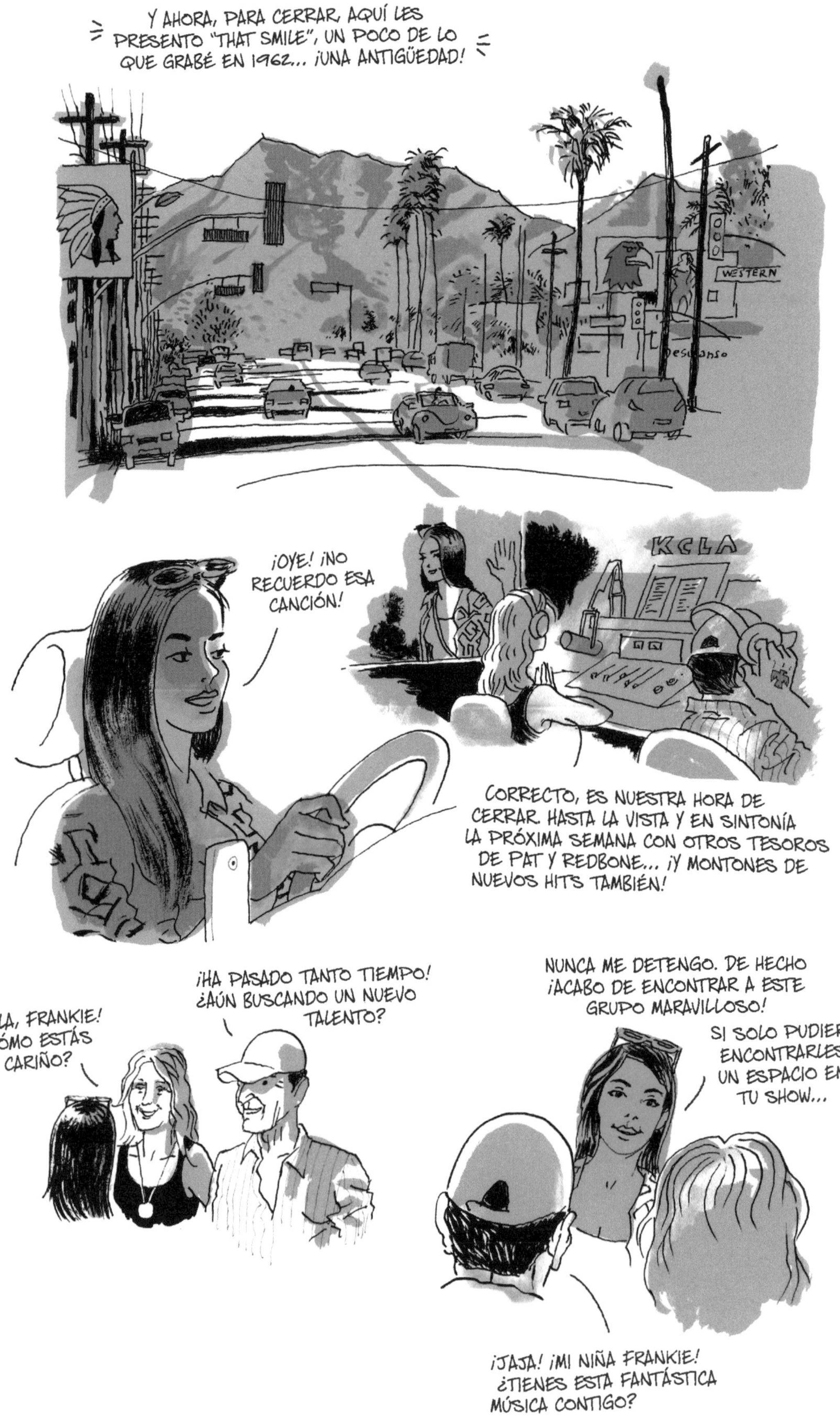
Y AHORA, PARA CERRAR, AQUÍ LES PRESENTO "THAT SMILE", UN POCO DE LO QUE GRABÉ EN 1962... ¡UNA ANTIGÜEDAD!
WESTERN
KCLA
¡OYE! ¡NO RECUERDO ESA CANCIÓN!
CORRECTO, ES NUESTRA HORA DE CERRAR. HASTA LA VISTA Y EN SINTONÍA LA PRÓXIMA SEMANA CON OTROS TESOROS DE PAT Y REDBONE... ¡Y MONTONES DE NUEVOS HITS TAMBIÉN!
¡HOLA, FRANKIE! ¿CÓMO ESTÁS CARIÑO?
¡HA PASADO TANTO TIEMPO! ¿AÚN BUSCANDO UN NUEVO TALENTO?
NUNCA ME DETENGO. DE HECHO ¡ACABO DE ENCONTRAR A ESTE GRUPO MARAVILLOSO!
SI SOLO PUDIERA ENCONTRARLES UN ESPACIO EN TU SHOW...
¡JAJA! ¡MI NIÑA FRANKIE! ¿TIENES ESTA FANTÁSTICA MÚSICA CONTIGO?

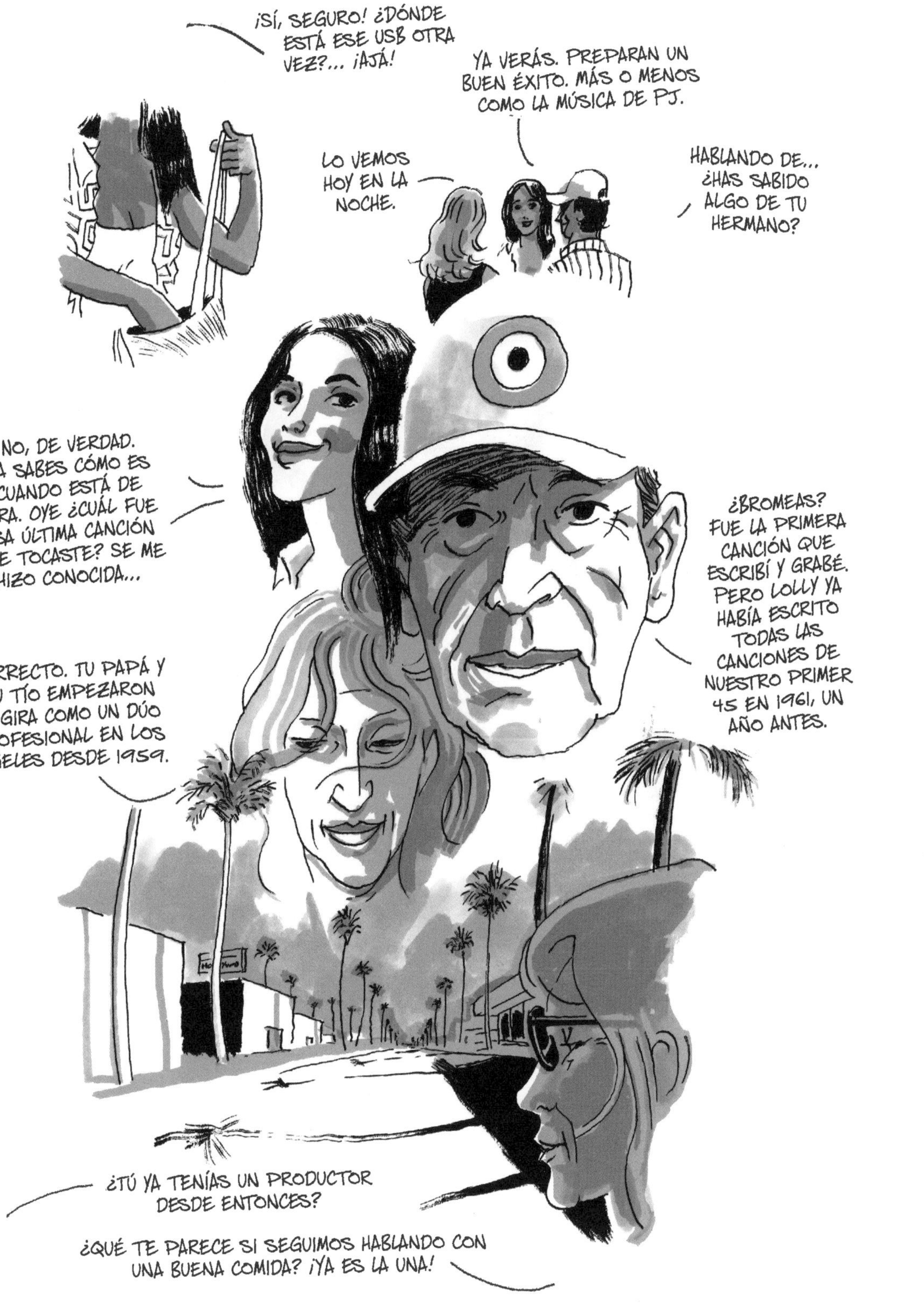
¡SÍ, SEGURO! ¿DÓNDE ESTÁ ESE USB OTRA VEZ?... ¡AJÁ!
YA VERÁS. PREPARAN UN BUEN ÉXITO. MÁS O MENOS COMO LA MÚSICA DE PJ.
LO VEMOS HOY EN LA NOCHE.
HABLANDO DE... ¿HAS SABIDO ALGO DE TU HERMANO?
NO, DE VERDAD. YA SABES CÓMO ES CUANDO ESTÁ DE GIRA. OYE ¿CUÁL FUE ESA ÚLTIMA CANCIÓN QUE TOCASTE? SE ME HIZO CONOCIDA...
¿BROMEAS? FUE LA PRIMERA CANCIÓN QUE ESCRIBÍ Y GRABÉ. PERO LOLLY YA HABÍA ESCRITO TODAS LAS CANCIONES DE NUESTRO PRIMER 45 EN 1961, UN AÑO ANTES.
CORRECTO. TU PAPÁ Y TU TÍO EMPEZARON LA GIRA COMO UN DÚO PROFESIONAL EN LOS ÁNGELES DESDE 1959.
¿TÚ YA TENÍAS UN PRODUCTOR DESDE ENTONCES?
¿QUÉ TE PARECE SI SEGUIMOS HABLANDO CON UNA BUENA COMIDA? ¡YA ES LA UNA!

I
PAT Y LOLLY VEGAS
(1960-1968)

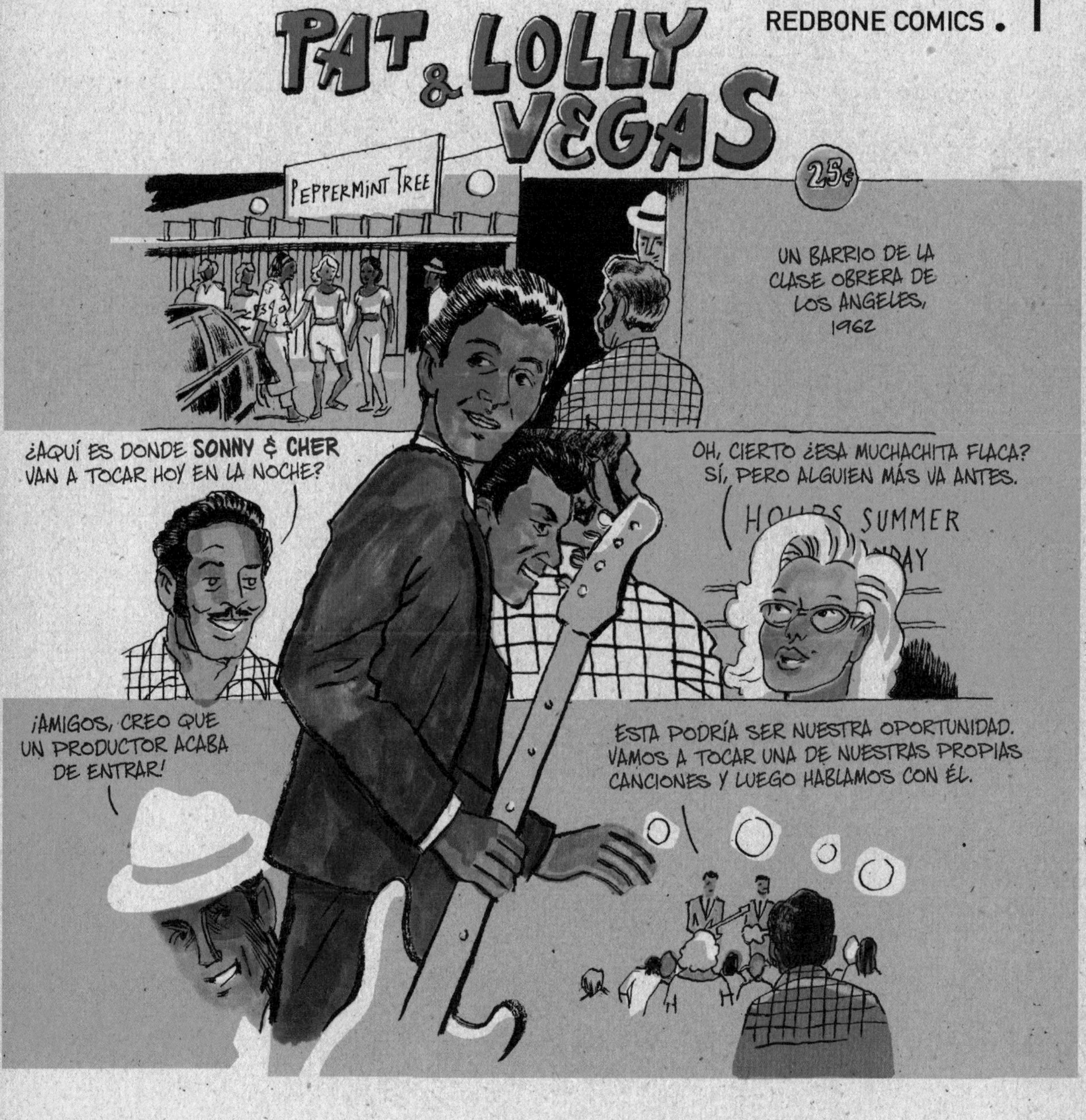
PAT & LOLLY VEGAS
REDBONE COMICS . 1
25¢
PEPPERMINT TREE
UN BARRIO DE LA CLASE OBRERA DE LOS ANGELES, 1962
¿AQUÍ ES DONDE SONNY & CHER VAN A TOCAR HOY EN LA NOCHE?
OH, CIERTO ¿ESA MUCHACHITA FLACA? SÍ, PERO ALGUIEN MÁS VA ANTES.
¡AMIGOS, CREO QUE UN PRODUCTOR ACABA DE ENTRAR!
ESTA PODRÍA SER NUESTRA OPORTUNIDAD. VAMOS A TOCAR UNA DE NUESTRAS PROPIAS CANCIONES Y LUEGO HABLAMOS CON ÉL.

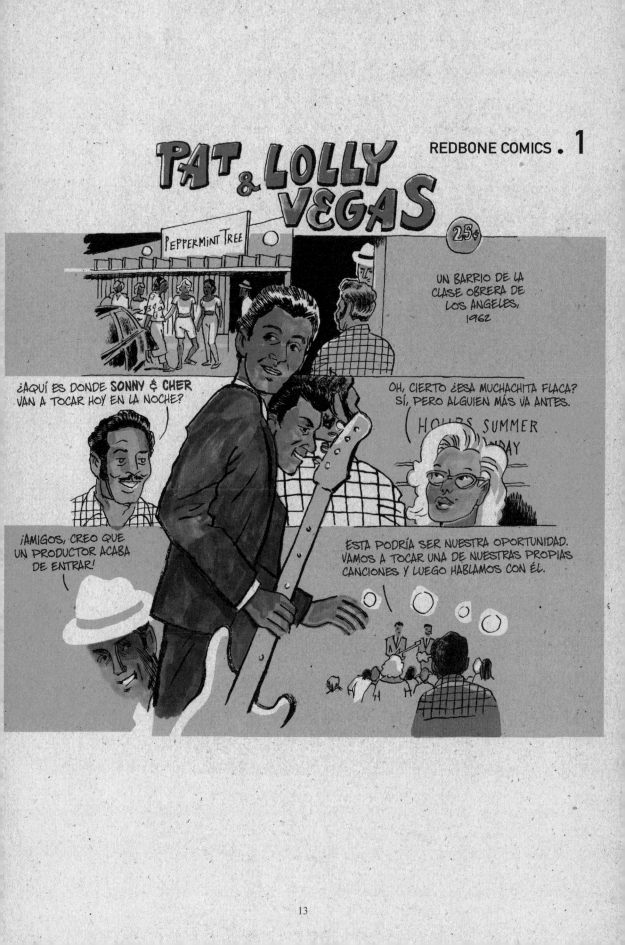

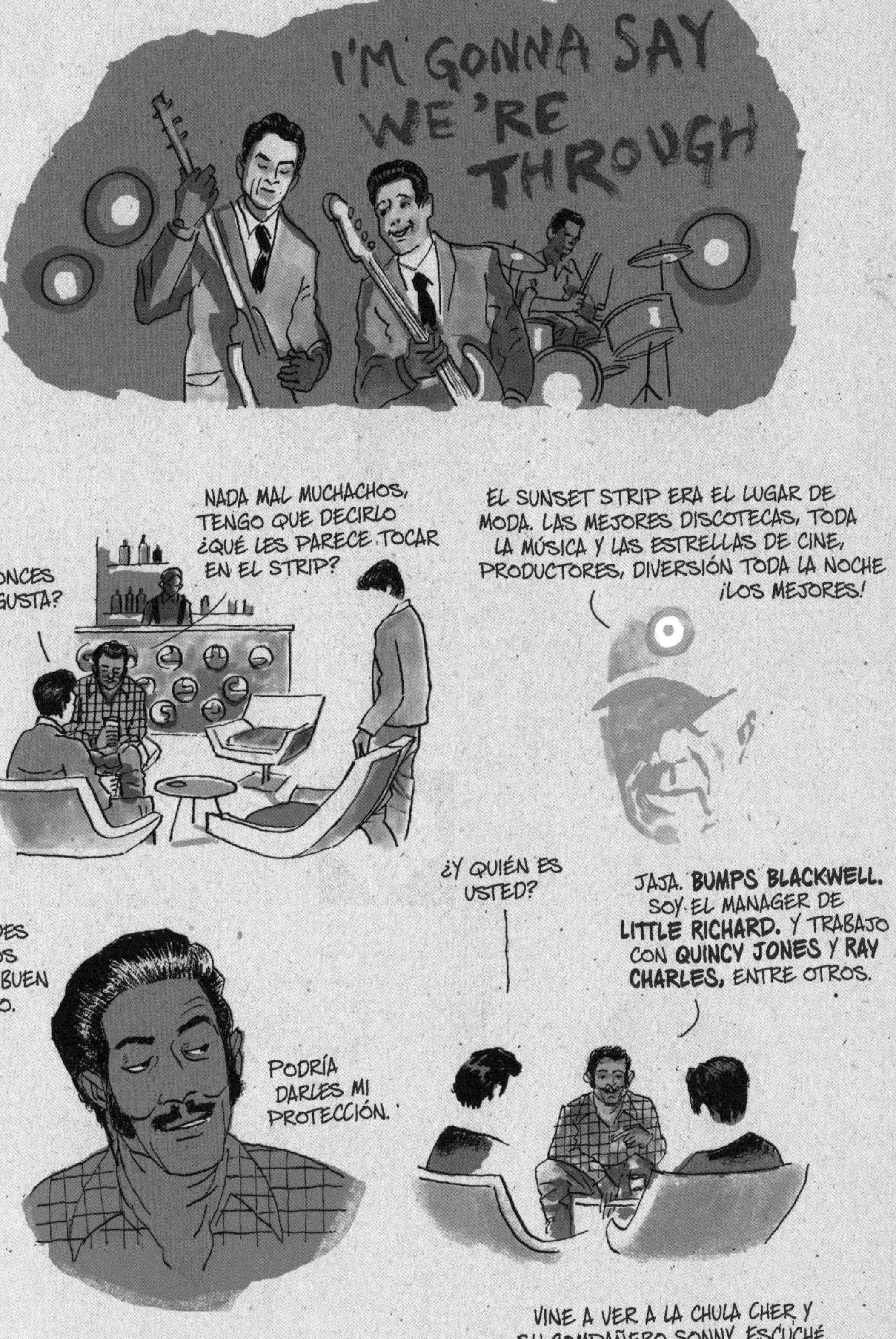
I'M GONNA SAY WE'RE THROUGH
ENTONCES ¿LE GUSTA?
NADA MAL MUCHACHOS, TENGO QUE DECIRLO ¿QUÉ LES PARECE TOCAR EN EL STRIP?
EL SUNSET STRIP ERA EL LUGAR DE MODA. LAS MEJORES DISCOTECAS, TODA LA MÚSICA Y LAS ESTRELLAS DE CINE, PRODUCTORES, DIVERSIÓN TODA LA NOCHE ¡LOS MEJORES!
USTEDES CHICOS TIENEN BUEN RITMO.
PODRÍA DARLES MI PROTECCIÓN.
¿Y QUIÉN ES USTED?
JAJA. BUMPS BLACKWELL. SOY EL MANAGER DE LITTLE RICHARD. Y TRABAJO CON QUINCY JONES Y RAY CHARLES, ENTRE OTROS.
VINE A VER A LA CHULA CHER Y SU COMPAÑERO SONNY. ESCUCHÉ QUE ESTABAN TRIUNFANDO.

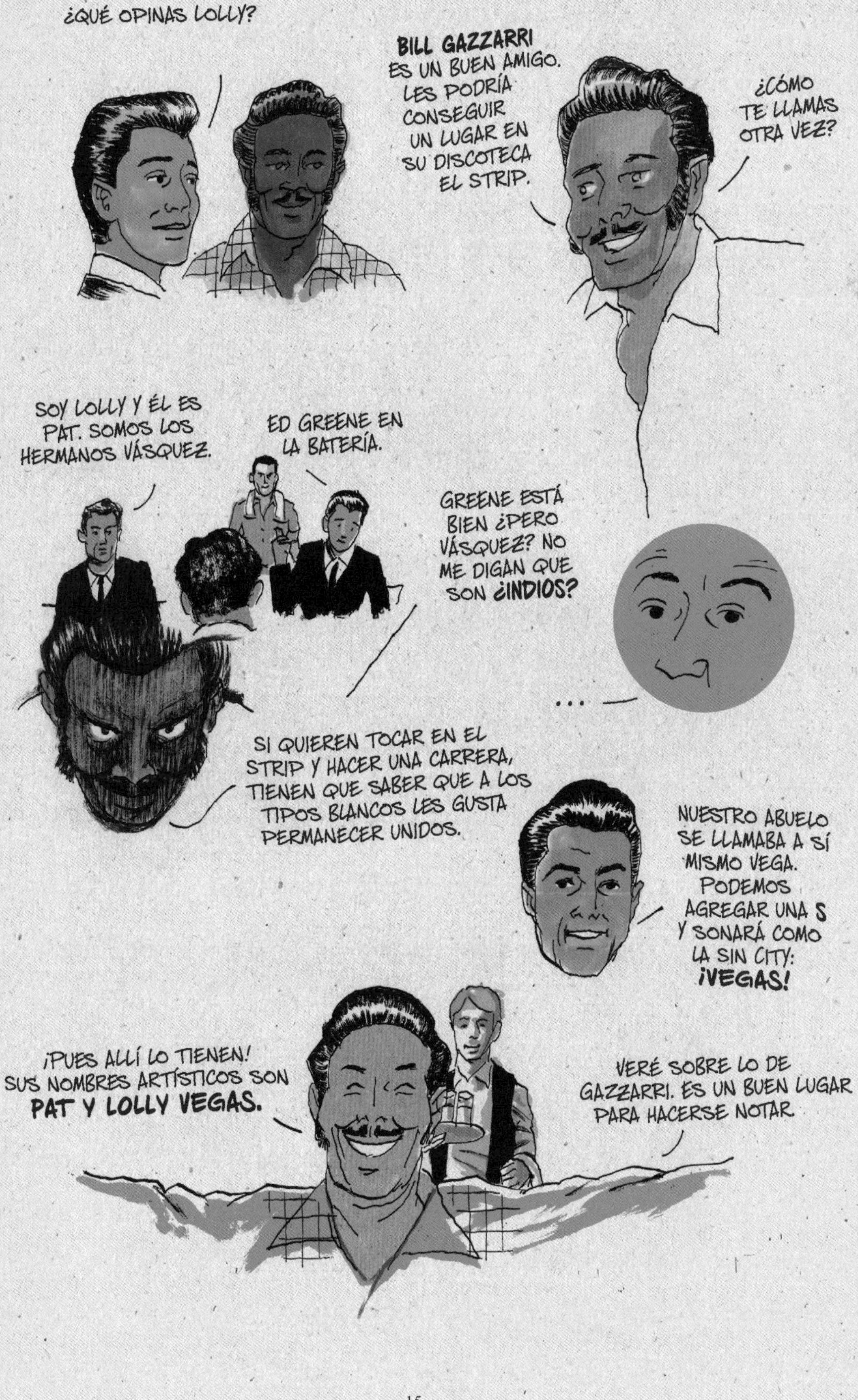
¿QUÉ OPINAS LOLLY?
BILL GAZZARRI ES UN BUEN AMIGO. LES PODRÍA CONSEGUIR UN LUGAR EN SU DISCOTECA EL STRIP.
¿CÓMO TE LLAMAS OTRA VEZ?
SOY LOLLY Y ÉL ES PAT. SOMOS LOS HERMANOS VÁSQUEZ.
ED GREENE EN LA BATERÍA.
GREENE ESTÁ BIEN ¿PERO VÁSQUEZ? NO ME DIGAN QUE SON ¿INDIOS?
...
SI QUIEREN TOCAR EN EL STRIP Y HACER UNA CARRERA, TIENEN QUE SABER QUE A LOS TIPOS BLANCOS LES GUSTA PERMANECER UNIDOS.
NUESTRO ABUELO SE LLAMABA A SÍ MISMO VEGA. PODEMOS AGREGAR UNA S Y SONARÁ COMO LA SIN CITY: ¡VEGAS!
¡PUES ALLÍ LO TIENEN! SUS NOMBRES ARTÍSTICOS SON PAT Y LOLLY VEGAS.
VERÉ SOBRE LO DE GAZZARRI. ES UN BUEN LUGAR PARA HACERSE NOTAR.

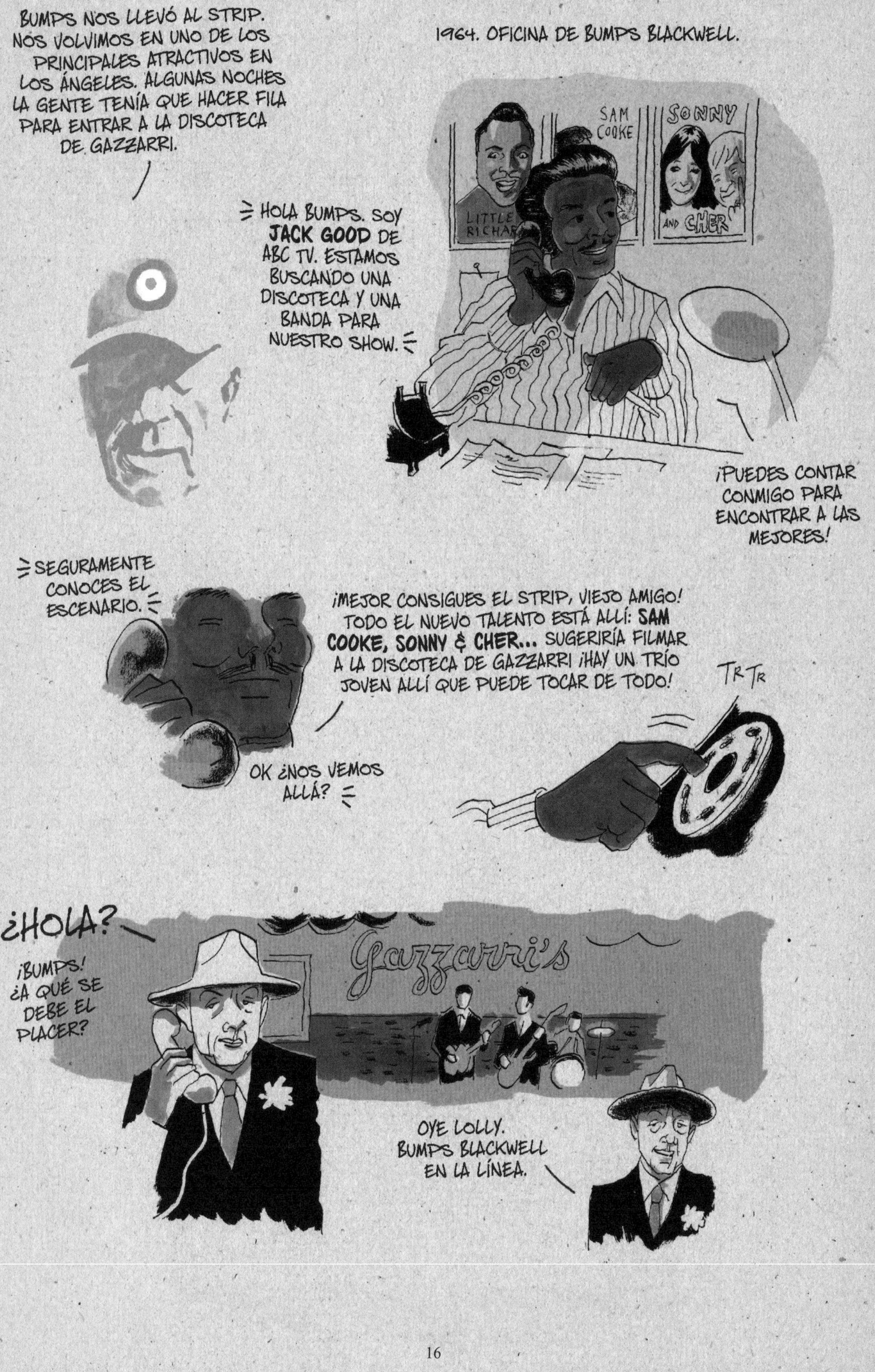
BUMPS NOS LLEVÓ AL STRIP. NOS VOLVIMOS EN UNO DE LOS PRINCIPALES ATRACTIVOS EN LOS ÁNGELES. ALGUNAS NOCHES LA GENTE TENÍA QUE HACER FILA PARA ENTRAR A LA DISCOTECA DE GAZZARRI.
1964. OFICINA DE BUMPS BLACKWELL.
LITTLE RICHARD
SAM COOKE
SONNY AND CHER
HOLA BUMPS. SOY **JACK GOOD** DE ABC TV. ESTAMOS BUSCANDO UNA DISCOTECA Y UNA BANDA PARA NUESTRO SHOW.
¡PUEDES CONTAR CONMIGO PARA ENCONTRAR A LAS MEJORES!
SEGURAMENTE CONOCES EL ESCENARIO.
¡MEJOR CONSIGUES EL STRIP, VIEJO AMIGO! TODO EL NUEVO TALENTO ESTÁ ALLÍ: **SAM COOKE, SONNY & CHER...** SUGERIRÍA FILMAR A LA DISCOTECA DE GAZZARRI ¡HAY UN TRÍO JOVEN ALLÍ QUE PUEDE TOCAR DE TODO!
TR TR
OK ¿NOS VEMOS ALLÁ?
¿HOLA?
Gazzarri's
¡BUMPS! ¿A QUÉ SE DEBE EL PLACER?
OYE LOLLY. BUMPS BLACKWELL EN LA LÍNEA.

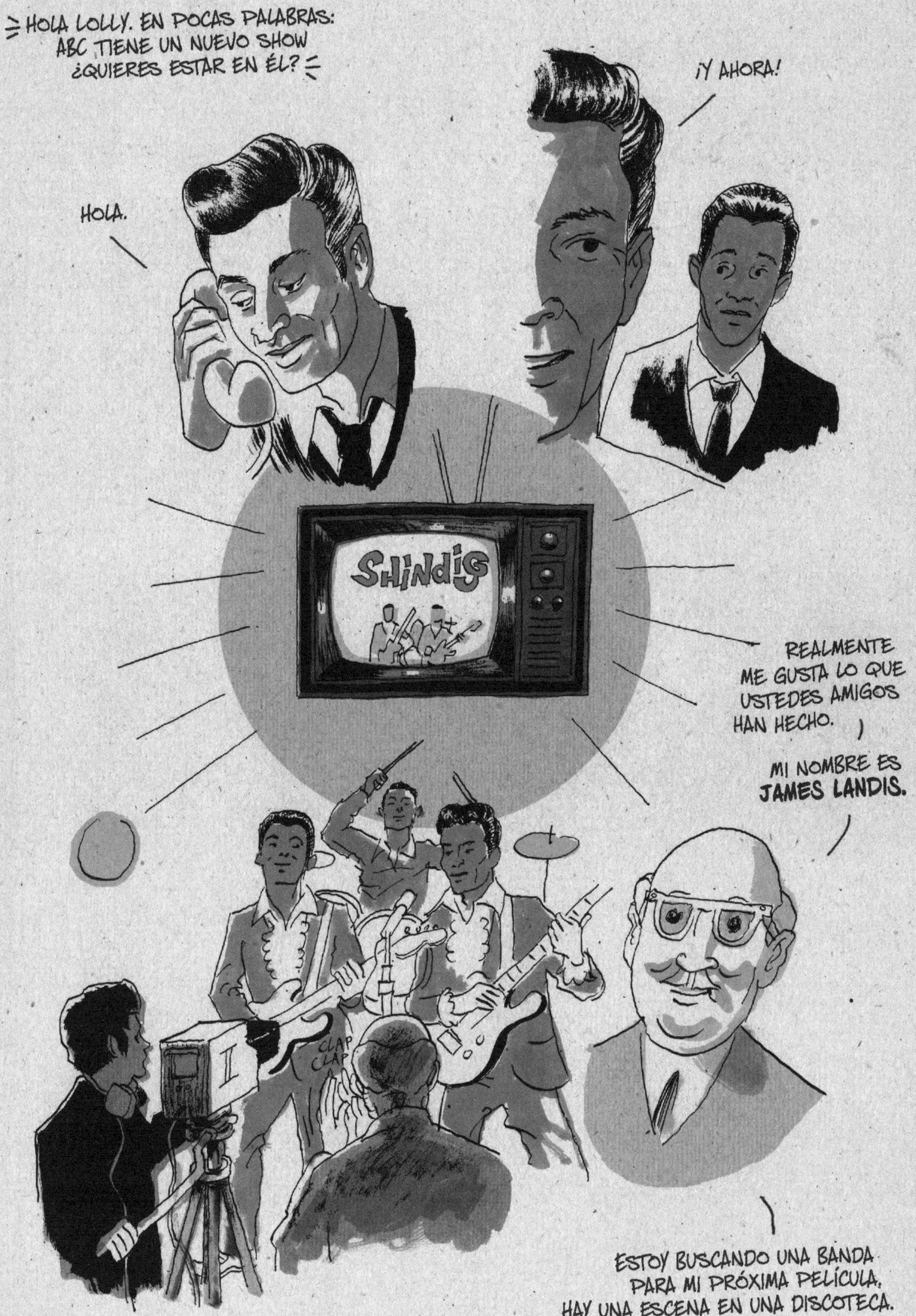
HOLA LOLLY. EN POCAS PALABRAS: ABC TIENE UN NUEVO SHOW ¿QUIERES ESTAR EN ÉL?
HOLA.
¡Y AHORA!
SHINDIG
REALMENTE ME GUSTA LO QUE USTEDES AMIGOS HAN HECHO.
MI NOMBRE ES **JAMES LANDIS.**
CLAP CLAP
ESTOY BUSCANDO UNA BANDA PARA MI PRÓXIMA PELÍCULA. HAY UNA ESCENA EN UNA DISCOTECA.

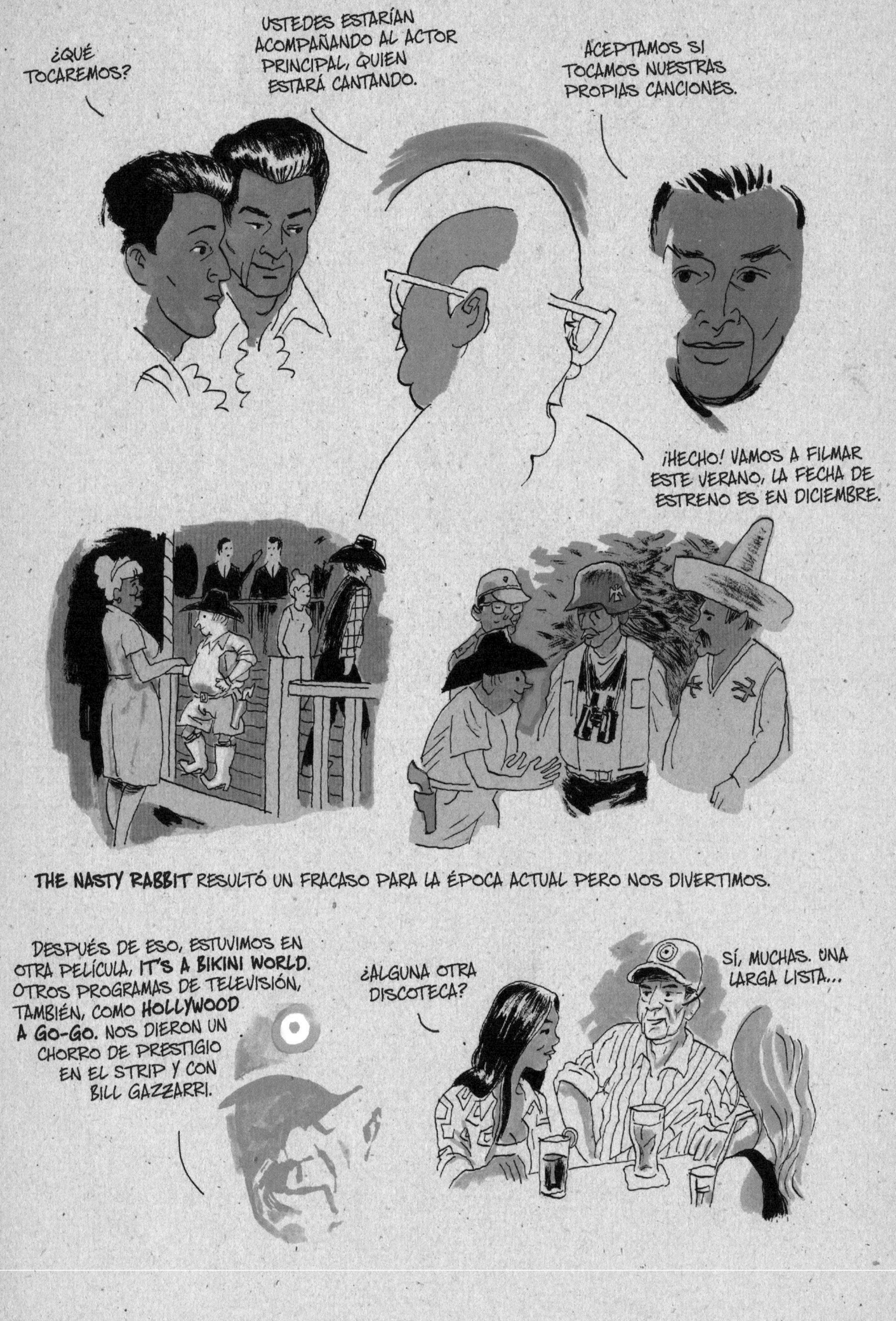
¿QUÉ TOCAREMOS?
USTEDES ESTARÍAN ACOMPAÑANDO AL ACTOR PRINCIPAL, QUIEN ESTARÁ CANTANDO.
ACEPTAMOS SI TOCAMOS NUESTRAS PROPIAS CANCIONES.
¡HECHO! VAMOS A FILMAR ESTE VERANO, LA FECHA DE ESTRENO ES EN DICIEMBRE.
THE NASTY RABBIT RESULTÓ UN FRACASO PARA LA ÉPOCA ACTUAL PERO NOS DIVERTIMOS.
DESPUÉS DE ESO, ESTUVIMOS EN OTRA PELÍCULA, IT'S A BIKINI WORLD. OTROS PROGRAMAS DE TELEVISIÓN, TAMBIÉN, COMO HOLLYWOOD A GO-GO. NOS DIERON UN CHORRO DE PRESTIGIO EN EL STRIP Y CON BILL GAZZARRI.
¿ALGUNA OTRA DISCOTECA?
SÍ, MUCHAS. UNA LARGA LISTA...

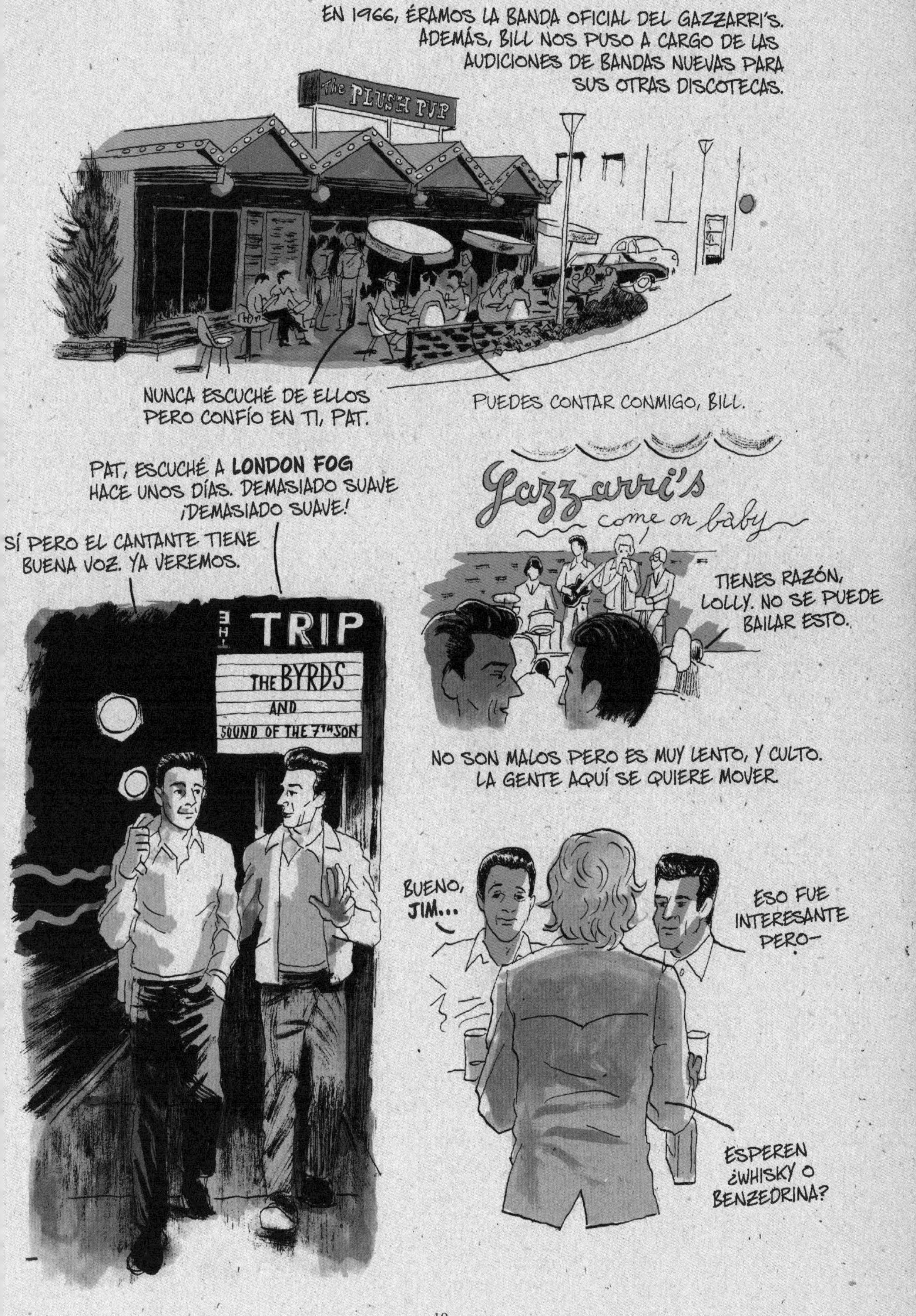
EN 1966, ÉRAMOS LA BANDA OFICIAL DEL GAZZARRI'S. ADEMÁS, BILL NOS PUSO A CARGO DE LAS AUDICIONES DE BANDAS NUEVAS PARA SUS OTRAS DISCOTECAS.
The PLUSH PUP
NUNCA ESCUCHÉ DE ELLOS PERO CONFÍO EN TI, PAT.
PUEDES CONTAR CONMIGO, BILL.
PAT, ESCUCHÉ A **LONDON FOG** HACE UNOS DÍAS. DEMASIADO SUAVE ¡DEMASIADO SUAVE!
SÍ PERO EL CANTANTE TIENE BUENA VOZ. YA VEREMOS.
THE TRIP
THE BYRDS
AND
SOUND OF THE 7TH SON
Gazzarri's
come on baby
TIENES RAZÓN, LOLLY. NO SE PUEDE BAILAR ESTO.
NO SON MALOS PERO ES MUY LENTO, Y CULTO. LA GENTE AQUÍ SE QUIERE MOVER.
BUENO, **JIM...**
ESO FUE INTERESANTE PERO-
ESPEREN ¿WHISKY O BENZEDRINA?

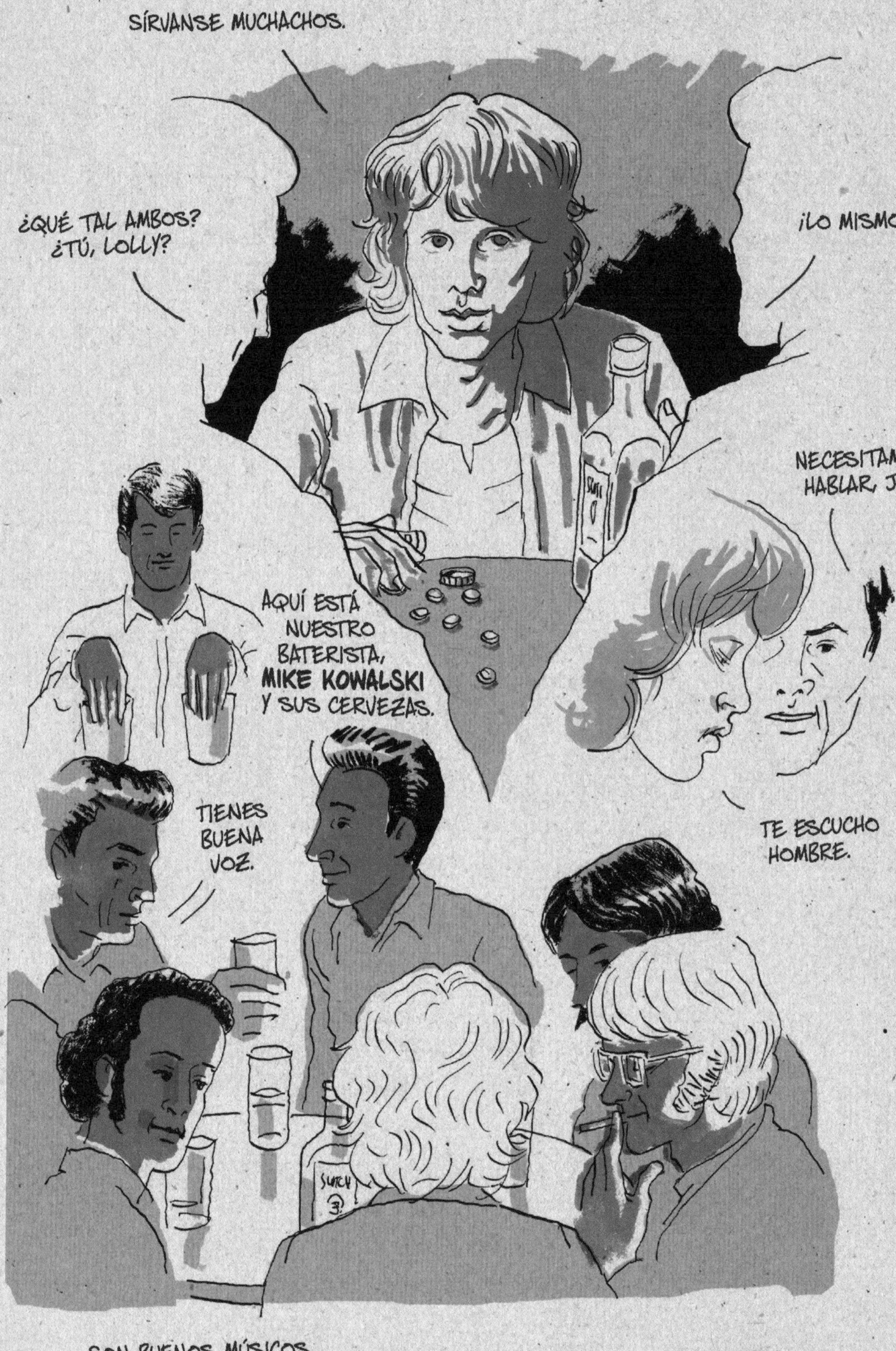
SÍRVANSE MUCHACHOS.
¿QUÉ TAL AMBOS? ¿TÚ, LOLLY?
¡LO MISMO!
NECESITAMOS HABLAR, JIM.
AQUÍ ESTÁ NUESTRO BATERISTA, **MIKE KOWALSKI** Y SUS CERVEZAS.
TE ESCUCHO HOMBRE.
TIENES BUENA VOZ.
SON BUENOS MÚSICOS. INCLUSO SIN UN BAJISTA.
PERO SI QUIEREN TOCAR PARA BILL GAZZARRI, TIENE QUE EMOCIONAR. ¡ESTE ES EL SUNSET STRIP COLEGAS!

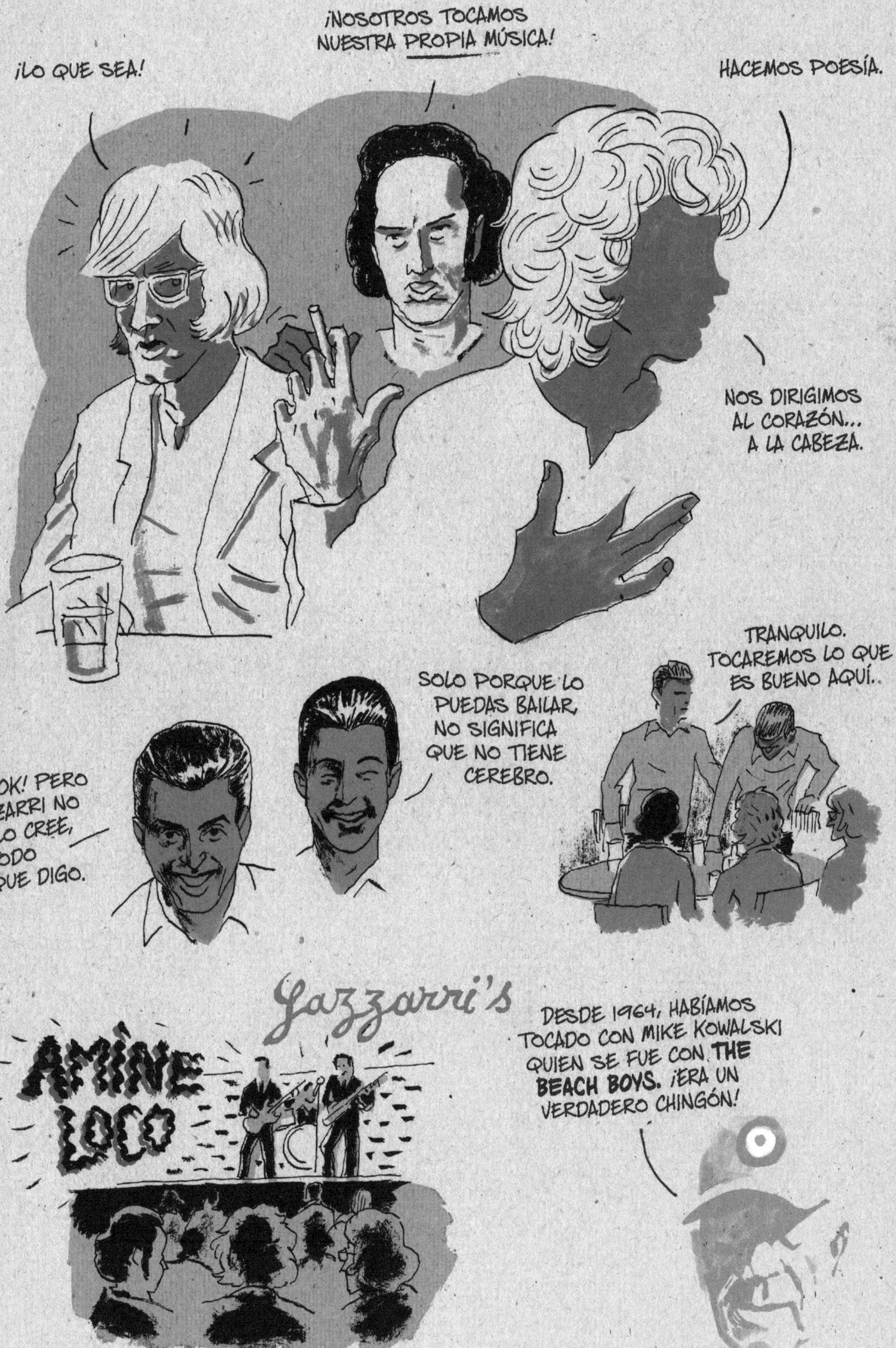
¡LO QUE SEA!
¡NOSOTROS TOCAMOS NUESTRA PROPIA MÚSICA!
HACEMOS POESÍA.
NOS DIRIGIMOS AL CORAZÓN... A LA CABEZA.
¡OK, OK! PERO GAZZARRI NO SE LO CREE, ES TODO LO QUE DIGO.
SOLO PORQUE LO PUEDAS BAILAR, NO SIGNIFICA QUE NO TIENE CEREBRO.
TRANQUILO. TOCAREMOS LO QUE ES BUENO AQUÍ.
Gazzarri's
AMINE LOCO
DESDE 1964, HABÍAMOS TOCADO CON MIKE KOWALSKI QUIEN SE FUE CON THE BEACH BOYS. ¡ERA UN VERDADERO CHINGÓN!

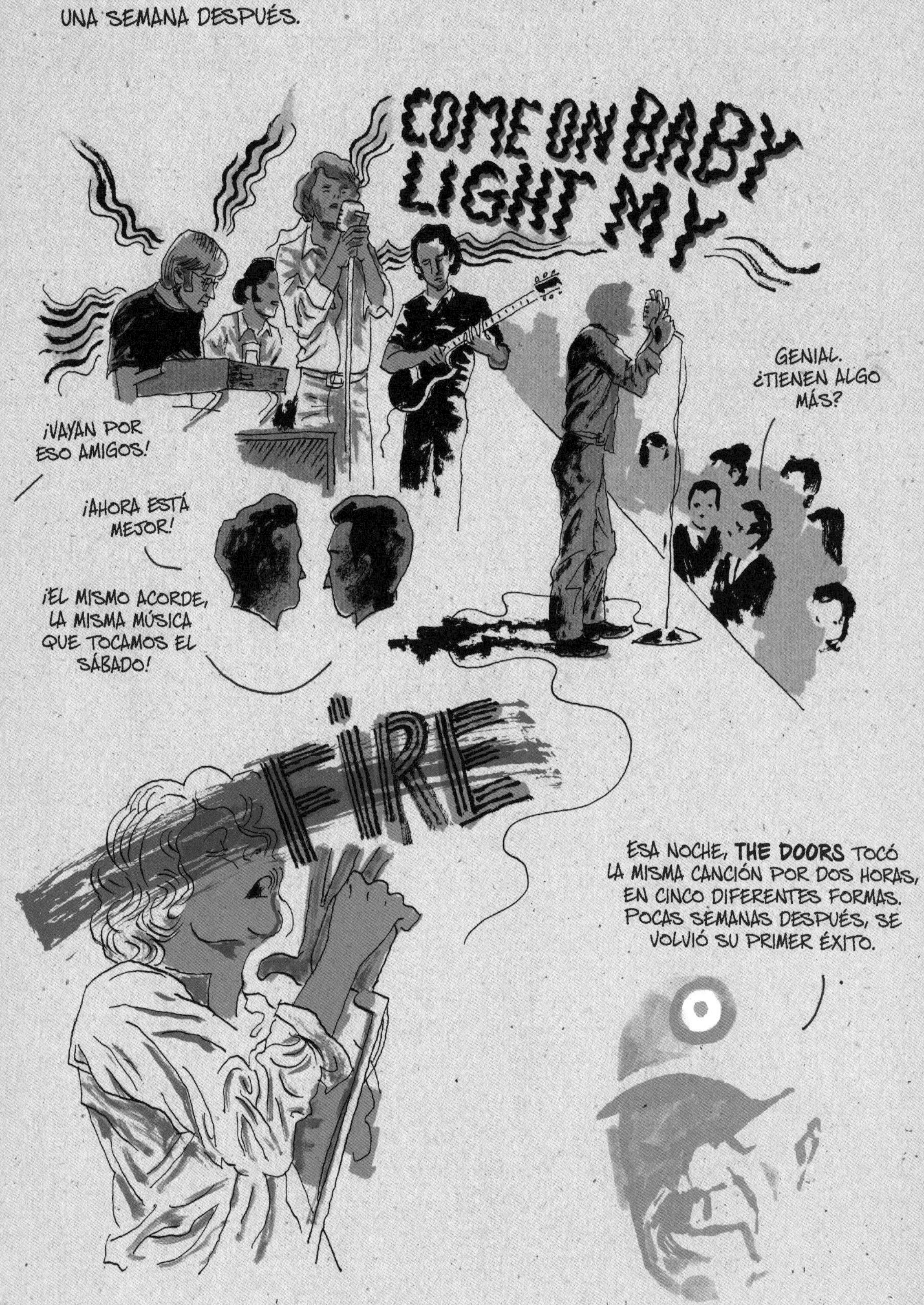
UNA SEMANA DESPUÉS.
COME ON BABY LIGHT MY
¡VAYAN POR ESO AMIGOS!
¡AHORA ESTÁ MEJOR!
¡EL MISMO ACORDE, LA MISMA MÚSICA QUE TOCAMOS EL SÁBADO!
GENIAL. ¿TIENEN ALGO MÁS?
FIRE
ESA NOCHE, **THE DOORS** TOCÓ LA MISMA CANCIÓN POR DOS HORAS, EN CINCO DIFERENTES FORMAS. POCAS SEMANAS DESPUÉS, SE VOLVIÓ SU PRIMER ÉXITO.

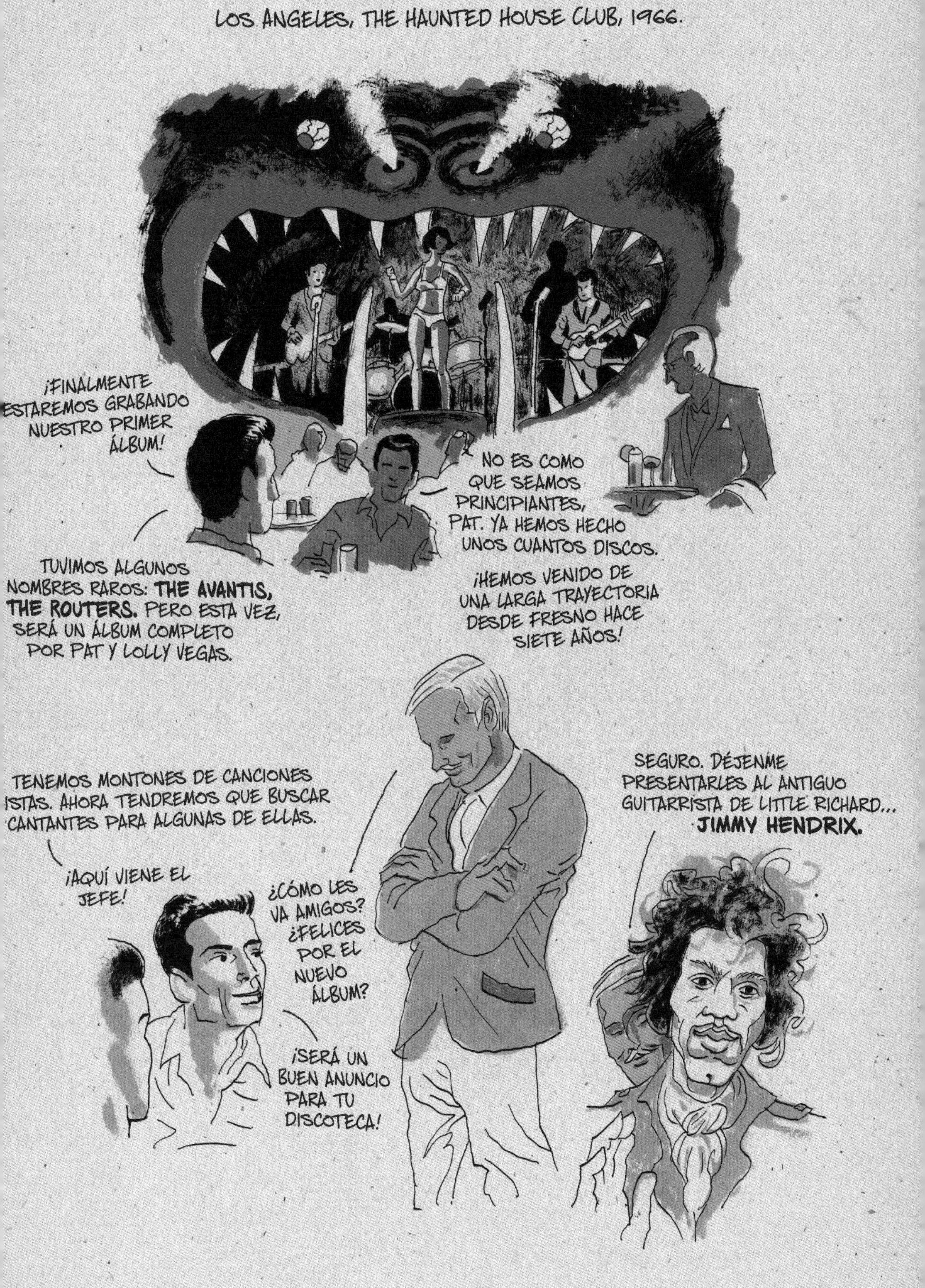

LOS ANGELES, THE HAUNTED HOUSE CLUB, 1966.
¡FINALMENTE ESTAREMOS GRABANDO NUESTRO PRIMER ÁLBUM!
NO ES COMO QUE SEAMOS PRINCIPIANTES, PAT. YA HEMOS HECHO UNOS CUANTOS DISCOS.
TUVIMOS ALGUNOS NOMBRES RAROS: THE AVANTIS, THE ROUTERS. PERO ESTA VEZ, SERÁ UN ÁLBUM COMPLETO POR PAT Y LOLLY VEGAS.
¡HEMOS VENIDO DE UNA LARGA TRAYECTORIA DESDE FRESNO HACE SIETE AÑOS!
TENEMOS MONTONES DE CANCIONES ISTAS. AHORA TENDREMOS QUE BUSCAR CANTANTES PARA ALGUNAS DE ELLAS.
¡AQUÍ VIENE EL JEFE!
¿CÓMO LES VA AMIGOS? ¿FELICES POR EL NUEVO ÁLBUM?
¡SERÁ UN BUEN ANUNCIO PARA TU DISCOTECA!
SEGURO. DÉJENME PRESENTARLES AL ANTIGUO GUITARRISTA DE LITTLE RICHARD... JIMMY HENDRIX.

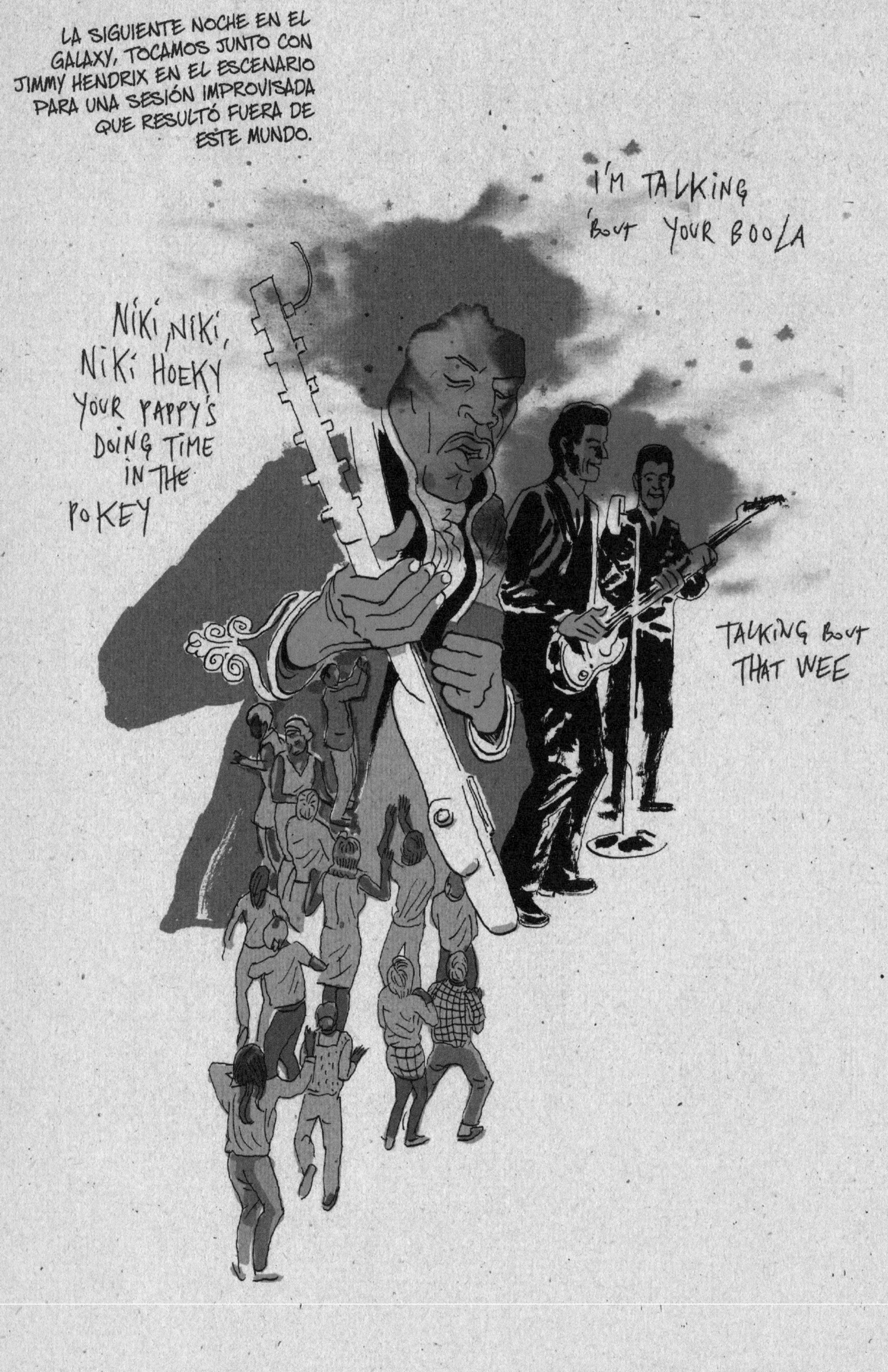
LA SIGUIENTE NOCHE EN EL GALAXY, TOCAMOS JUNTO CON JIMMY HENDRIX EN EL ESCENARIO PARA UNA SESIÓN IMPROVISADA QUE RESULTÓ FUERA DE ESTE MUNDO.
I'M TALKING 'BOUT YOUR BOOLA
NIKI, NIKI, NIKI HOEKY YOUR PAPPY'S DOING TIME IN THE POKEY
TALKING BOUT THAT WEE

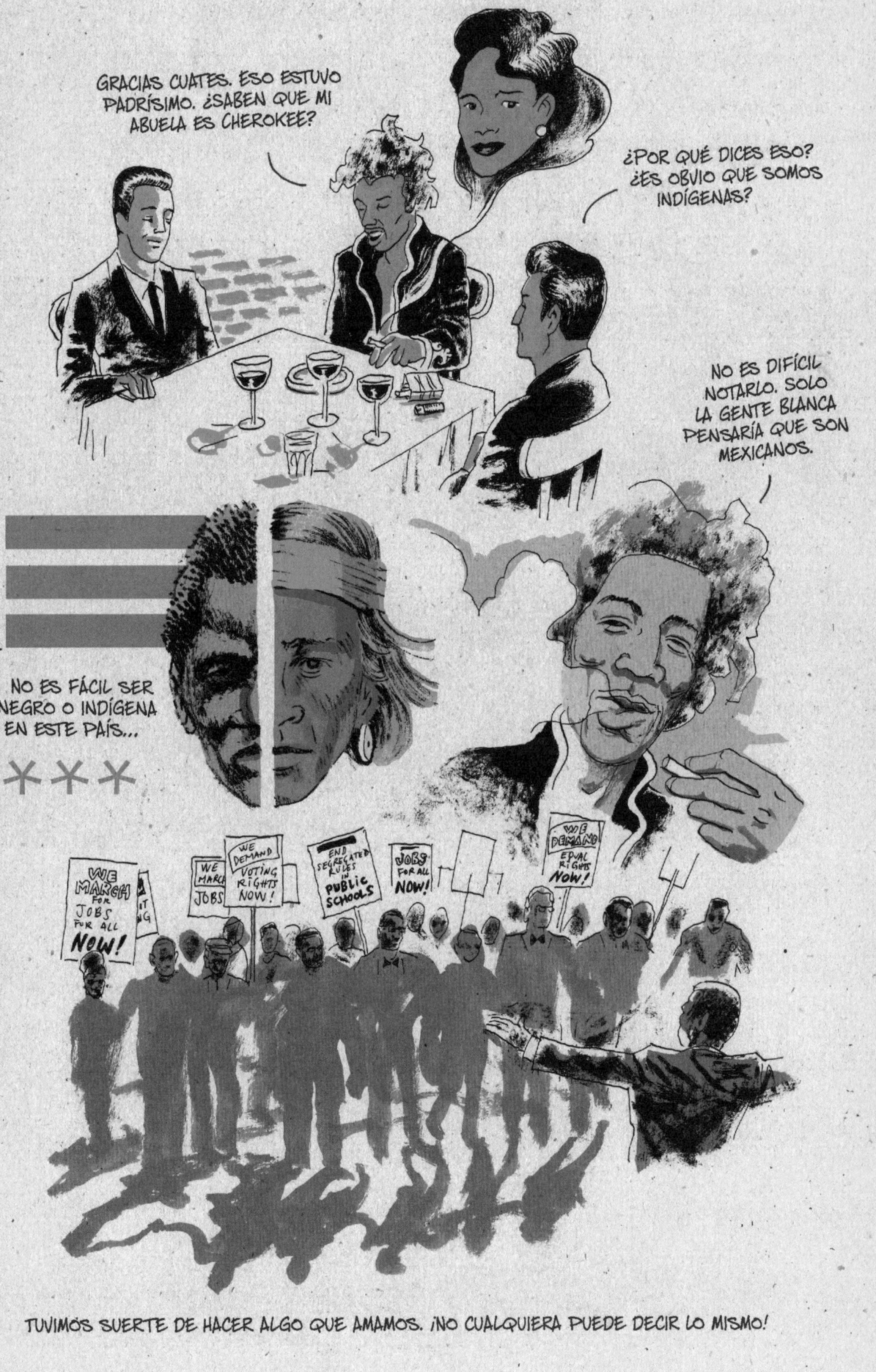

GRACIAS CUATES. ESO ESTUVO PADRÍSIMO. ¿SABEN QUE MI ABUELA ES CHEROKEE?
¿POR QUÉ DICES ESO? ¿ES OBVIO QUE SOMOS INDÍGENAS?
NO ES DIFÍCIL NOTARLO. SOLO LA GENTE BLANCA PENSARÍA QUE SON MEXICANOS.
NO ES FÁCIL SER NEGRO O INDÍGENA EN ESTE PAÍS...
WE MARCH FOR JOBS FOR ALL NOW!
WE MARCH JOBS
WE DEMAND VOTING RIGHTS NOW!
END SEGREGATED RULES IN PUBLIC SCHOOLS
JOBS FOR ALL NOW!
WE DEMAND EQUAL RIGHTS NOW!
TUVIMOS SUERTE DE HACER ALGO QUE AMAMOS. ¡NO CUALQUIERA PUEDE DECIR LO MISMO!

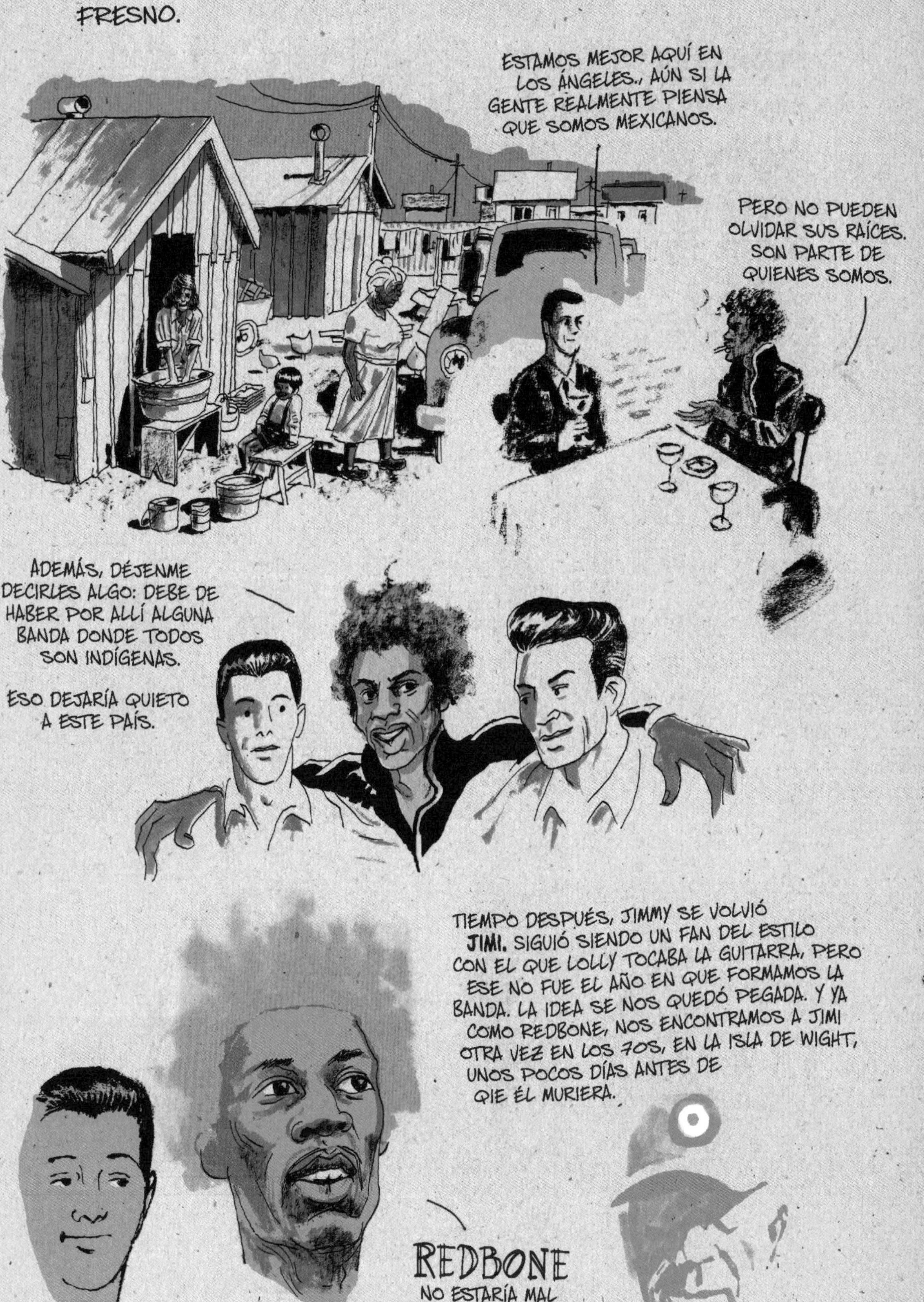
FRESNO.
ESTAMOS MEJOR AQUÍ EN LOS ÁNGELES., AÚN SI LA GENTE REALMENTE PIENSA QUE SOMOS MEXICANOS.
PERO NO PUEDEN OLVIDAR SUS RAÍCES. SON PARTE DE QUIENES SOMOS.
ADEMÁS, DÉJENME DECIRLES ALGO: DEBE DE HABER POR ALLÍ ALGUNA BANDA DONDE TODOS SON INDÍGENAS.
ESO DEJARÍA QUIETO A ESTE PAÍS.
TIEMPO DESPUÉS, JIMMY SE VOLVIÓ JIMI. SIGUIÓ SIENDO UN FAN DEL ESTILO CON EL QUE LOLLY TOCABA LA GUITARRA, PERO ESE NO FUE EL AÑO EN QUE FORMAMOS LA BANDA. LA IDEA SE NOS QUEDÓ PEGADA. Y YA COMO REDBONE, NOS ENCONTRAMOS A JIMI OTRA VEZ EN LOS 70S, EN LA ISLA DE WIGHT, UNOS POCOS DÍAS ANTES DE QIE ÉL MURIERA.
REDBONE NO ESTARÍA MAL PARA EL NOMBRE DE UNA BANDA INDÍGENA.

II
Tony Bellamy
(1968)

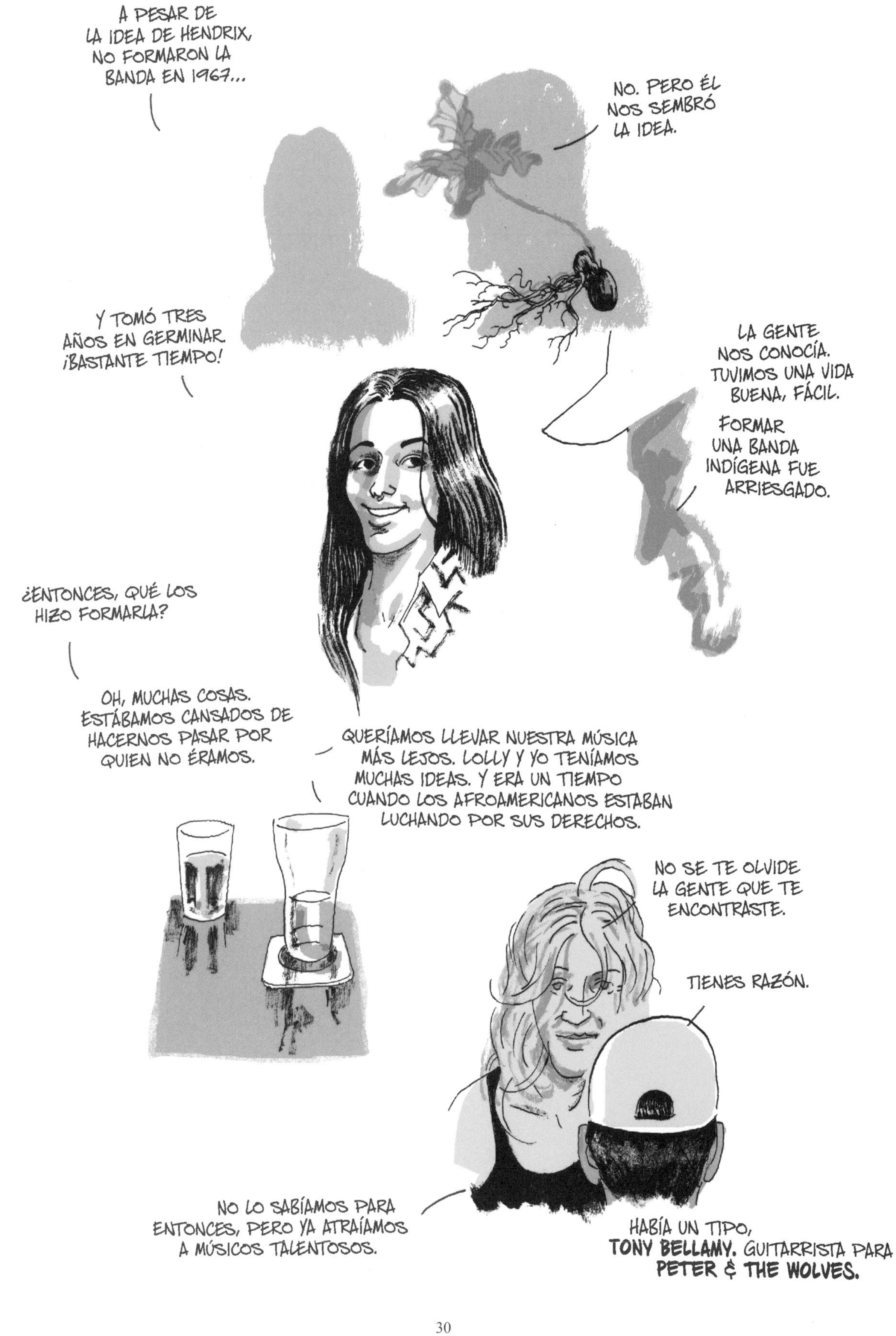
A PESAR DE LA IDEA DE HENDRIX, NO FORMARON LA BANDA EN 1967...
NO. PERO ÉL NOS SEMBRÓ LA IDEA.
Y TOMÓ TRES AÑOS EN GERMINAR. ¡BASTANTE TIEMPO!
LA GENTE NOS CONOCÍA. TUVIMOS UNA VIDA BUENA, FÁCIL.
FORMAR UNA BANDA INDÍGENA FUE ARRIESGADO.
¿ENTONCES, QUÉ LOS HIZO FORMARLA?
OH, MUCHAS COSAS. ESTÁBAMOS CANSADOS DE HACERNOS PASAR POR QUIEN NO ÉRAMOS.
QUERÍAMOS LLEVAR NUESTRA MÚSICA MÁS LEJOS. LOLLY Y YO TENÍAMOS MUCHAS IDEAS. Y ERA UN TIEMPO CUANDO LOS AFROAMERICANOS ESTABAN LUCHANDO POR SUS DERECHOS.
NO SE TE OLVIDE LA GENTE QUE TE ENCONTRASTE.
TIENES RAZÓN.
NO LO SABÍAMOS PARA ENTONCES, PERO YA ATRAÍAMOS A MÚSICOS TALENTOSOS.
HABÍA UN TIPO, TONY BELLAMY. GUITARRISTA PARA PETER & THE WOLVES.

TONY PASÓ MUCHO TIEMPO EN LA DISCOTECA DE GAZZARRI. UN DÍA PREGUNTÓ SI PODÍA TOCAR CON NOSOTROS. A MÍ ME CAYÓ BIEN ENSEGUIDA. TENÍA ESE CARISMA COMO EL DE CHUCK BERRY.

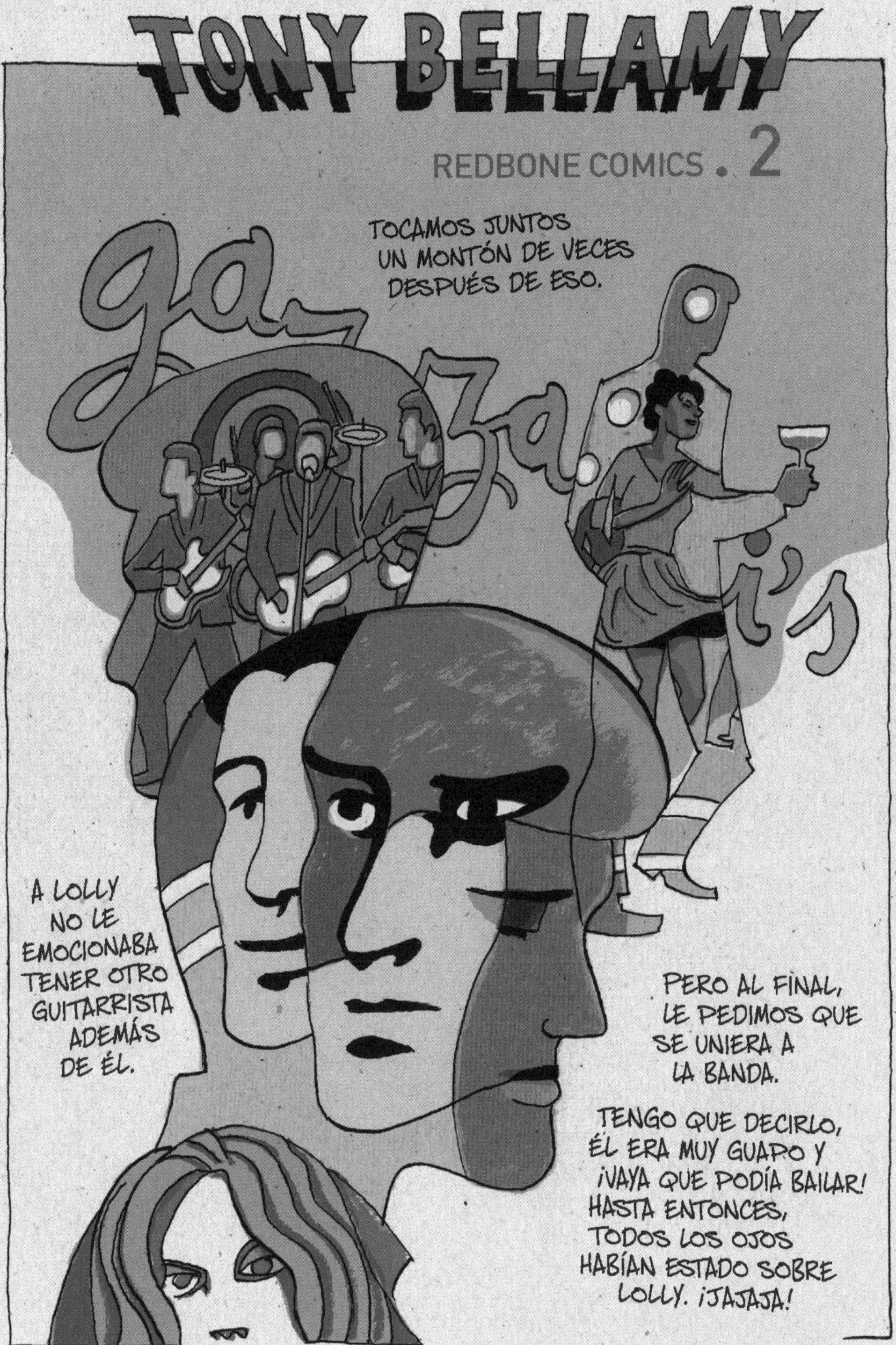
TONY BELLAMY
REDBONE COMICS . 2
gazzarri's
TOCAMOS JUNTOS UN MONTÓN DE VECES DESPUÉS DE ESO.
A LOLLY NO LE EMOCIONABA TENER OTRO GUITARRISTA ADEMÁS DE ÉL.
PERO AL FINAL, LE PEDIMOS QUE SE UNIERA A LA BANDA.
TENGO QUE DECIRLO, ÉL ERA MUY GUAPO Y ¡VAYA QUE PODÍA BAILAR! HASTA ENTONCES, TODOS LOS OJOS HABÍAN ESTADO SOBRE LOLLY. ¡JAJAJA!

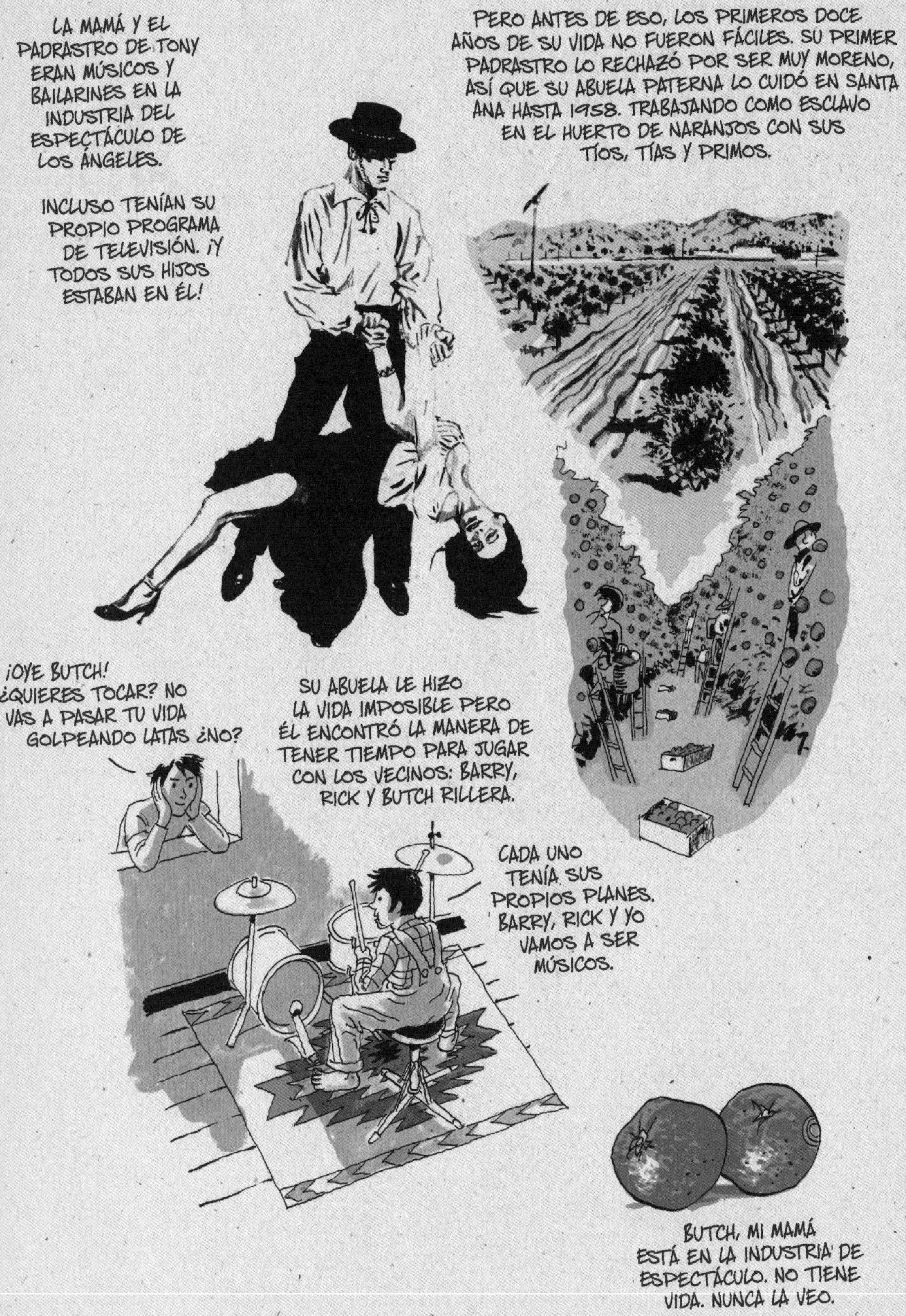
LA MAMÁ Y EL PADRASTRO DE TONY ERAN MÚSICOS Y BAILARINES EN LA INDUSTRIA DEL ESPECTÁCULO DE LOS ÁNGELES.
INCLUSO TENÍAN SU PROPIO PROGRAMA DE TELEVISIÓN. ¡Y TODOS SUS HIJOS ESTABAN EN ÉL!
PERO ANTES DE ESO, LOS PRIMEROS DOCE AÑOS DE SU VIDA NO FUERON FÁCILES. SU PRIMER PADRASTRO LO RECHAZÓ POR SER MUY MORENO, ASÍ QUE SU ABUELA PATERNA LO CUIDÓ EN SANTA ANA HASTA 1958. TRABAJANDO COMO ESCLAVO EN EL HUERTO DE NARANJOS CON SUS TÍOS, TÍAS Y PRIMOS.
SU ABUELA LE HIZO LA VIDA IMPOSIBLE PERO ÉL ENCONTRÓ LA MANERA DE TENER TIEMPO PARA JUGAR CON LOS VECINOS: BARRY, RICK Y BUTCH RILLERA.
¡OYE BUTCH! ¿QUIERES TOCAR? NO VAS A PASAR TU VIDA GOLPEANDO LATAS ¿NO?
CADA UNO TENÍA SUS PROPIOS PLANES. BARRY, RICK Y YO VAMOS A SER MÚSICOS.
BUTCH, MI MAMÁ ESTÁ EN LA INDUSTRIA DE ESPECTÁCULO. NO TIENE VIDA. NUNCA LA VEO.

SU MAMÁ SE CASÓ POR TERCERA VEZ, CON **JAMES BELLAMY**, QUIEN DECIDIÓ REUNIR A LA FAMILIA DE NUEVO. ASÍ QUE EN 1958 TONY SE REUNIÓ CON SUS CINCO HERMANOS Y HERMANAS EN HOLLYWOOD.

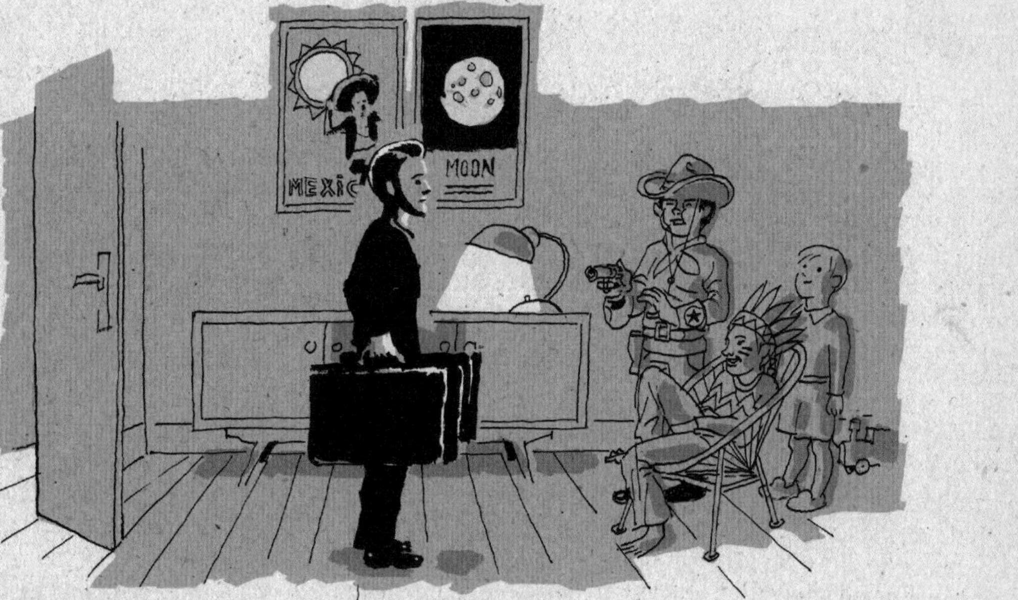
MEXIC
MOON

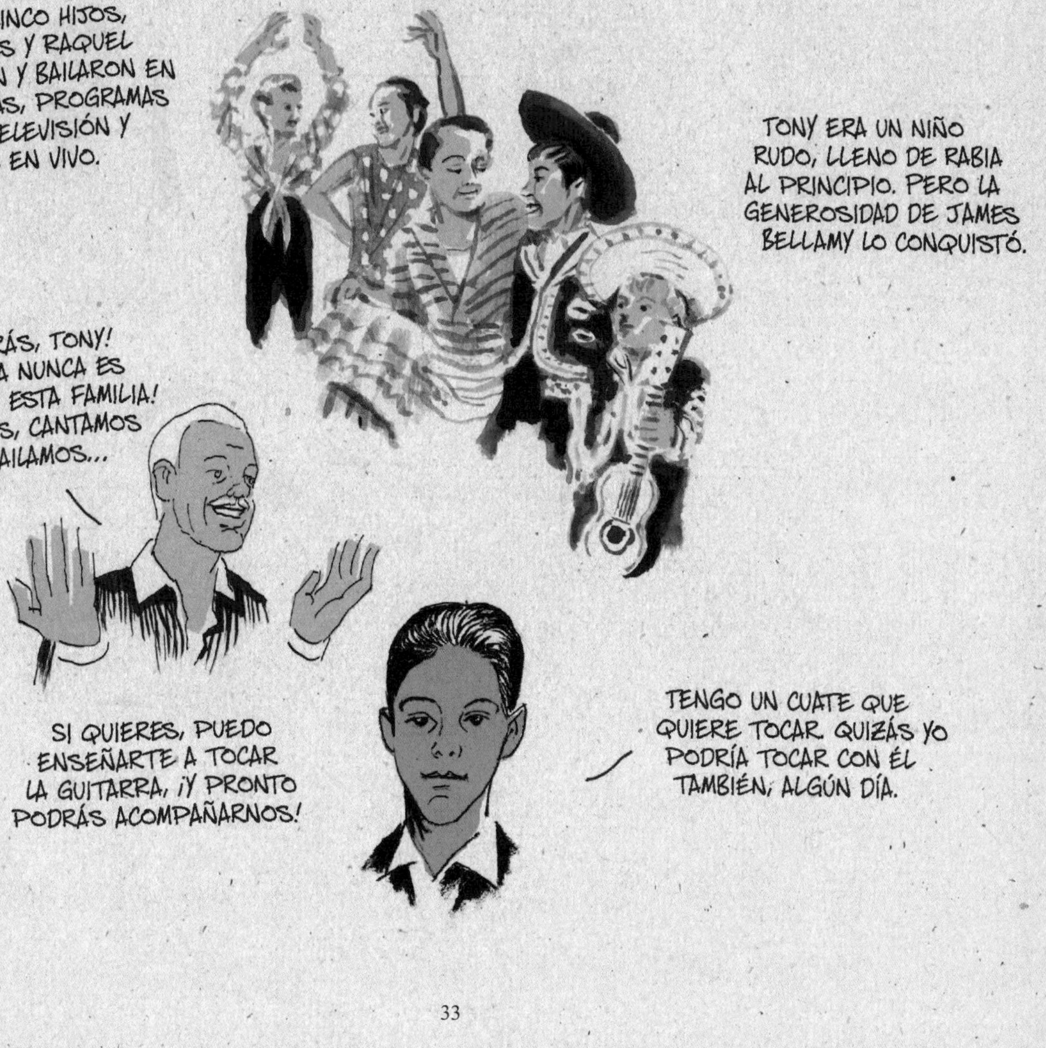
LOS CINCO HIJOS, JAMES Y RAQUEL CANTARON Y BAILARON EN PELÍCULAS, PROGRAMAS DE TELEVISIÓN Y SHOWS EN VIVO.
TONY ERA UN NIÑO RUDO, LLENO DE RABIA AL PRINCIPIO. PERO LA GENEROSIDAD DE JAMES BELLAMY LO CONQUISTÓ.
¡YA VERÁS, TONY! ¡LA VIDA NUNCA ES ABURRIDA EN ESTA FAMILIA! TOCAMOS, CANTAMOS Y BAILAMOS...
SI QUIERES, PUEDO ENSEÑARTE A TOCAR LA GUITARRA, ¡Y PRONTO PODRÁS ACOMPAÑARNOS!
TENGO UN CUATE QUE QUIERE TOCAR. QUIZÁS YO PODRÍA TOCAR CON ÉL TAMBIÉN, ALGÚN DÍA.

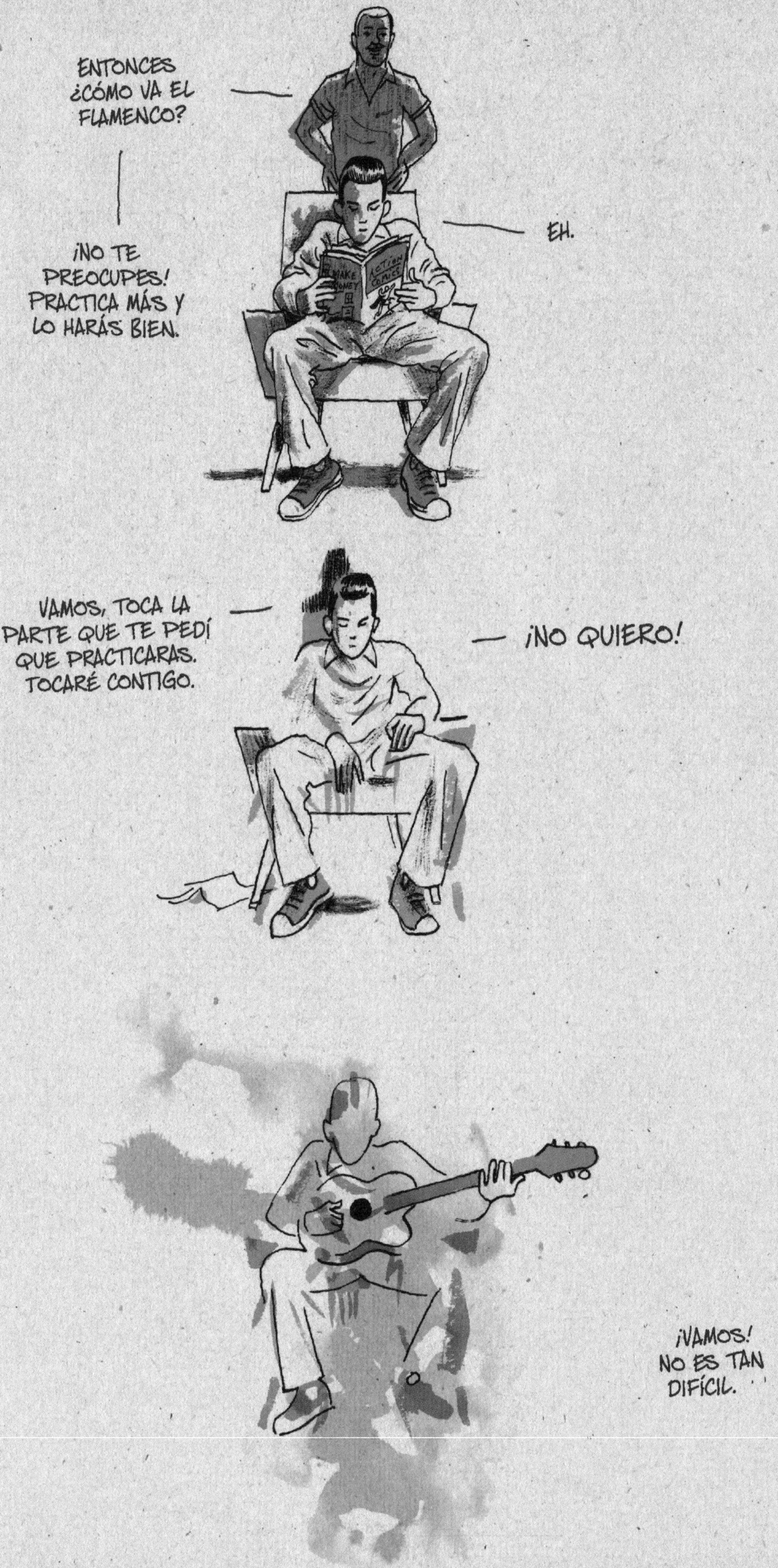
ENTONCES ¿CÓMO VA EL FLAMENCO?
EH.
¡NO TE PREOCUPES! PRACTICA MÁS Y LO HARÁS BIEN.
VAMOS, TOCA LA PARTE QUE TE PEDÍ QUE PRACTICARAS. TOCARÉ CONTIGO.
¡NO QUIERO!
¡VAMOS! NO ES TAN DIFÍCIL.

Y ASÍ APRENDIÓ. RÁPIDO.
FLAMENCO, LUEGO TODO EL RESTO.
UN DÍA, ME ENSEÑÓ FOTOS VIEJAS
DE TODA SU FAMILIA TOCANDO.

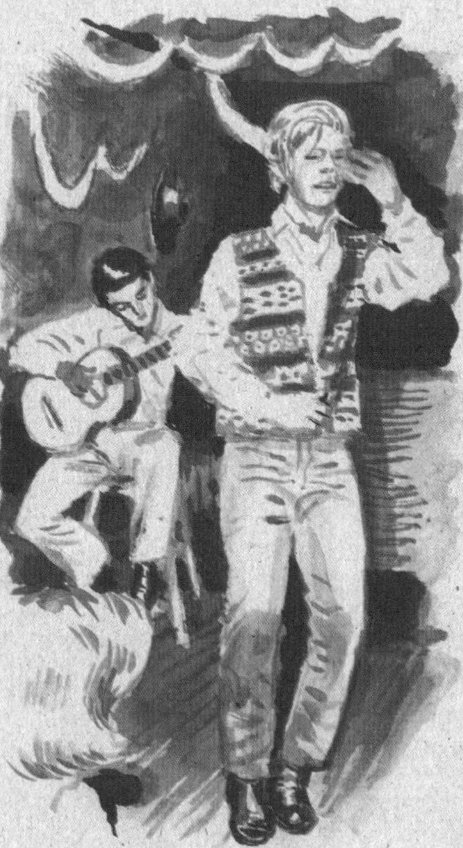

TONY A MENUDO ACOMPAÑÓ
A SUS PADRES Y HERMANOS,
ESPECIALMENTE EN EL
RESTAURANTE DE LOS
BELLAMY EN SANTA ANA.

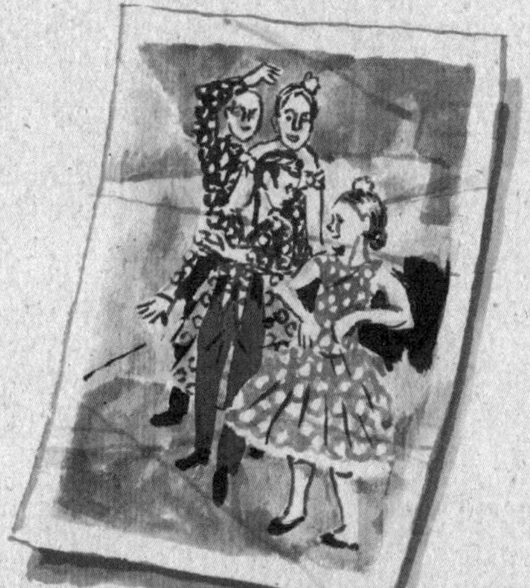

DEBIÓ DE HABER SIDO UNA ÉPOCA
FELIZ PARA ÉL. AL FINAL, ADOPTÓ
EL APELLIDO DE BELLAMY EN VEZ
DEL APELLIDO YAQUI DE SU PAPÁ,
AVILA, AUNQUE EL HOMBRE LE CAÍA
MUY BIEN. LOS BELLAMY ERA UN
CLAN MUY UNIDO. CASI TODOS SE
PASARON A CARRERAS EN LA
INDUSTRIA MUSICAL.

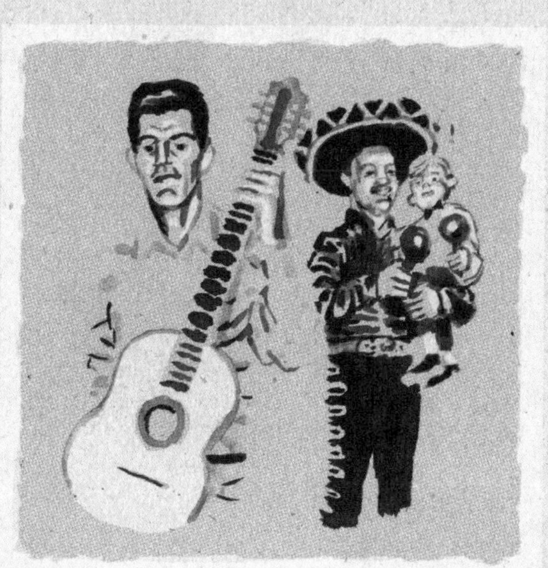

ALREDEDOR DE 1964, TONY DEJÓ EL
SENO DE SU FAMILIA PARA ACOMPAÑAR
A **DOBIE GRAY,** UN EXITOSO CANTANTE
NEGRO DE ESE ENTONCES. TONY SE
VOLVIÓ IMPORTANTE EN EL MUNDO DE
LA GUITARRA, MEZCLANDO FLAMENCO,
BLUES Y ROCK. Y COMO VARIOS MÚSICOS
EXCELENTES, ASISTIÓ COMO OYENTE
A MUCHAS SESIONES.

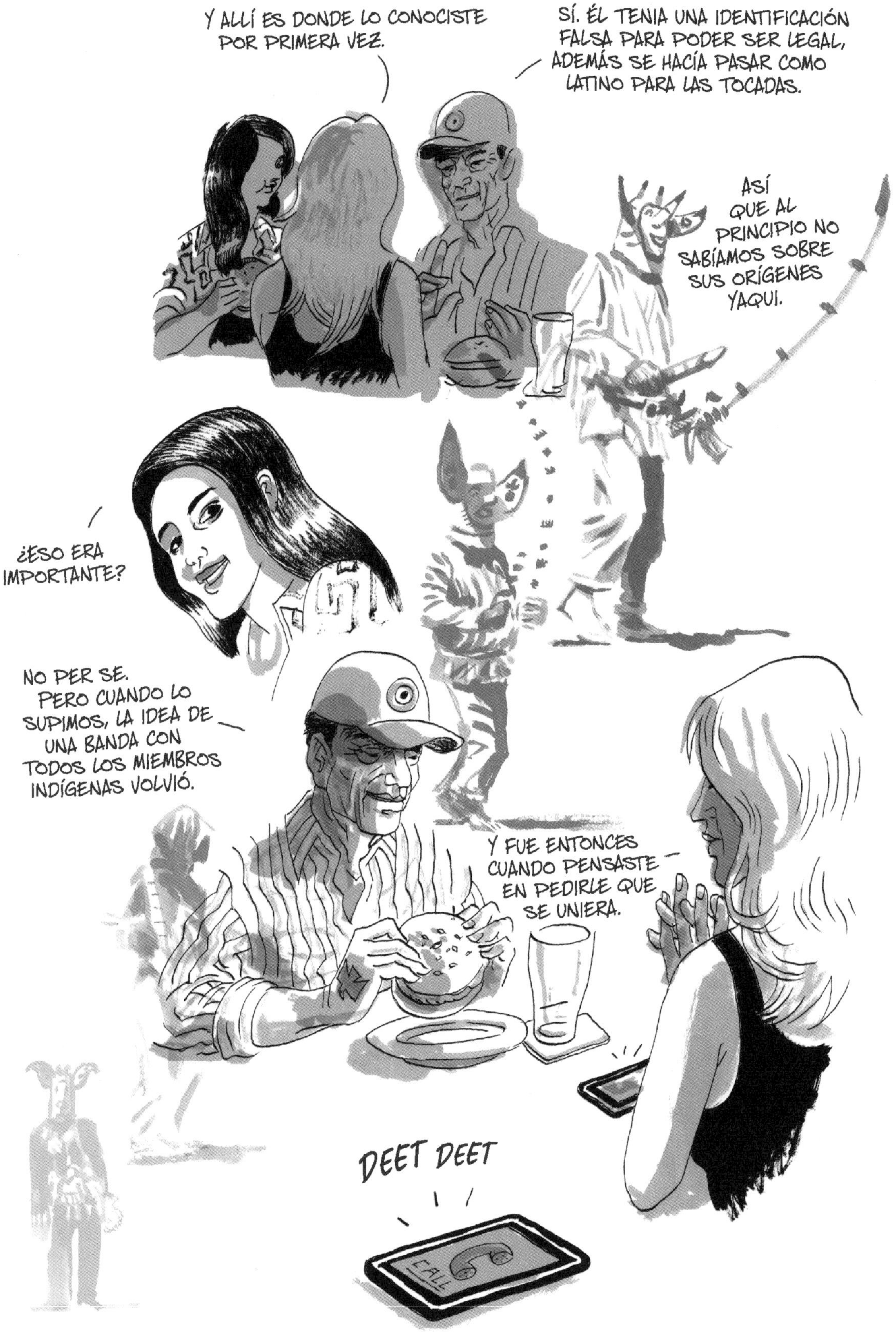
Y ALLÍ ES DONDE LO CONOCISTE POR PRIMERA VEZ.
SÍ. ÉL TENIA UNA IDENTIFICACIÓN FALSA PARA PODER SER LEGAL, ADEMÁS SE HACÍA PASAR COMO LATINO PARA LAS TOCADAS.
ASÍ QUE AL PRINCIPIO NO SABÍAMOS SOBRE SUS ORÍGENES YAQUI.
¿ESO ERA IMPORTANTE?
NO PER SE. PERO CUANDO LO SUPIMOS, LA IDEA DE UNA BANDA CON TODOS LOS MIEMBROS INDÍGENAS VOLVIÓ.
Y FUE ENTONCES CUANDO PENSASTE EN PEDIRLE QUE SE UNIERA.
DEET DEET
CALL

III
PETE DEPOE
(1969)

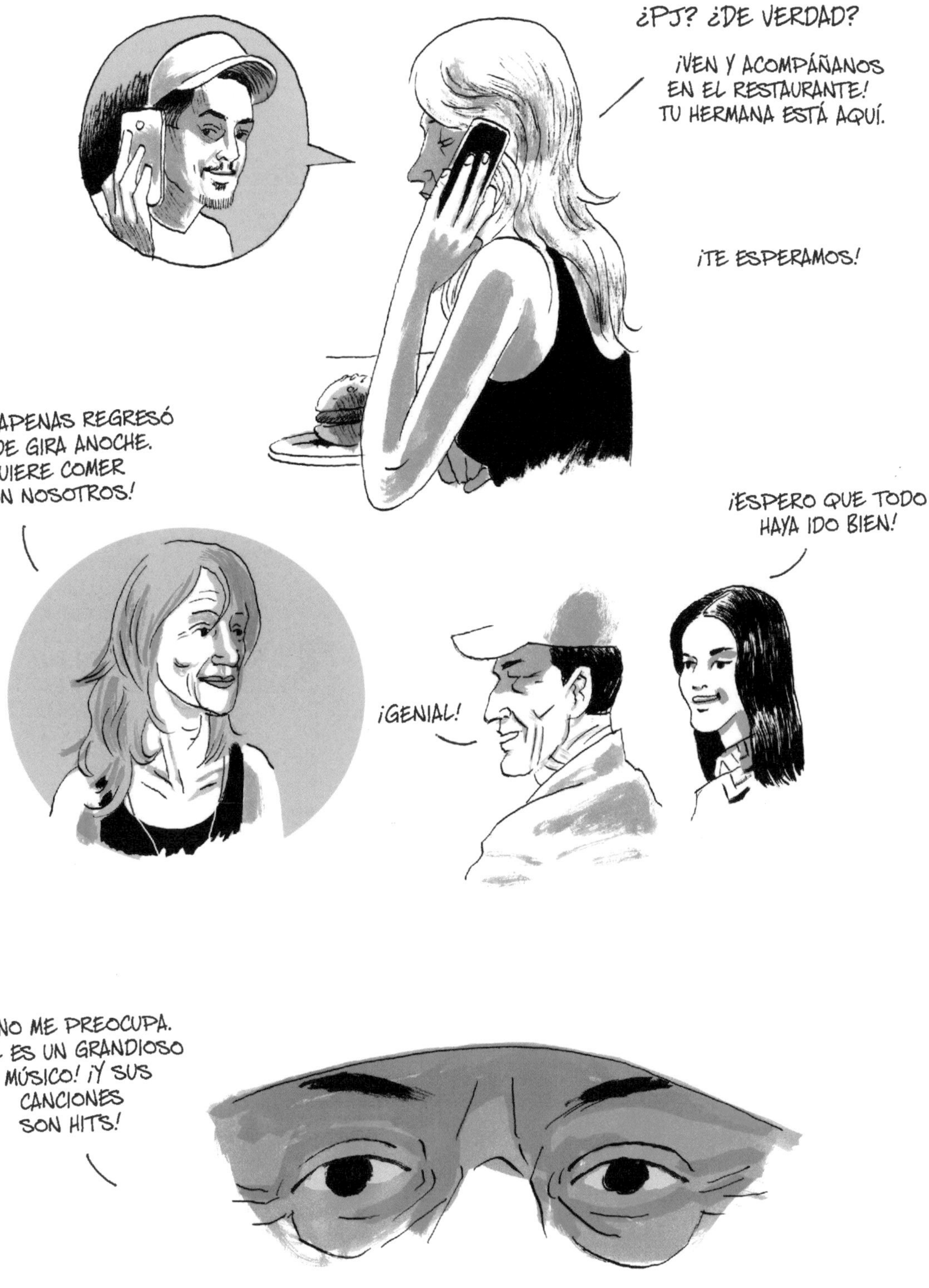
¿PJ? ¿DE VERDAD?
¡VEN Y ACOMPÁÑANOS EN EL RESTAURANTE! TU HERMANA ESTÁ AQUÍ.
¡TE ESPERAMOS!
PJ APENAS REGRESÓ DE GIRA ANOCHE. ¡QUIERE COMER CON NOSOTROS!
¡ESPERO QUE TODO HAYA IDO BIEN!
¡GENIAL!
NO ME PREOCUPA. ¡ÉL ES UN GRANDIOSO MÚSICO! ¡Y SUS CANCIONES SON HITS!

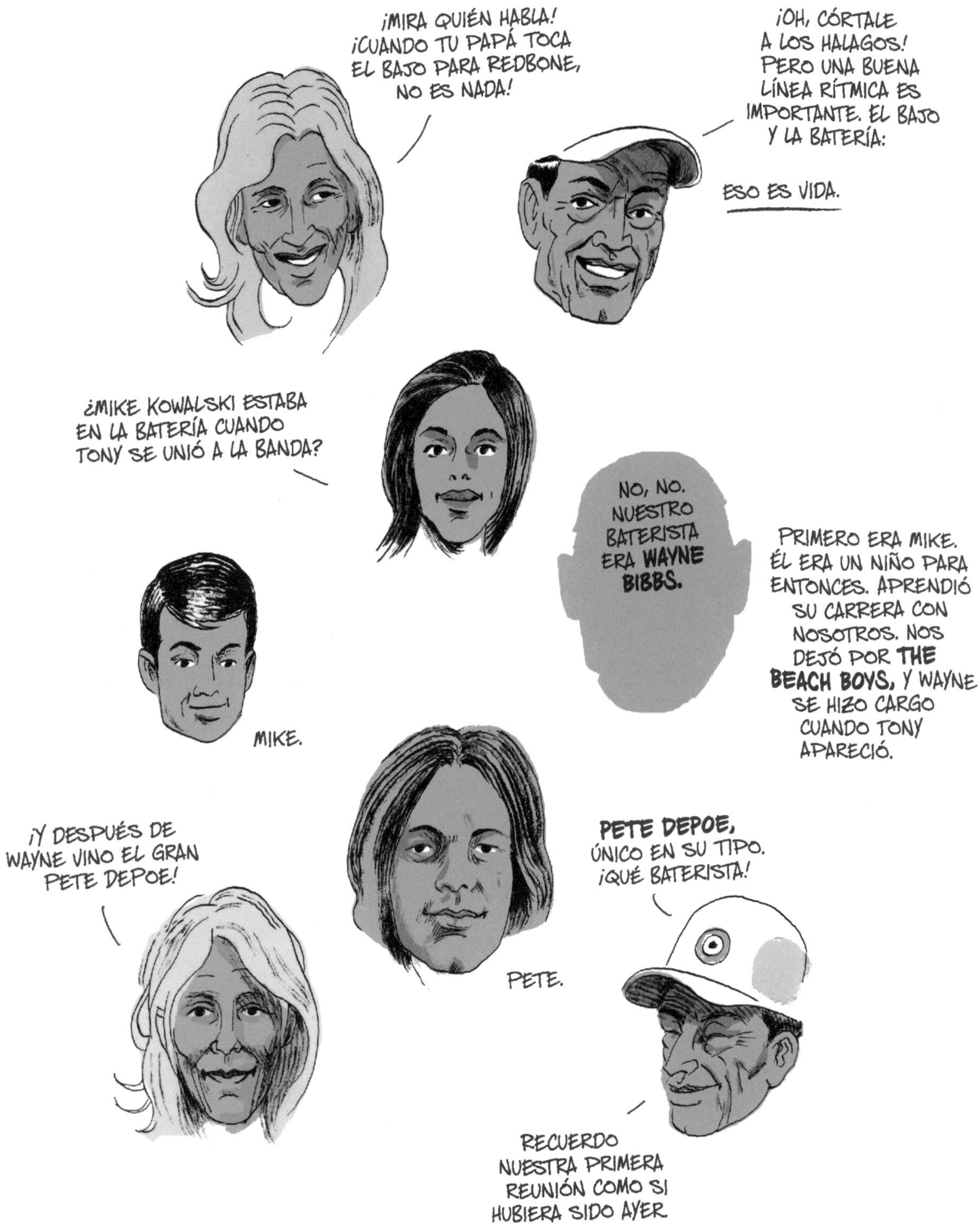
¡MIRA QUIÉN HABLA! ¡CUANDO TU PAPÁ TOCA EL BAJO PARA REDBONE, NO ES NADA!
¡OH, CÓRTALE A LOS HALAGOS! PERO UNA BUENA LÍNEA RÍTMICA ES IMPORTANTE. EL BAJO Y LA BATERÍA:
ESO ES VIDA.
¿MIKE KOWALSKI ESTABA EN LA BATERÍA CUANDO TONY SE UNIÓ A LA BANDA?
NO, NO. NUESTRO BATERISTA ERA **WAYNE BIBBS.**
PRIMERO ERA MIKE. ÉL ERA UN NIÑO PARA ENTONCES. APRENDIÓ SU CARRERA CON NOSOTROS. NOS DEJÓ POR **THE BEACH BOYS,** Y WAYNE SE HIZO CARGO CUANDO TONY APARECIÓ.
MIKE.
¡Y DESPUÉS DE WAYNE VINO EL GRAN PETE DEPOE!
PETE DEPOE, ÚNICO EN SU TIPO. ¡QUÉ BATERISTA!
PETE.
RECUERDO NUESTRA PRIMERA REUNIÓN COMO SI HUBIERA SIDO AYER.

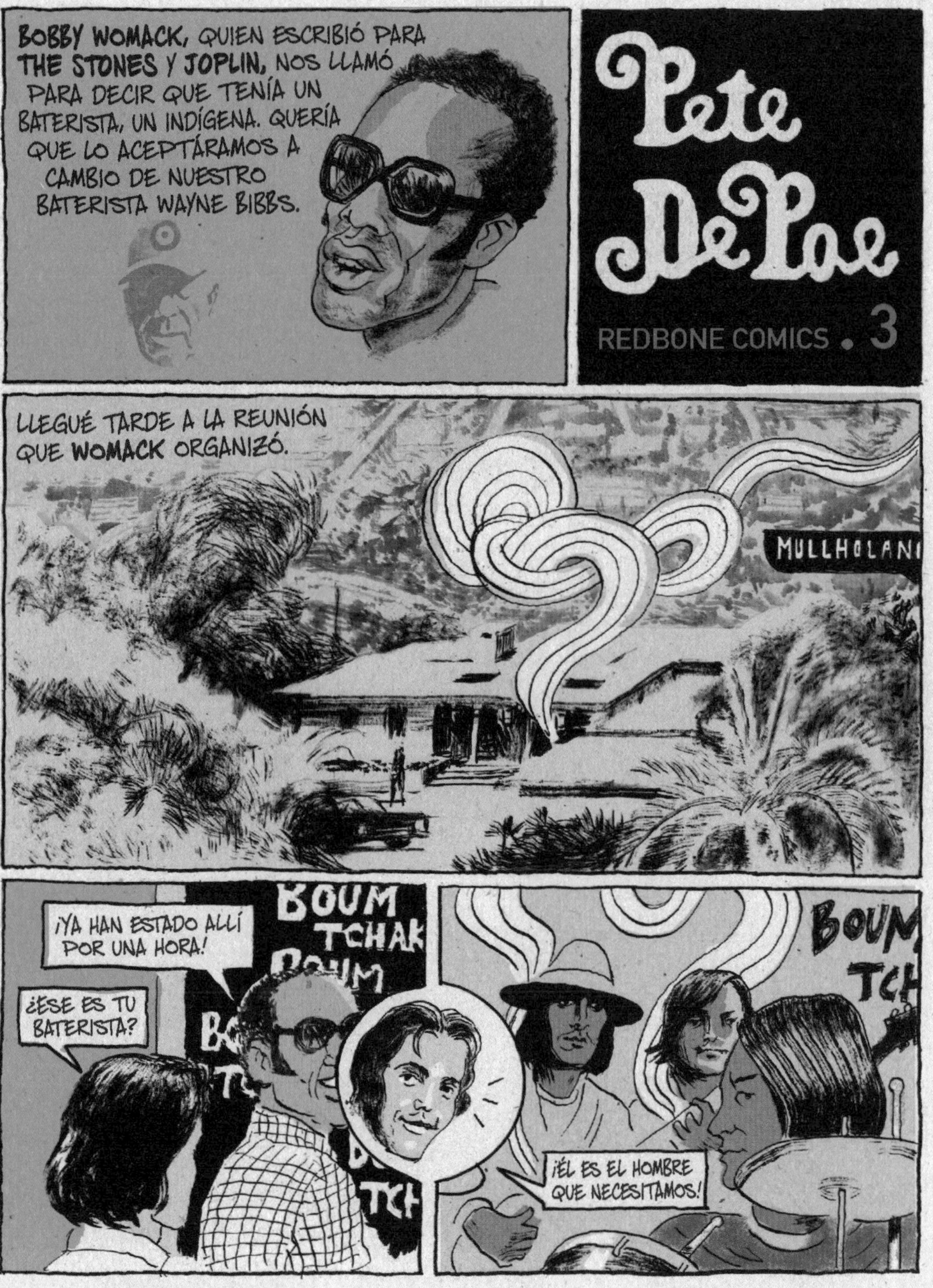
Pete DePoe
REDBONE COMICS . 3
BOBBY WOMACK, QUIEN ESCRIBIÓ PARA THE STONES Y JOPLIN, NOS LLAMÓ PARA DECIR QUE TENÍA UN BATERISTA, UN INDÍGENA. QUERÍA QUE LO ACEPTÁRAMOS A CAMBIO DE NUESTRO BATERISTA WAYNE BIBBS.
LLEGUÉ TARDE A LA REUNIÓN QUE WOMACK ORGANIZÓ.
MULLHOLAN
BOUM TCHAK
¡YA HAN ESTADO ALLÍ POR UNA HORA!
¿ESE ES TU BATERISTA?
¡ÉL ES EL HOMBRE QUE NECESITAMOS!

¿ERES DE SEATTLE?

SÍ. DE LA MISMA PREPA QUE **HENDRIX** Y **BRUCE LEE.** TOQUÉ CON ALGUNAS BANDAS ALLÍ ANTES DE PROBAR MI SUERTE EN LOS ÁNGELES.

¿APRENDISTE A TOCAR LA BATERÍA EN LA PREPA?

JA JA

PARA NADA. CRECÍ RODEADO DE CABALLOS E INSTRUMENTOS MUSICALES EN LA RESERVA MAKAH EN EL NOROESTE DEL ESTADO DE WASHINGTON.

BOM BOM BOM BOM BOM BOM BOM BOM

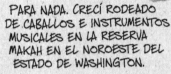

BOM

ALLÍ FUE CUANDO SUPE QUE SERÍA BATERISTA.

CUANDO TENÍA CUATRO FUI A UN POW WOW.* LOS TAMBORES ME FASCINARON. LOS MIRÉ POR HORAS.

*FESTIVAL INDÍGENA

¿QUÉ? ¿CRECISTE EN UNA RESERVA? ¿CON CABALLOS Y TIERRA?

¡SÍ CARAJO!

¡QUÉ LOCO!

LOS CABALLOS SALVAJES SOLÍAN PASAR POR NUESTRA VILLA. A VECES MIS HERMANOS Y YO ATRAPÁBAMOS ALGUNOS.

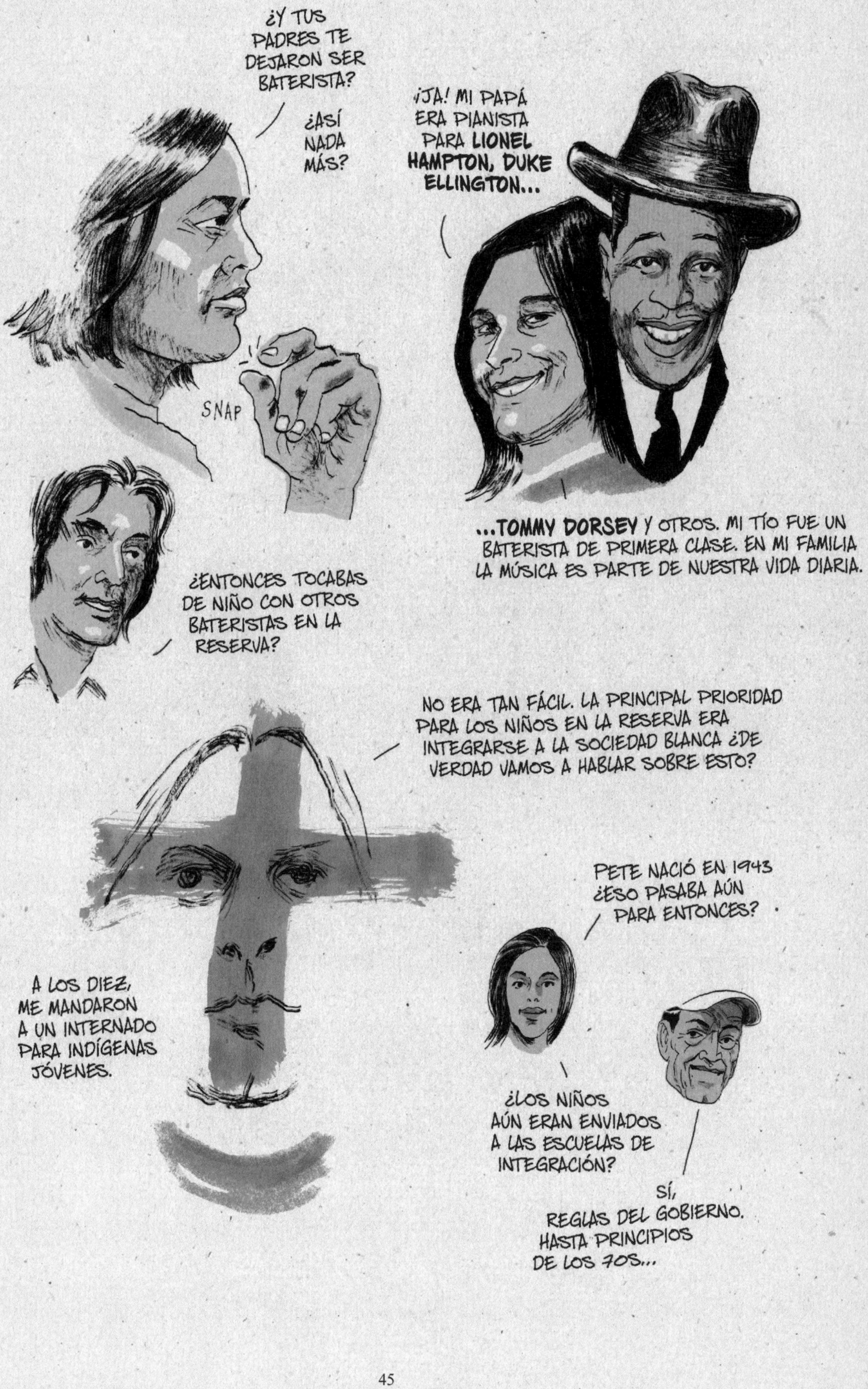
¿Y TUS PADRES TE DEJARON SER BATERISTA?
¿ASÍ NADA MÁS?
SNAP
¡JA! MI PAPÁ ERA PIANISTA PARA LIONEL HAMPTON, DUKE ELLINGTON...
...TOMMY DORSEY Y OTROS. MI TÍO FUE UN BATERISTA DE PRIMERA CLASE. EN MI FAMILIA LA MÚSICA ES PARTE DE NUESTRA VIDA DIARIA.
¿ENTONCES TOCABAS DE NIÑO CON OTROS BATERISTAS EN LA RESERVA?
NO ERA TAN FÁCIL. LA PRINCIPAL PRIORIDAD PARA LOS NIÑOS EN LA RESERVA ERA INTEGRARSE A LA SOCIEDAD BLANCA ¿DE VERDAD VAMOS A HABLAR SOBRE ESTO?
A LOS DIEZ, ME MANDARON A UN INTERNADO PARA INDÍGENAS JÓVENES.
PETE NACIÓ EN 1943 ¿ESO PASABA AÚN PARA ENTONCES?
¿LOS NIÑOS AÚN ERAN ENVIADOS A LAS ESCUELAS DE INTEGRACIÓN?
SÍ, REGLAS DEL GOBIERNO. HASTA PRINCIPIOS DE LOS 70S...

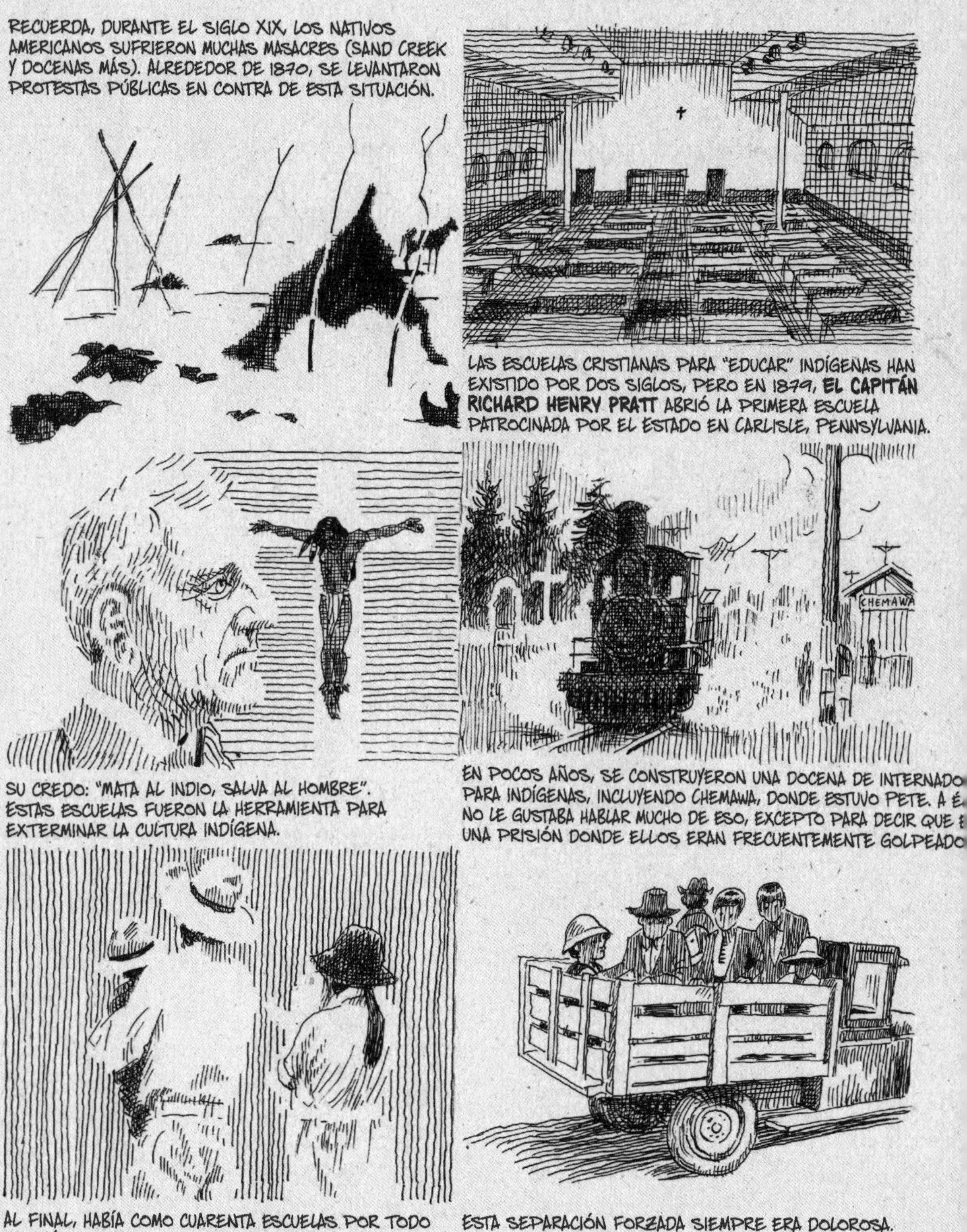

RECUERDA, DURANTE EL SIGLO XIX, LOS NATIVOS AMERICANOS SUFRIERON MUCHAS MASACRES (SAND CREEK Y DOCENAS MÁS). ALREDEDOR DE 1870, SE LEVANTARON PROTESTAS PÚBLICAS EN CONTRA DE ESTA SITUACIÓN.
LAS ESCUELAS CRISTIANAS PARA "EDUCAR" INDÍGENAS HAN EXISTIDO POR DOS SIGLOS, PERO EN 1879, EL CAPITÁN RICHARD HENRY PRATT ABRIÓ LA PRIMERA ESCUELA PATROCINADA POR EL ESTADO EN CARLISLE, PENNSYLVANIA.
SU CREDO: "MATA AL INDIO, SALVA AL HOMBRE". ESTAS ESCUELAS FUERON LA HERRAMIENTA PARA EXTERMINAR LA CULTURA INDÍGENA.
CHEMAWA
EN POCOS AÑOS, SE CONSTRUYERON UNA DOCENA DE INTERNADO PARA INDÍGENAS, INCLUYENDO CHEMAWA, DONDE ESTUVO PETE. A É NO LE GUSTABA HABLAR MUCHO DE ESO, EXCEPTO PARA DECIR QUE UNA PRISIÓN DONDE ELLOS ERAN FRECUENTEMENTE GOLPEADO
AL FINAL, HABÍA COMO CUARENTA ESCUELAS POR TODO EL PAÍS, SIEMPRE LEJOS DE LAS RESERVAS PARA MANTENER A LOS NIÑOS A DISTANCIA DE SUS HOGARES DURANTE TODO EL AÑO, A VECES POR MÁS TIEMPO.
ESTA SEPARACIÓN FORZADA SIEMPRE ERA DOLOROSA.

EN TEORÍA, LAS ESCUELAS EXISTÍAN CON EL PROPÓSITO DE AYUDAR A LOS JÓVENES INDÍGENAS A INTEGRARSE A LA SOCIEDAD BLANCA. **ESTELLE REEL** ERA LA SUPERINTENDENTE DE LAS ESCUELAS PARA INDÍGENAS DE 1898 A 1910.

SU VISIÓN DE LOS INDÍGENAS COMO UNA "RAZA INFERIOR" LA HIZO ENSEÑAR SOLAMENTE SOBRE OFICIOS MANUALES: TRABAJOS DE GRANJA Y CAMPO Y CARPINTERÍA PARA LOS NIÑOS, COCINA, COSTURA Y TRABAJO DOMÉSTICO PARA LAS NIÑAS.

"SUS DEDOS Y MANOS SON MENOS FLEXIBLES... Y NO PERMITIRÁN UNA VARIEDAD DE MOVIMIENTOS MANUALES TAN AMPLIA COMO LA NUESTRA. SUS PROPIOS INSTINTOS Y MODOS DE PENSAR SE AJUSTAN A ESTE DESARROLLO MANUAL IMPERFECTO", ESCRIBIÓ.

EN EL TRANSCURSO DEL SIGLO XX, SE AGREGARON ALGUNAS CLASES — PARTICULARMENTE, PINTURA Y MÚSICA. EN LOS ÚLTIMOS AÑOS, ESTAS ESCUELAS SE HABÍAN NORMALIZADO. CHEMAWA AÚN EXISTE PERO SE HA CONVERTIDO EN UNA ESCUELA COMO CUALQUIER OTRA.

ESCUELA INDIA CARLISLE. 1879-1918.

DADA LA FORMA EN LA QUE ESTAS ESCUELAS FUNCIONARON HASTA 1970, "GENOCIDIO" ES REALMENTE LA PALABRA CORRECTA. PUEBLOS COMPLETOS FUERON ELIMINADOS DELIBERADAMENTE MEDIANTE LA REPRESIÓN DE SUS LENGUAS, CREENCIAS Y CULTURAS, AL DESTRUIR LOS LAZOS ENTRE GENERACIONES.

TODO LO QUE CONECTABA A LOS NIÑOS CON SUS VIDAS ANTES DE INGRESAR A LA ESCUELA ERA PROHIBIDO ¿LAS ROPAS CON LAS QUE LLEGABAN? PROHIBIDAS, REEMPLAZADAS AL LLEGAR CON UNIFORMES RASPOSOS, INCÓMODOS.

¿PEINADOS DE CASA? PROHIBIDOS. LOS NIÑOS FUERON RAPADOS Y A LAS NIÑAS LAS PEINARON CON ESTILOS OCCIDENTALES ¿LENGUAS INDÍGENAS? PROHIBIDAS. SOLAMENTE EL INGLÉS ESTABA PERMITIDO.

UNO SE PREGUNTA POR QUÉ LOS PADRES LOS DEJARON IRSE. NO TENÍAN ALTERNATIVA. LOS QUE SE RESISTIERON FUERON ENCARCELADOS, COMO LE PASÓ A CERCA DE VEINTE HOMBRES HOPI, FUERON ENVIADOS A ALCATRAZ EN 1894.

ADEMÁS DE ESTOS CAMBIOS IMPUESTOS, LOS NIÑOS FUERON SOMETIDOS A CASTIGOS, HUMILLACIONES Y ABUSOS QUE LLEGARON TAN LEJOS COMO MALNUTRICIÓN Y VIOLENCIA SEXUAL.

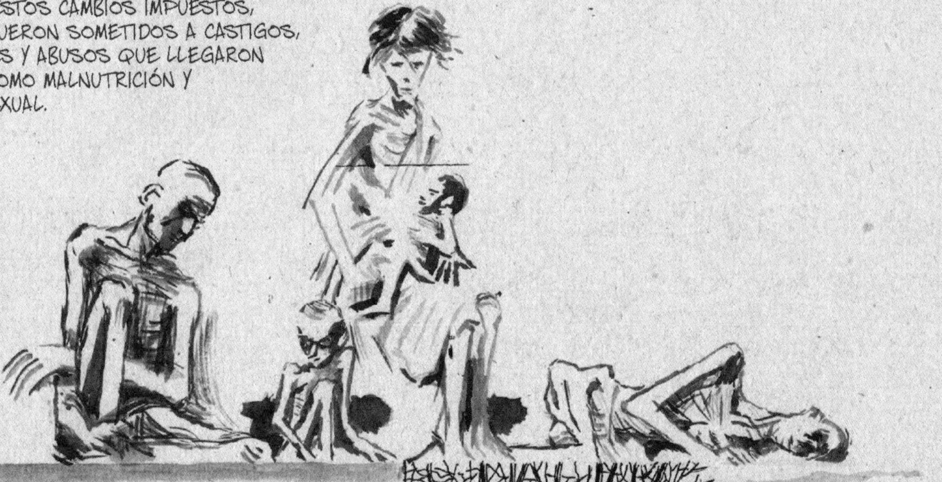

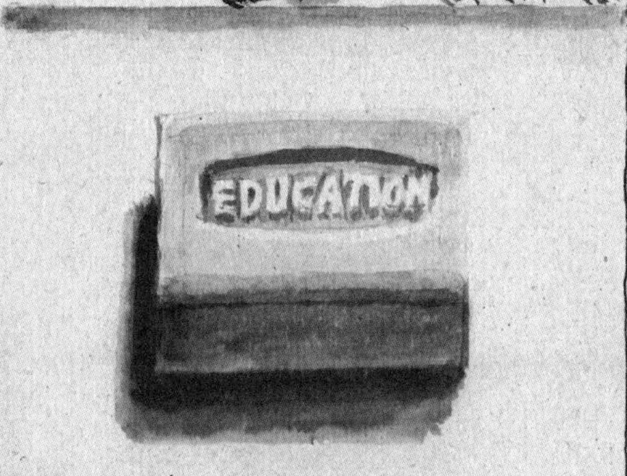
EDUCATION

EL CASTIGO MÁS COMÚN ERA LAVARLES LA BOCA CON JABÓN CUANDO SE ATREVÍAN A HABLAR EN SUS LENGUAS INDÍGENAS.

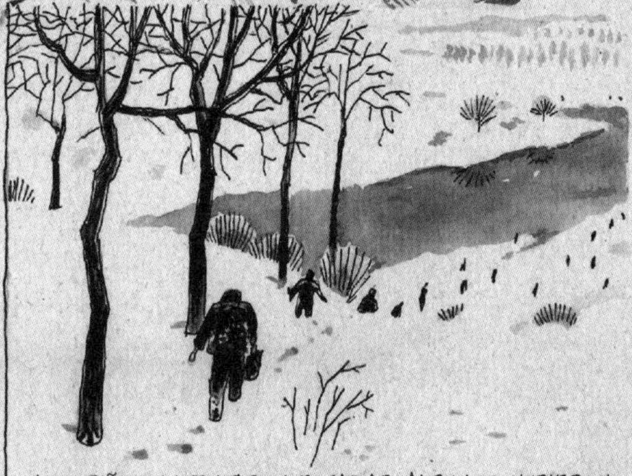

LOS NIÑOS INTENTARON ESCAPAR. ALGUNOS MURIERON INTENTANDO. LOS ATRAPADOS ERAN SEVERAMENTE DISCIPLINADOS: ENCERRADOS O GOLPEADOS.

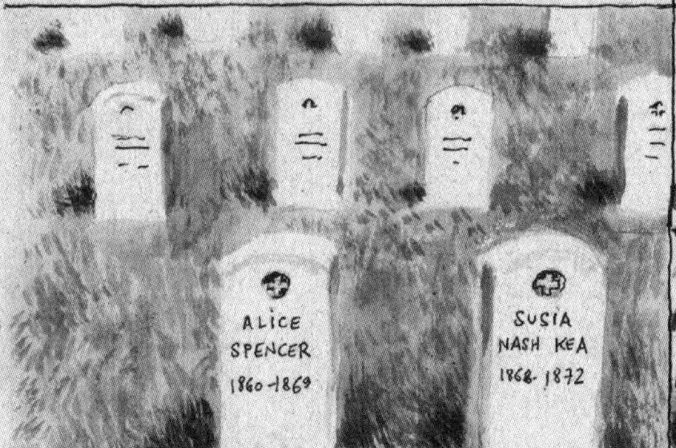
ALICE SPENCER 1860-1869
SUSIA NASH KEA 1868-1872

SUS INFANCIAS FUERON UN INFIERNO, CON POCA ATENCIÓN MÉDICA. LOS NIÑOS FRECUENTEMENTE SUCUMBÍAN A ENFERMEDADES O EPIDEMIAS (INFLUENZA, TUBERCULOSIS). RECIENTEMENTE FUERON ENCONTRADAS DECENAS DE TUMBAS DE NIÑOS CERCA DE CHEMAWA.

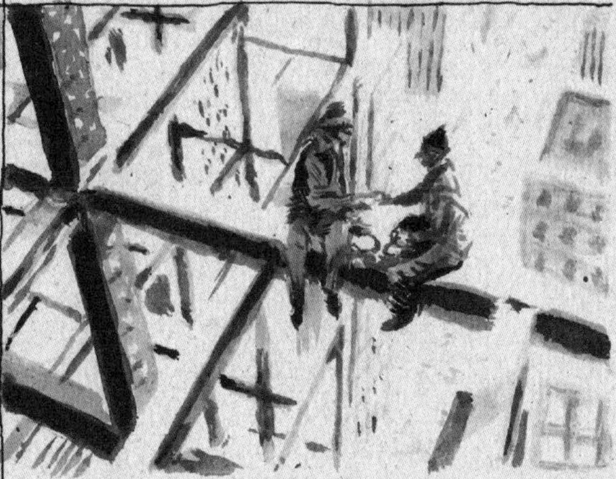

LOS INDÍGENAS FUERON TRATADOS COMO ESCLAVOS Y ENVIADOS A SERVIR A LOS BLANCOS. COMO UN AMIGO DIJO: "LOS CRISTIANOS TENÍAN LA BIBLIA Y NOSOTROS LA TIERRA. AHORA, NOSOTROS TENEMOS LA BIBLIA Y ELLOS LA TIERRA." ESO LO RESUME.

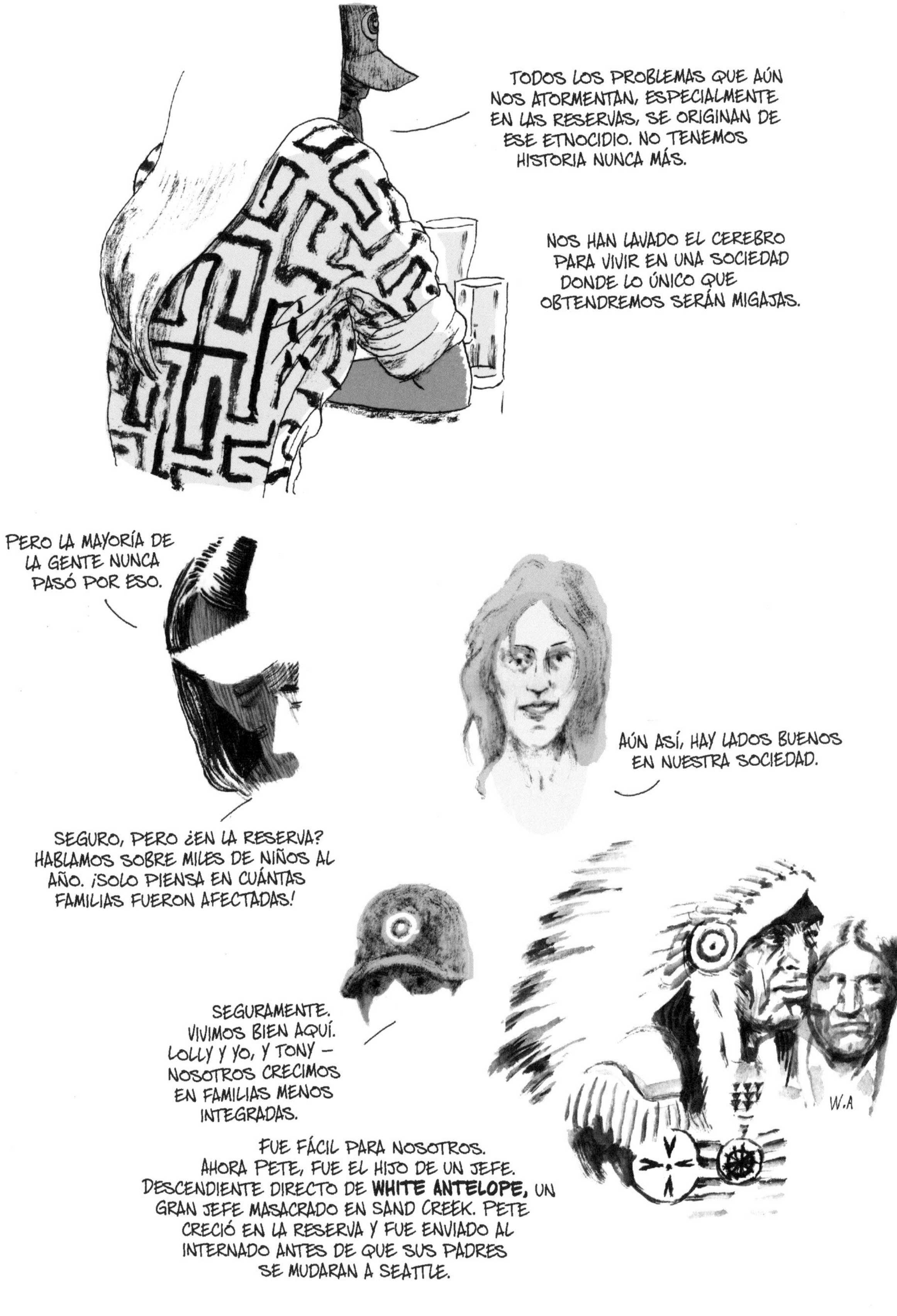
TODOS LOS PROBLEMAS QUE AÚN NOS ATORMENTAN, ESPECIALMENTE EN LAS RESERVAS, SE ORIGINAN DE ESE ETNOCIDIO. NO TENEMOS HISTORIA NUNCA MÁS.
NOS HAN LAVADO EL CEREBRO PARA VIVIR EN UNA SOCIEDAD DONDE LO ÚNICO QUE OBTENDREMOS SERÁN MIGAJAS.
PERO LA MAYORÍA DE LA GENTE NUNCA PASÓ POR ESO.
AÚN ASÍ, HAY LADOS BUENOS EN NUESTRA SOCIEDAD.
SEGURO, PERO ¿EN LA RESERVA? HABLAMOS SOBRE MILES DE NIÑOS AL AÑO. ¡SOLO PIENSA EN CUÁNTAS FAMILIAS FUERON AFECTADAS!
SEGURAMENTE. VIVIMOS BIEN AQUÍ. LOLLY Y YO, Y TONY — NOSOTROS CRECIMOS EN FAMILIAS MENOS INTEGRADAS.
W.A
FUE FÁCIL PARA NOSOTROS. AHORA PETE, FUE EL HIJO DE UN JEFE. DESCENDIENTE DIRECTO DE **WHITE ANTELOPE,** UN GRAN JEFE MASACRADO EN SAND CREEK. PETE CRECIÓ EN LA RESERVA Y FUE ENVIADO AL INTERNADO ANTES DE QUE SUS PADRES SE MUDARAN A SEATTLE.

IV
REDBONE
(1969)

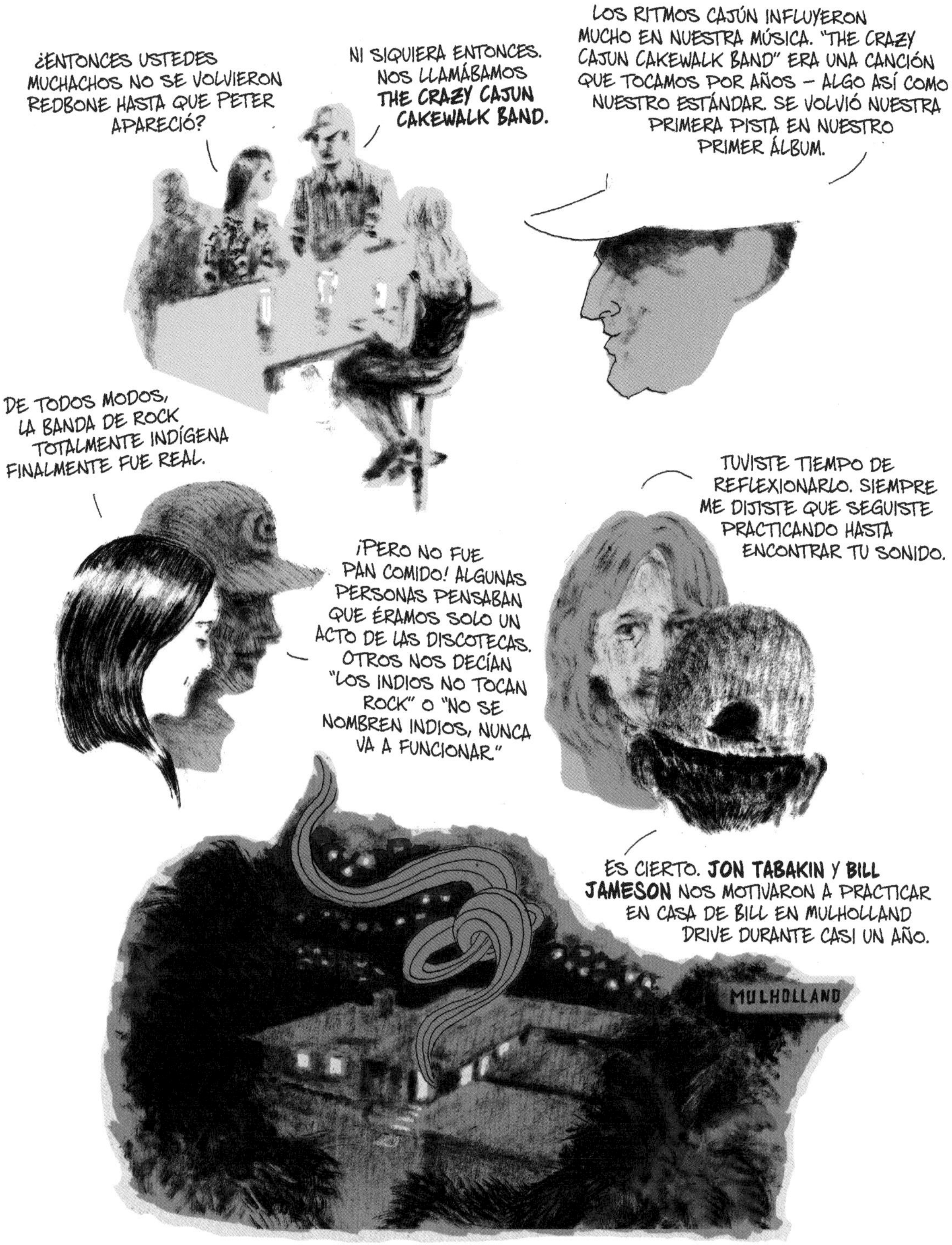
¿ENTONCES USTEDES MUCHACHOS NO SE VOLVIERON REDBONE HASTA QUE PETER APARECIÓ?
NI SIQUIERA ENTONCES. NOS LLAMÁBAMOS **THE CRAZY CAJUN CAKEWALK BAND.**
LOS RITMOS CAJÚN INFLUYERON MUCHO EN NUESTRA MÚSICA. "THE CRAZY CAJUN CAKEWALK BAND" ERA UNA CANCIÓN QUE TOCAMOS POR AÑOS – ALGO ASÍ COMO NUESTRO ESTÁNDAR. SE VOLVIÓ NUESTRA PRIMERA PISTA EN NUESTRO PRIMER ÁLBUM.
DE TODOS MODOS, LA BANDA DE ROCK TOTALMENTE INDÍGENA FINALMENTE FUE REAL.
¡PERO NO FUE PAN COMIDO! ALGUNAS PERSONAS PENSABAN QUE ÉRAMOS SOLO UN ACTO DE LAS DISCOTECAS. OTROS NOS DECÍAN "LOS INDIOS NO TOCAN ROCK" O "NO SE NOMBREN INDIOS, NUNCA VA A FUNCIONAR"
TUVISTE TIEMPO DE REFLEXIONARLO. SIEMPRE ME DIJISTE QUE SEGUISTE PRACTICANDO HASTA ENCONTRAR TU SONIDO.
ES CIERTO. **JON TABAKIN** Y **BILL JAMESON** NOS MOTIVARON A PRACTICAR EN CASA DE BILL EN MULHOLLAND DRIVE DURANTE CASI UN AÑO.
MULHOLLAND

PRACTICÁBAMOS NOCHE Y DÍA. COMER, DORMIR, PRACTICAR. FUMAR, REPETIR UN JUEGO RÁPIDO DE AROS, LUEGO DE REGRESO A TRABAJAR: TAMBIÉN UN MONTÓN DE IMPROVISACIÓN CON AMIGOS MÚSICOS QUE ANDABAN POR ALLÍ.

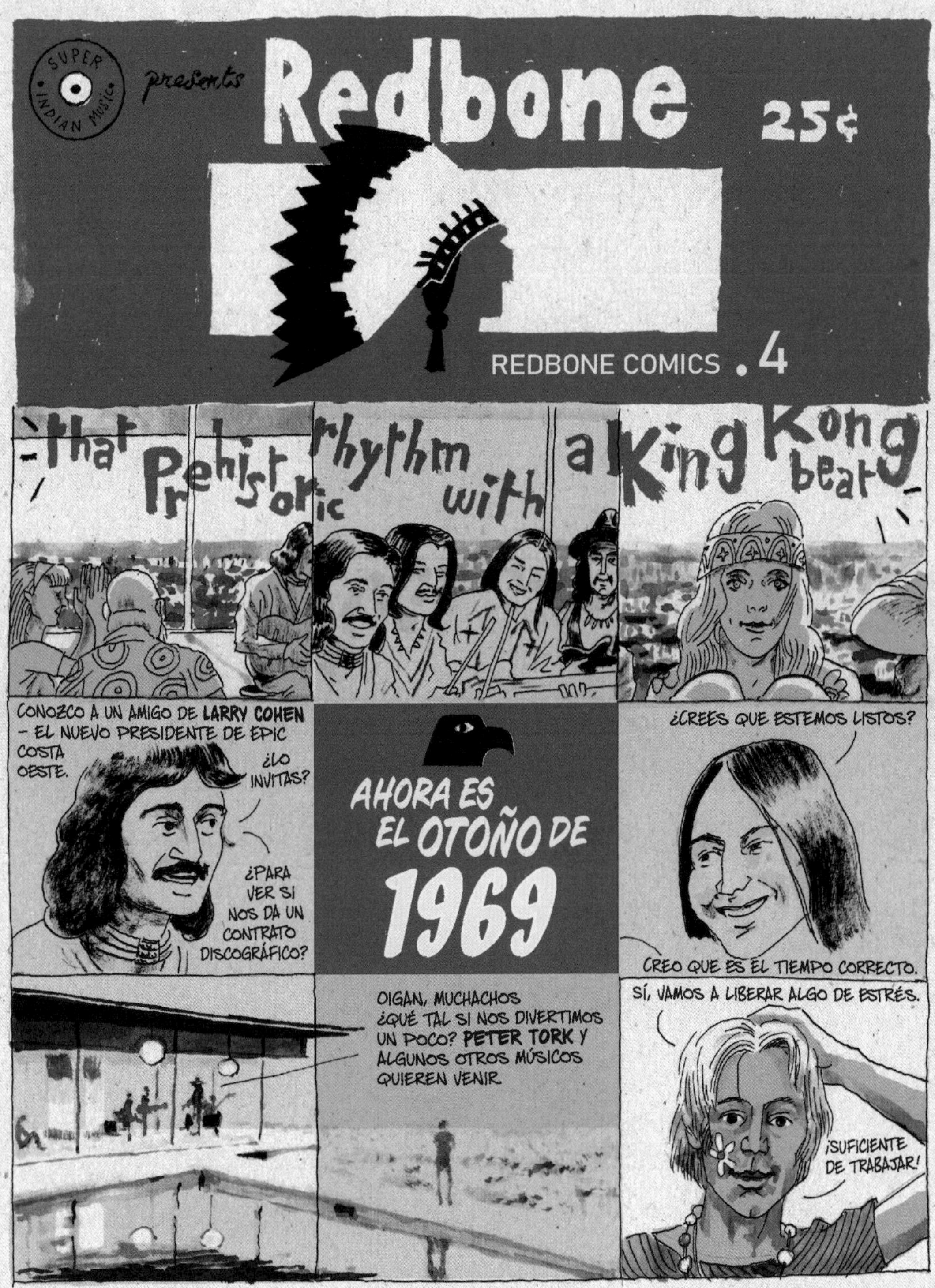
SUPER INDIAN MUSIC
presents
Redbone
25¢
REDBONE COMICS .4
that Prehistoric rhythm with a King Kong beat
CONOZCO A UN AMIGO DE LARRY COHEN - EL NUEVO PRESIDENTE DE EPIC COSTA OESTE.
¿LO INVITAS?
¿PARA VER SI NOS DA UN CONTRATO DISCOGRÁFICO?
AHORA ES EL OTOÑO DE 1969
¿CREES QUE ESTEMOS LISTOS?
CREO QUE ES EL TIEMPO CORRECTO.
OIGAN, MUCHACHOS ¿QUÉ TAL SI NOS DIVERTIMOS UN POCO? PETER TORK Y ALGUNOS OTROS MÚSICOS QUIEREN VENIR.
SÍ, VAMOS A LIBERAR ALGO DE ESTRÉS.
¡SUFICIENTE DE TRABAJAR!

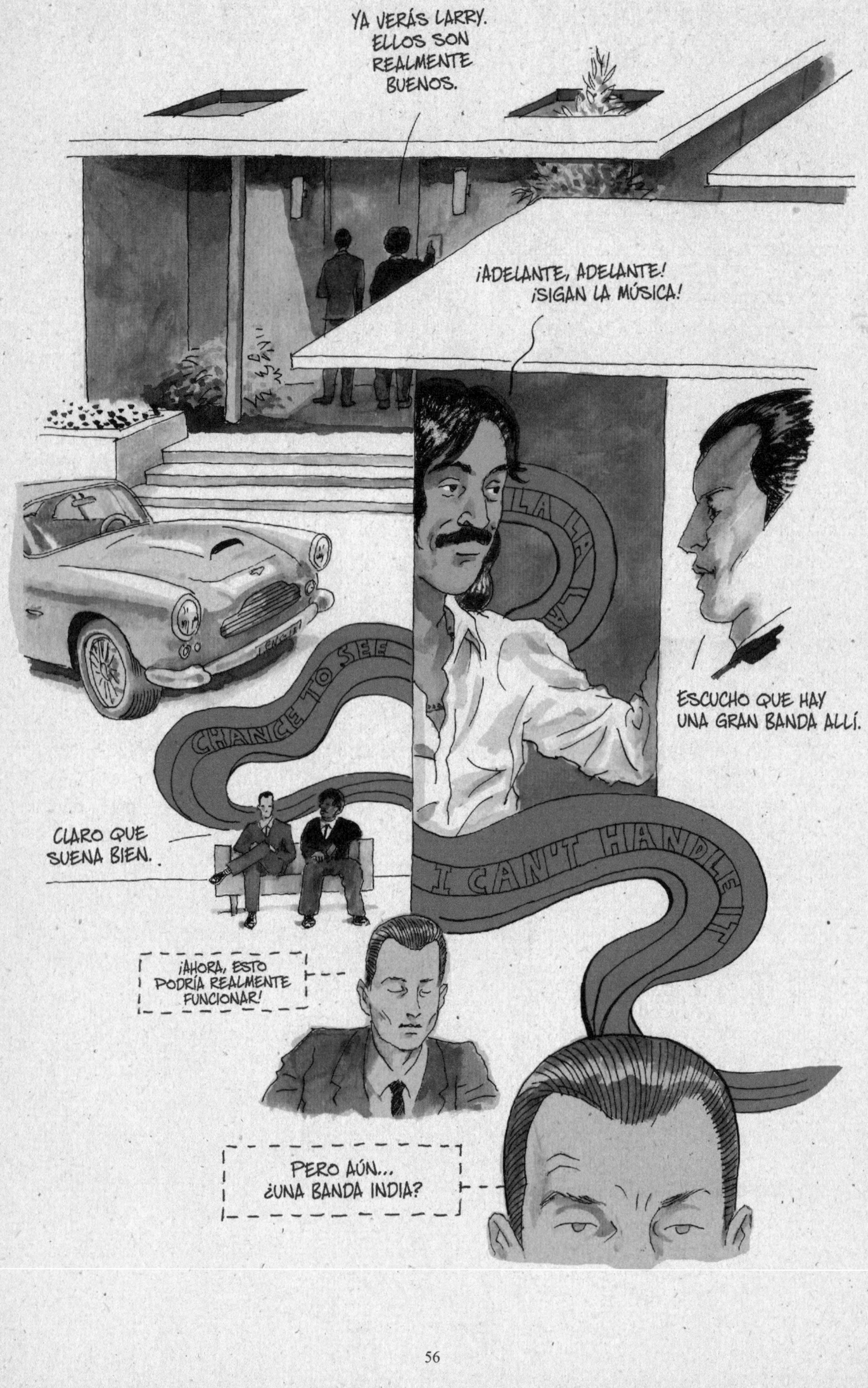
YA VERÁS LARRY. ELLOS SON REALMENTE BUENOS.
¡ADELANTE, ADELANTE! ¡SIGAN LA MÚSICA!
ESCUCHO QUE HAY UNA GRAN BANDA ALLÍ.
CHANCE TO SEE
I CAN'T HANDLE IT
CLARO QUE SUENA BIEN.
¡AHORA, ESTO PODRÍA REALMENTE FUNCIONAR!
PERO AÚN... ¿UNA BANDA INDIA?

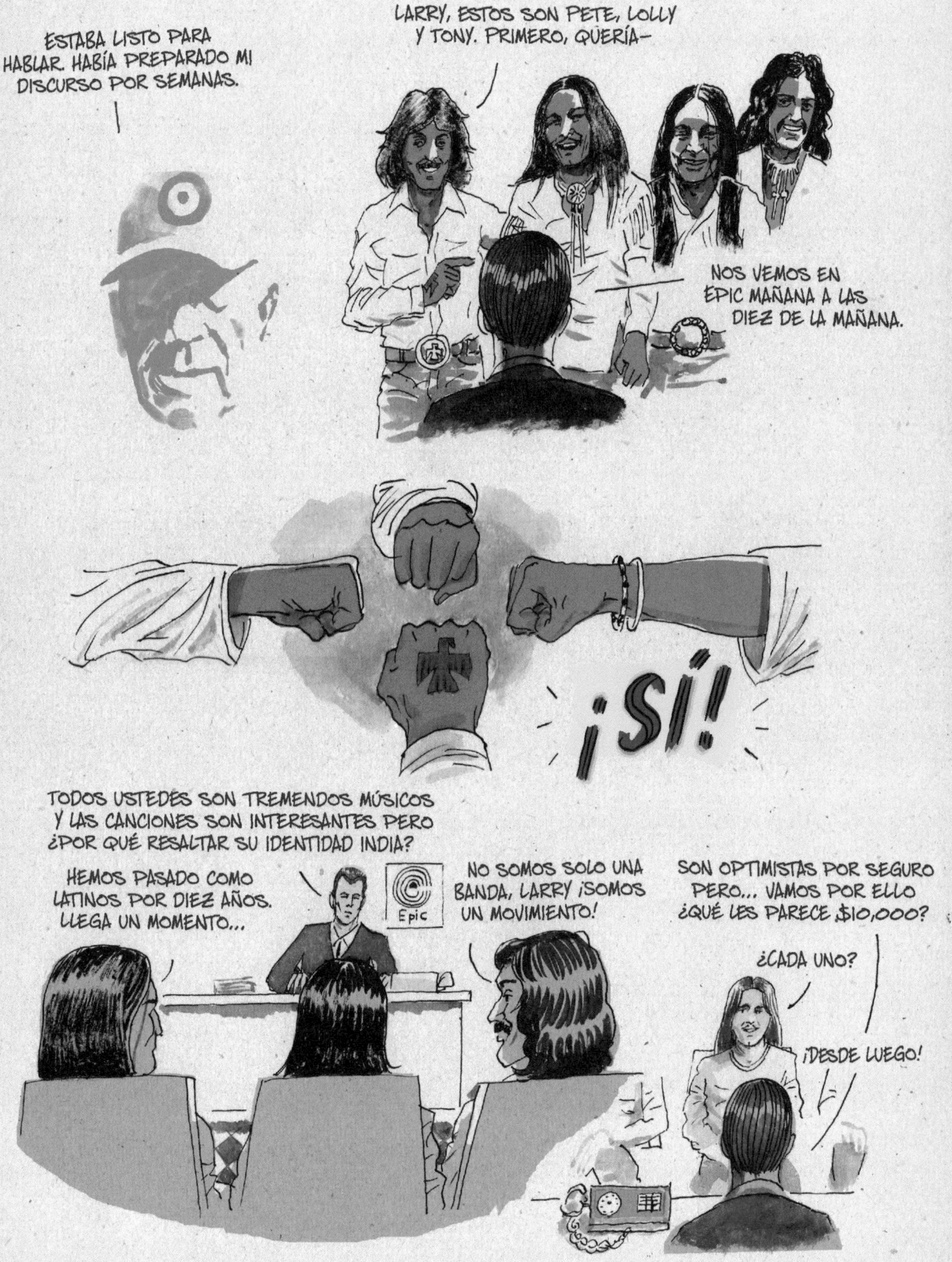
ESTABA LISTO PARA HABLAR. HABÍA PREPARADO MI DISCURSO POR SEMANAS.
LARRY, ESTOS SON PETE, LOLLY Y TONY. PRIMERO, QUERÍA-
NOS VEMOS EN EPIC MAÑANA A LAS DIEZ DE LA MAÑANA.
¡SÍ!
TODOS USTEDES SON TREMENDOS MÚSICOS Y LAS CANCIONES SON INTERESANTES PERO ¿POR QUÉ RESALTAR SU IDENTIDAD INDIA?
HEMOS PASADO COMO LATINOS POR DIEZ AÑOS. LLEGA UN MOMENTO...
Epic
NO SOMOS SOLO UNA BANDA, LARRY ¡SOMOS UN MOVIMIENTO!
SON OPTIMISTAS POR SEGURO PERO... VAMOS POR ELLO ¿QUÉ LES PARECE $10,000?
¿CADA UNO?
¡DESDE LUEGO!

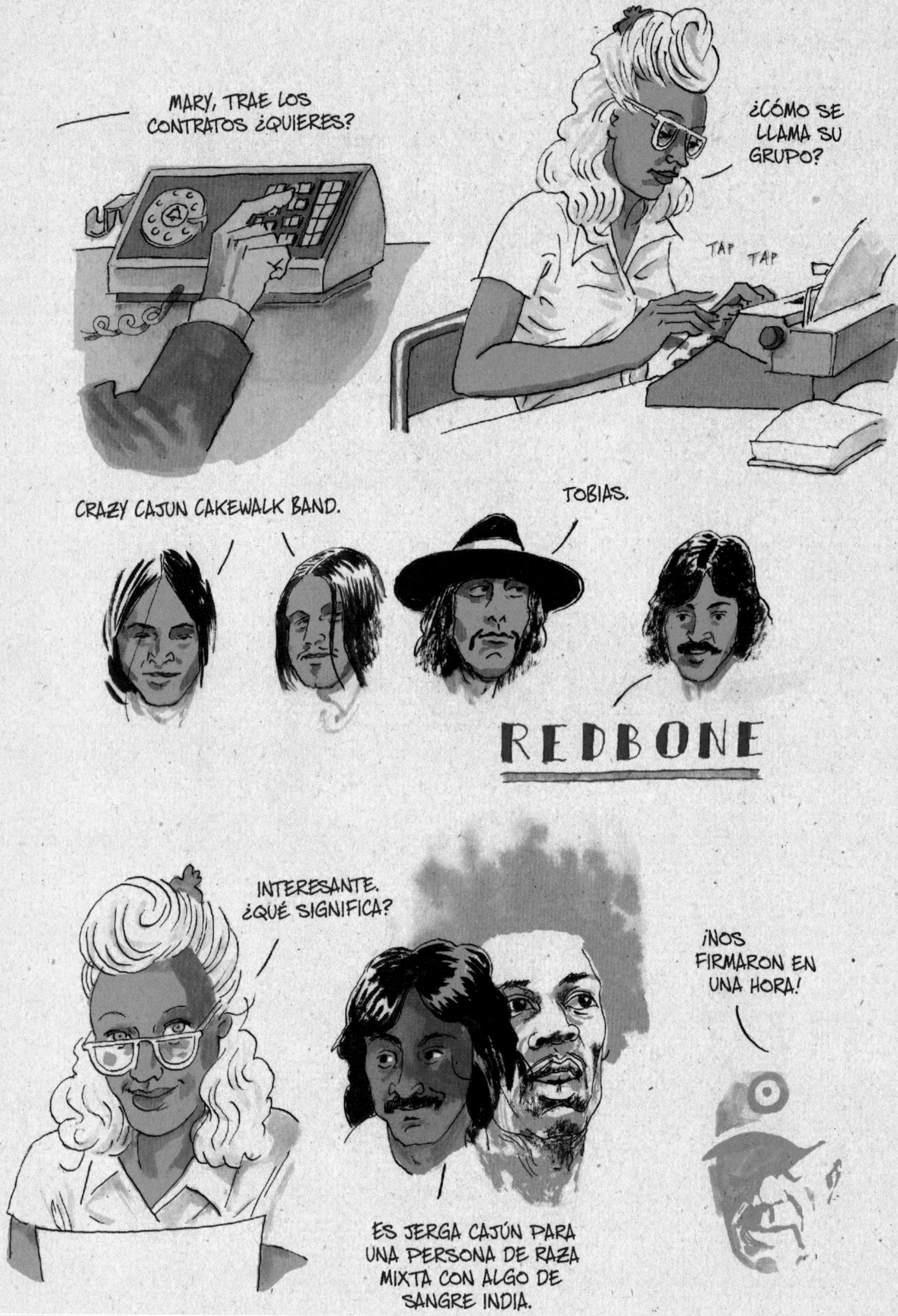
MARY, TRAE LOS CONTRATOS ¿QUIERES?
¿CÓMO SE LLAMA SU GRUPO?
TAP TAP
CRAZY CAJUN CAKEWALK BAND.
TOBIAS.
REDBONE
INTERESANTE. ¿QUÉ SIGNIFICA?
ES JERGA CAJÚN PARA UNA PERSONA DE RAZA MIXTA CON ALGO DE SANGRE INDIA.
¡NOS FIRMARON EN UNA HORA!

PRACTICAMOS EN MULHOLLAND DRIVE POR UNAS POCAS SEMANAS PARA AFINAR NUESTRAS CANCIONES. LUEGO FUIMOS A UN ESTUDIO.

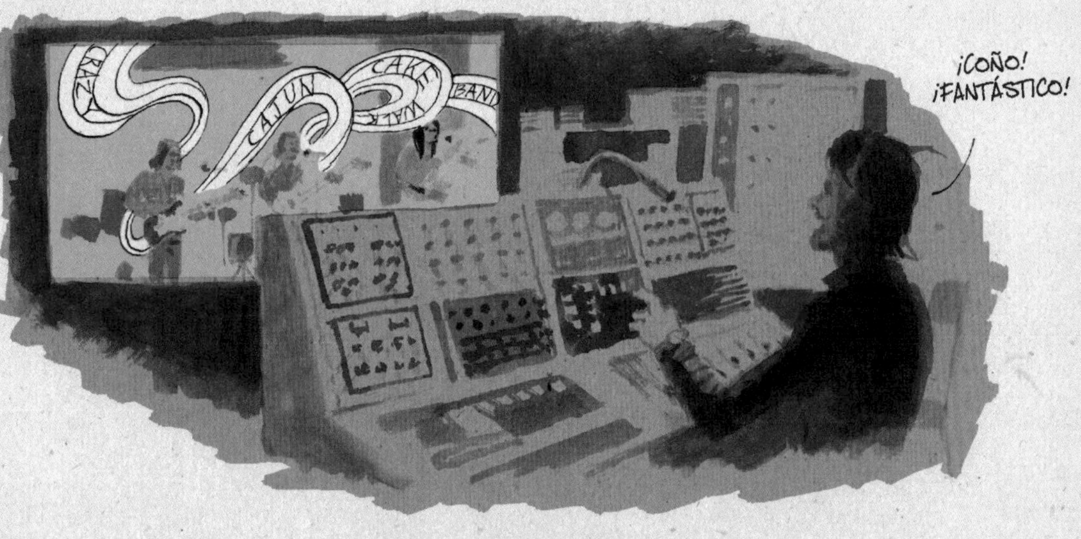
CRAZY
CAJUN
CAKE
WALK
BAND
¡COÑO! ¡FANTÁSTICO!

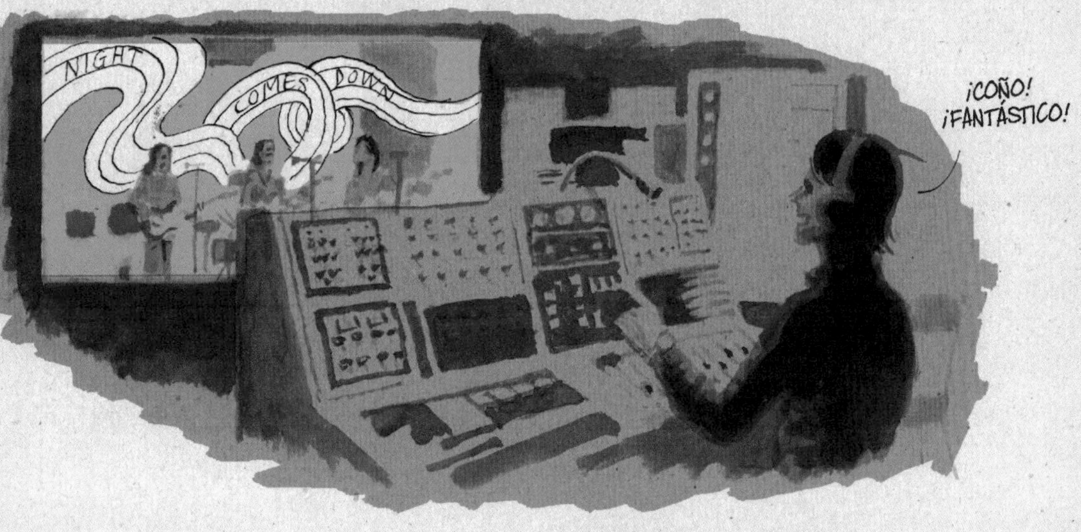
NIGHT
COMES
DOWN
¡COÑO! ¡FANTÁSTICO!

TRES SEMANAS DESPUÉS...

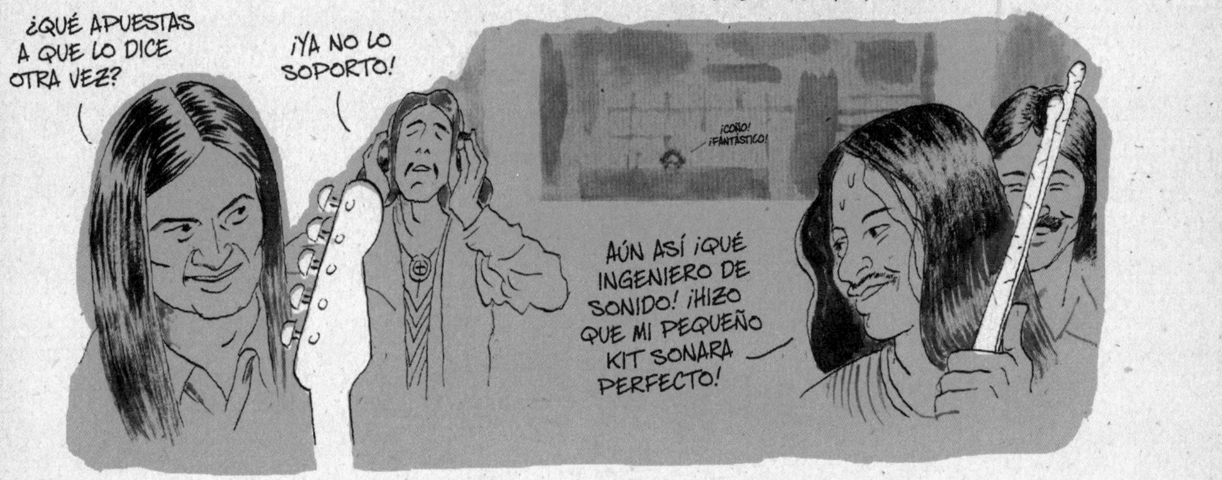
¿QUÉ APUESTAS A QUE LO DICE OTRA VEZ?
¡YA NO LO SOPORTO!
¡COÑO! ¡FANTÁSTICO!
AÚN ASÍ ¡QUÉ INGENIERO DE SONIDO! ¡HIZO QUE MI PEQUEÑO KIT SONARA PERFECTO!

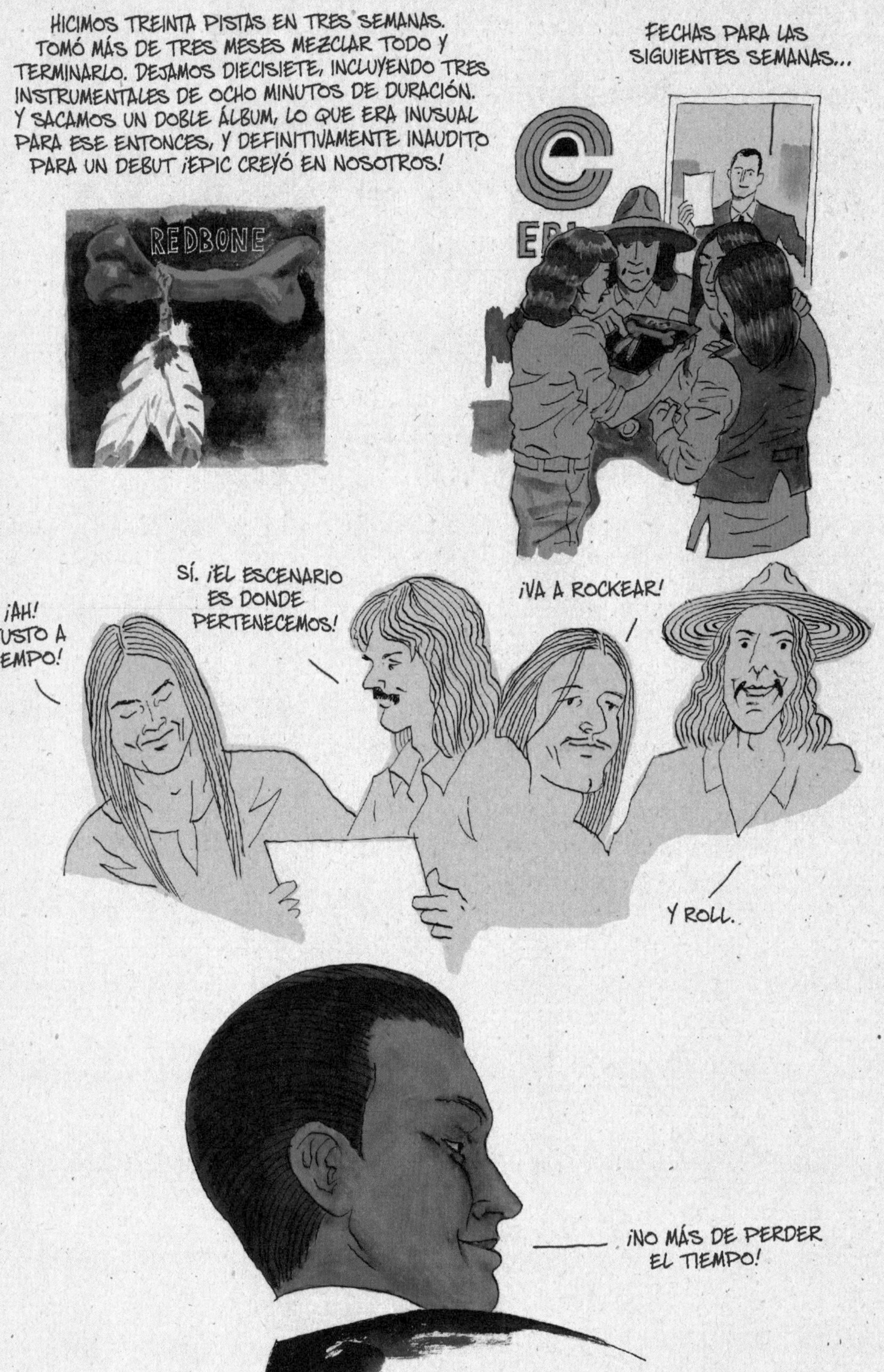
HICIMOS TREINTA PISTAS EN TRES SEMANAS. TOMÓ MÁS DE TRES MESES MEZCLAR TODO Y TERMINARLO. DEJAMOS DIECISIETE, INCLUYENDO TRES INSTRUMENTALES DE OCHO MINUTOS DE DURACIÓN. Y SACAMOS UN DOBLE ÁLBUM, LO QUE ERA INUSUAL PARA ESE ENTONCES, Y DEFINITIVAMENTE INAUDITO PARA UN DEBUT ¡EPIC CREYÓ EN NOSOTROS!
REDBONE
FECHAS PARA LAS SIGUIENTES SEMANAS...
¡AH! ¡JUSTO A TIEMPO!
SÍ. ¡EL ESCENARIO ES DONDE PERTENECEMOS!
¡VA A ROCKEAR!
Y ROLL.
¡NO MÁS DE PERDER EL TIEMPO!

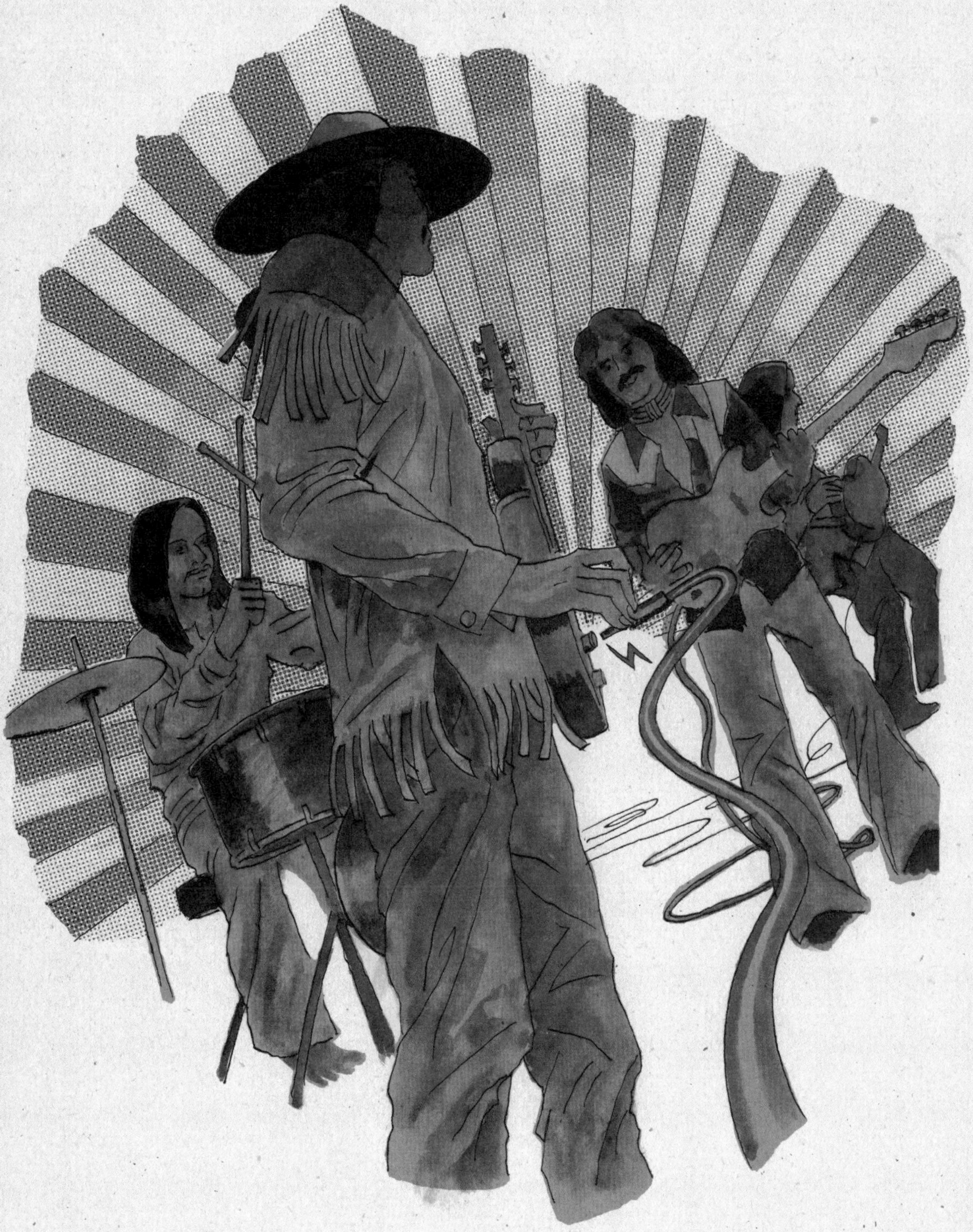

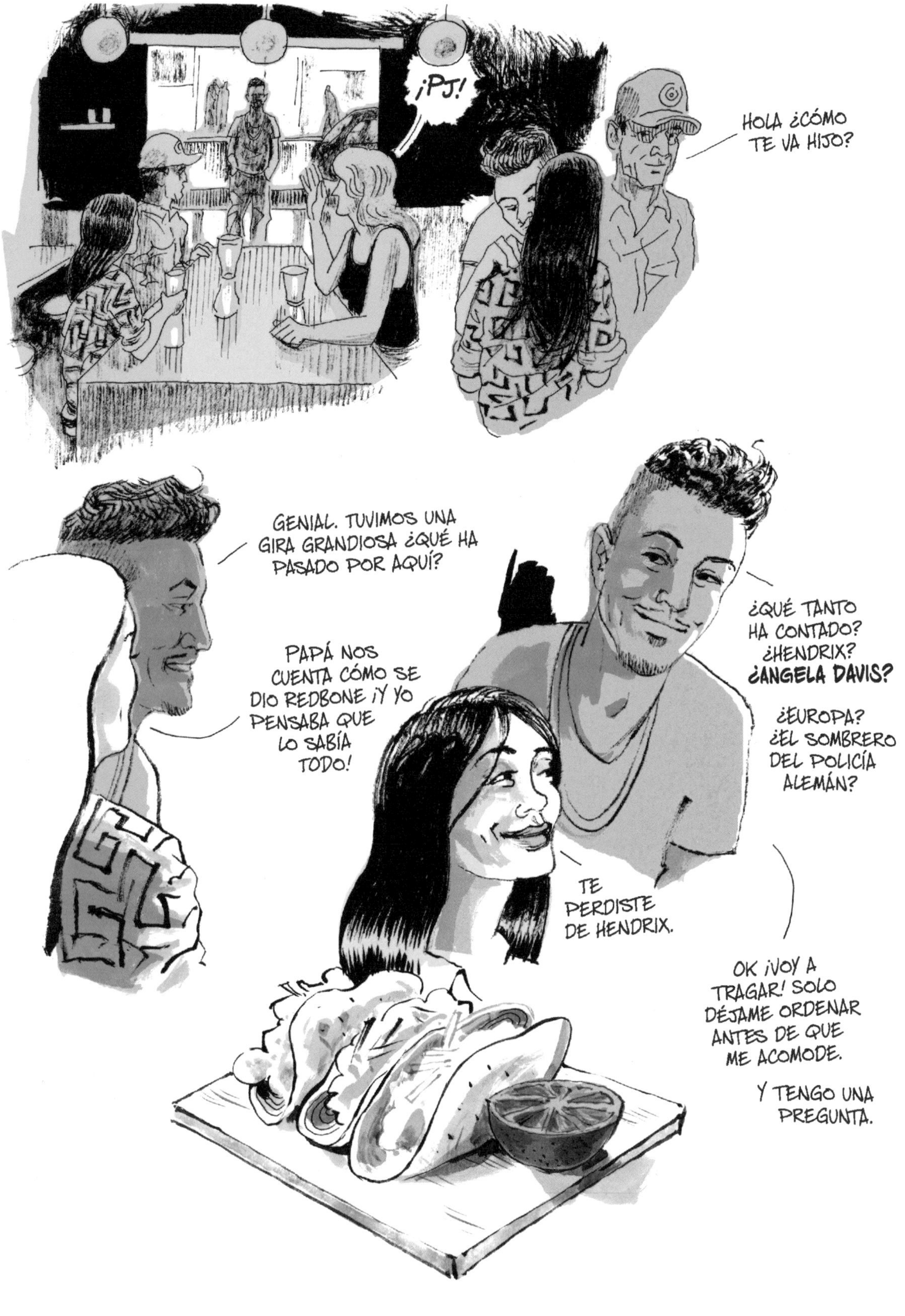

¡PJ!
HOLA ¿CÓMO TE VA HIJO?
GENIAL. TUVIMOS UNA GIRA GRANDIOSA ¿QUÉ HA PASADO POR AQUÍ?
PAPÁ NOS CUENTA CÓMO SE DIO REDBONE ¡Y YO PENSABA QUE LO SABÍA TODO!
¿QUÉ TANTO HA CONTADO? ¿HENDRIX? **¿ANGELA DAVIS?**
¿EUROPA? ¿EL SOMBRERO DEL POLICÍA ALEMÁN?
TE PERDISTE DE HENDRIX.
OK ¡VOY A TRAGAR! SOLO DÉJAME ORDENAR ANTES DE QUE ME ACOMODE.
Y TENGO UNA PREGUNTA.

V
AIM
(1970)

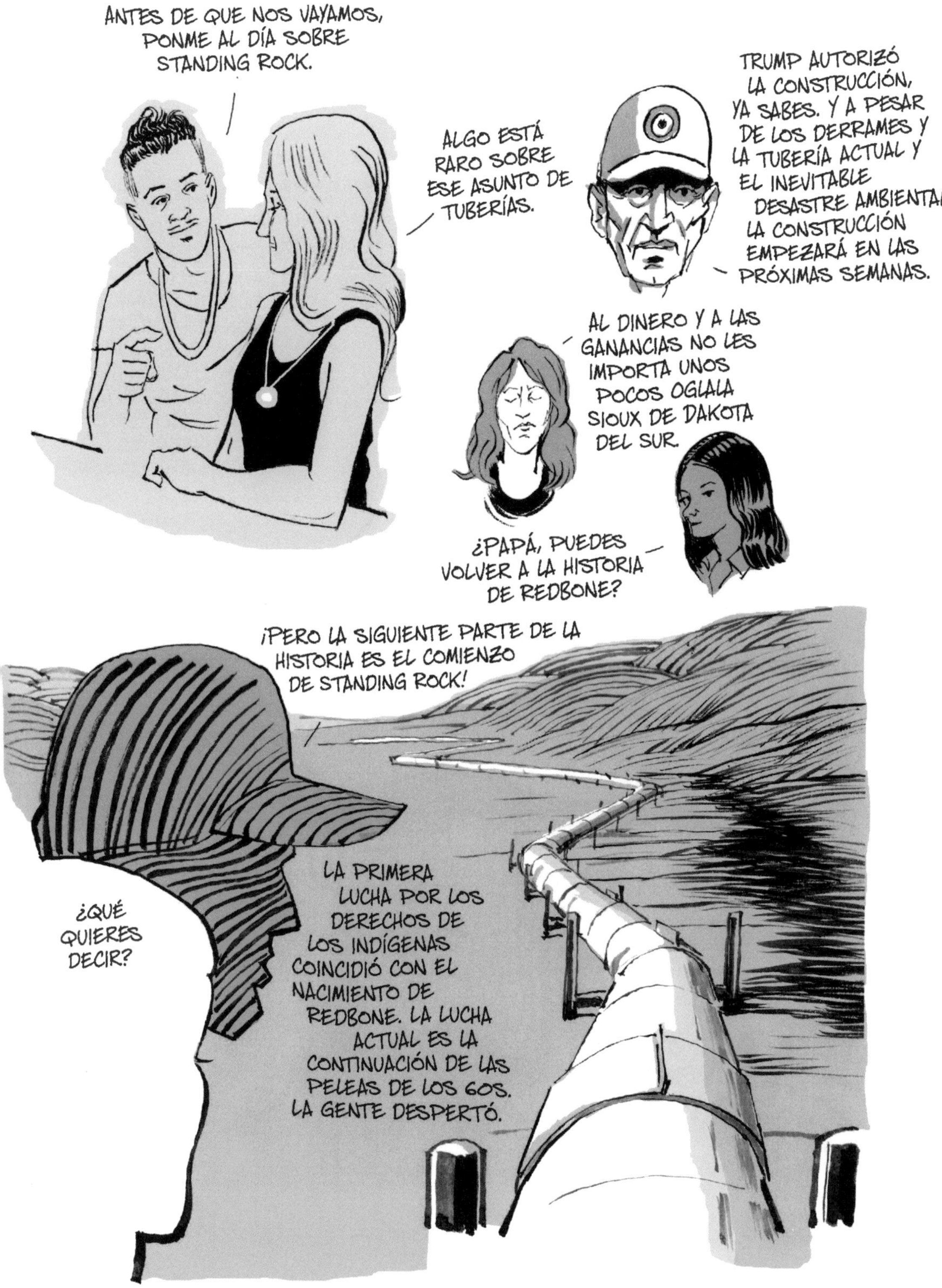
ANTES DE QUE NOS VAYAMOS, PONME AL DÍA SOBRE STANDING ROCK.
ALGO ESTÁ RARO SOBRE ESE ASUNTO DE TUBERÍAS.
TRUMP AUTORIZÓ LA CONSTRUCCIÓN, YA SABES. Y A PESAR DE LOS DERRAMES Y LA TUBERÍA ACTUAL Y EL INEVITABLE DESASTRE AMBIENTAL, LA CONSTRUCCIÓN EMPEZARÁ EN LAS PRÓXIMAS SEMANAS.
AL DINERO Y A LAS GANANCIAS NO LES IMPORTA UNOS POCOS OGLALA SIOUX DE DAKOTA DEL SUR.
¿PAPÁ, PUEDES VOLVER A LA HISTORIA DE REDBONE?
¡PERO LA SIGUIENTE PARTE DE LA HISTORIA ES EL COMIENZO DE STANDING ROCK!
¿QUÉ QUIERES DECIR?
LA PRIMERA LUCHA POR LOS DERECHOS DE LOS INDÍGENAS COINCIDIÓ CON EL NACIMIENTO DE REDBONE. LA LUCHA ACTUAL ES LA CONTINUACIÓN DE LAS PELEAS DE LOS 60S. LA GENTE DESPERTÓ.

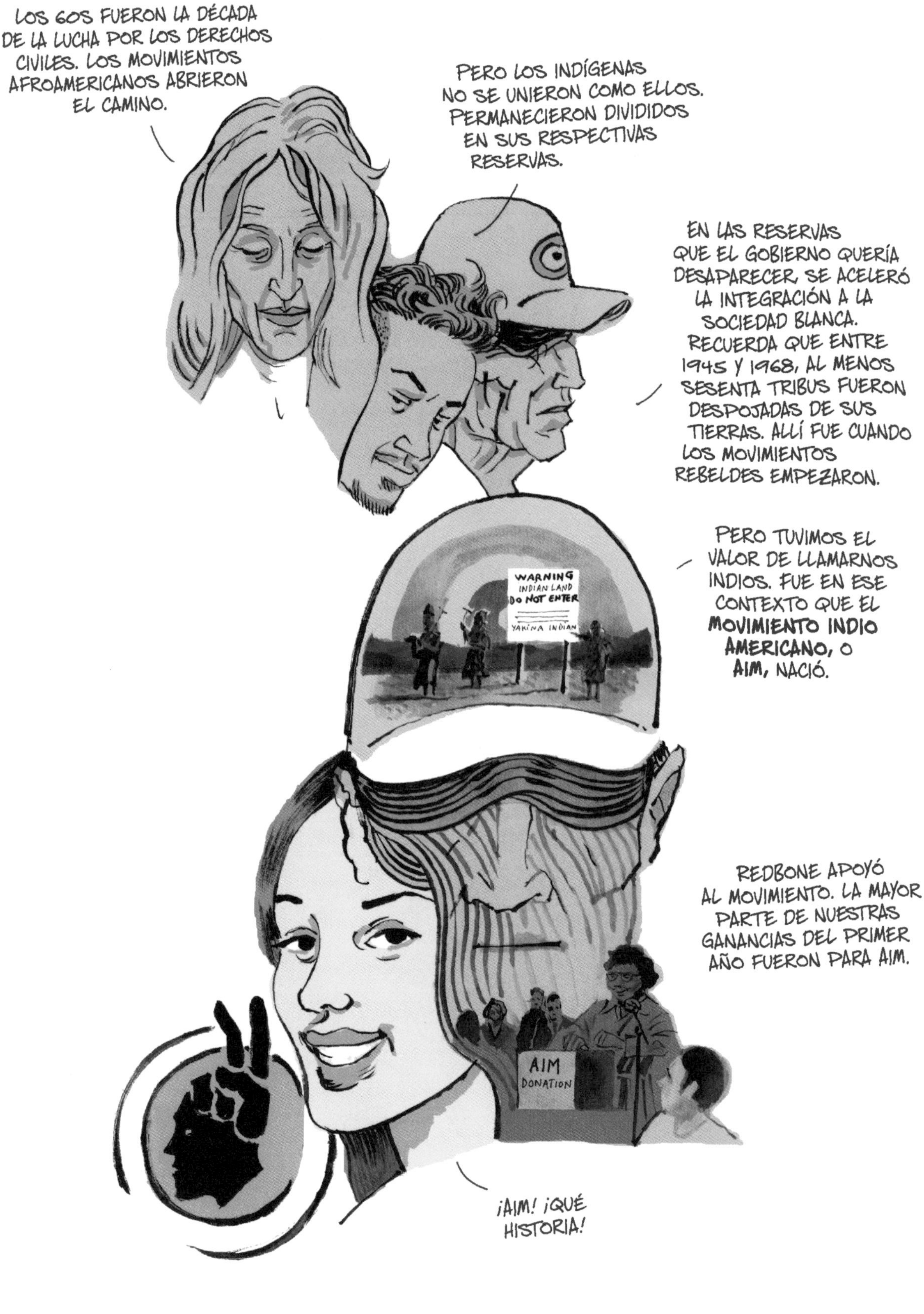
LOS 60S FUERON LA DÉCADA DE LA LUCHA POR LOS DERECHOS CIVILES. LOS MOVIMIENTOS AFROAMERICANOS ABRIERON EL CAMINO.
PERO LOS INDÍGENAS NO SE UNIERON COMO ELLOS. PERMANECIERON DIVIDIDOS EN SUS RESPECTIVAS RESERVAS.
EN LAS RESERVAS QUE EL GOBIERNO QUERÍA DESAPARECER, SE ACELERÓ LA INTEGRACIÓN A LA SOCIEDAD BLANCA. RECUERDA QUE ENTRE 1945 Y 1968, AL MENOS SESENTA TRIBUS FUERON DESPOJADAS DE SUS TIERRAS. ALLÍ FUE CUANDO LOS MOVIMIENTOS REBELDES EMPEZARON.
WARNING
INDIAN LAND
DO NOT ENTER
YAKINA INDIAN
PERO TUVIMOS EL VALOR DE LLAMARNOS INDIOS. FUE EN ESE CONTEXTO QUE EL **MOVIMIENTO INDIO AMERICANO**, O **AIM**, NACIÓ.
REDBONE APOYÓ AL MOVIMIENTO. LA MAYOR PARTE DE NUESTRAS GANANCIAS DEL PRIMER AÑO FUERON PARA AIM.
AIM
DONATION
¡AIM! ¡QUÉ HISTORIA!

REDBONE COMICS . 5

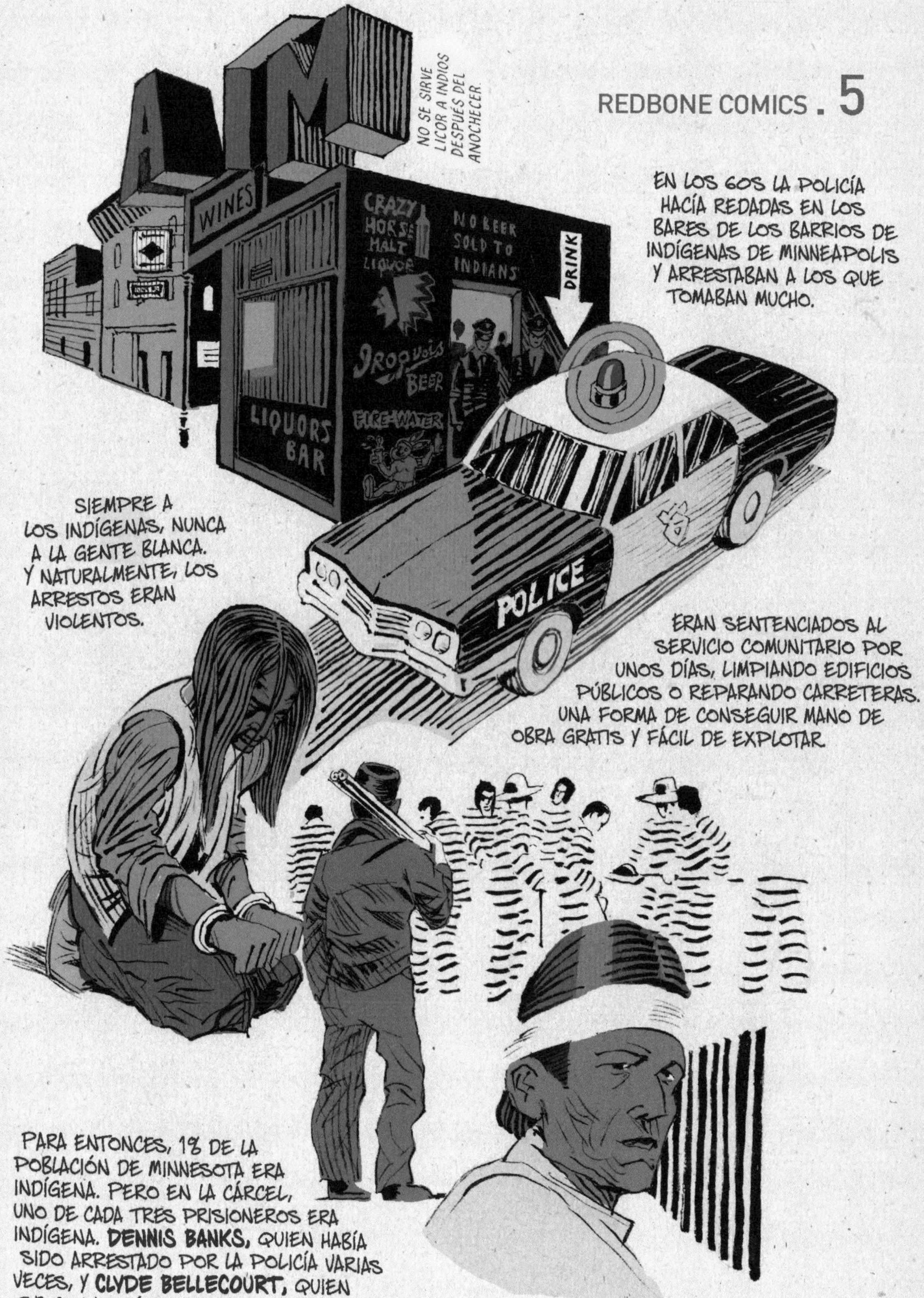

NO SE SIRVE LICOR A INDIOS DESPUÉS DEL ANOCHECER.
WINES
CRAZY HORSE MALT LIQUOR
NO BEER SOLD TO INDIANS
DRINK
Iroquois BEER
FIRE-WATER
LIQUORS BAR
EN LOS 60S LA POLICÍA HACÍA REDADAS EN LOS BARES DE LOS BARRIOS DE INDÍGENAS DE MINNEAPOLIS Y ARRESTABAN A LOS QUE TOMABAN MUCHO.
SIEMPRE A LOS INDÍGENAS, NUNCA A LA GENTE BLANCA. Y NATURALMENTE, LOS ARRESTOS ERAN VIOLENTOS.
POLICE
ERAN SENTENCIADOS AL SERVICIO COMUNITARIO POR UNOS DÍAS, LIMPIANDO EDIFICIOS PÚBLICOS O REPARANDO CARRETERAS. UNA FORMA DE CONSEGUIR MANO DE OBRA GRATIS Y FÁCIL DE EXPLOTAR.
PARA ENTONCES, 1% DE LA POBLACIÓN DE MINNESOTA ERA INDÍGENA. PERO EN LA CÁRCEL, UNO DE CADA TRES PRISIONEROS ERA INDÍGENA. DENNIS BANKS, QUIEN HABÍA SIDO ARRESTADO POR LA POLICÍA VARIAS VECES, Y CLYDE BELLECOURT, QUIEN SE CONVIRTIÓ EN ACTIVISTA DESPUÉS DE PASAR VARIOS AÑOS EN PRISIÓN, DECIDIERON HACER ALGO AL RESPECTO.

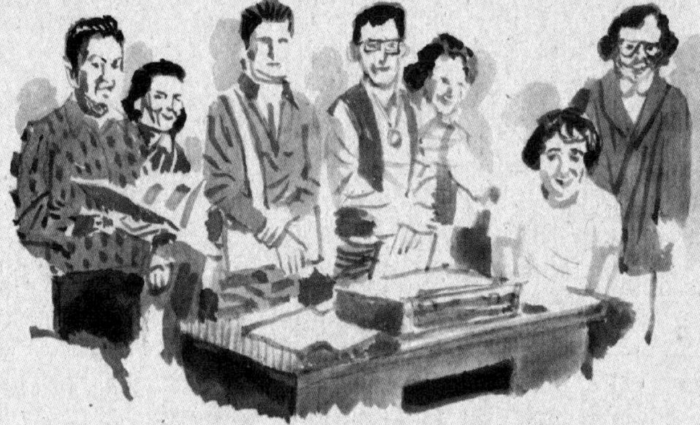

DENNIS Y CLYDE, JUNTO CON **VERNON BELLECOURT** Y **GEORGE MITCHELL,** ORGANIZARON UNA REUNIÓN EN MINNEAPOLIS EL 28 DE JULIO DE 1968. NO ESPERABAN MUCHA ASISTENCIA PERO FUERON MÁS DE DOSCIENTAS PERSONAS Y ESA NOCHE, EL **MOVIMIENTO INDIO AMERICANO** NACIÓ. EL NOMBRE AIM FUE UN VERDADERO HALLAZGO.*

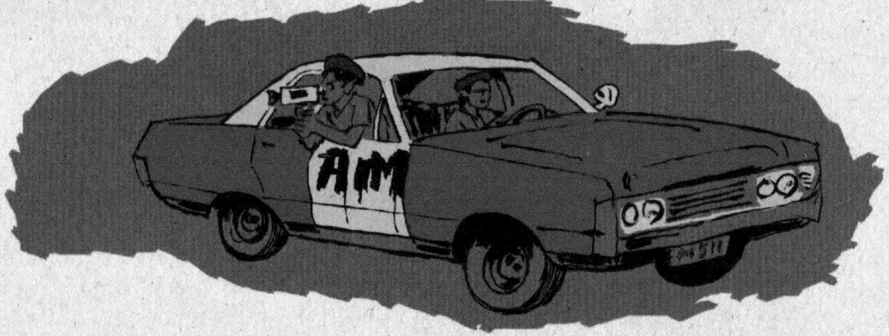
AIM

LO PRIMERO QUE HICIERON FUE FORMAR UNA PATRULLA: TRES CARROS VIEJOS PINTADOS EN ROJO, USABAN BOINAS ROJAS PARA QUE LOS SUYOS LOS RECONOCIERAN. SE QUEDABAN AFUERA DE LOS BARES Y FILMABAN LOS ABUSOS DE LA POLICÍA.

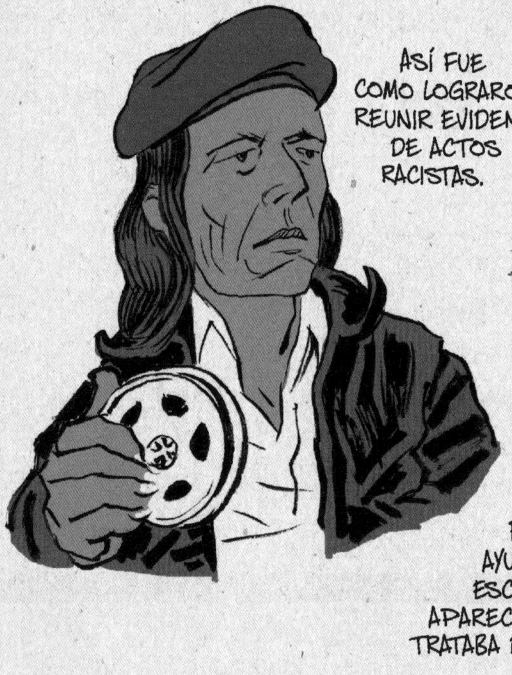

ASÍ FUE COMO LOGRARON REUNIR EVIDENCIA DE ACTOS RACISTAS.

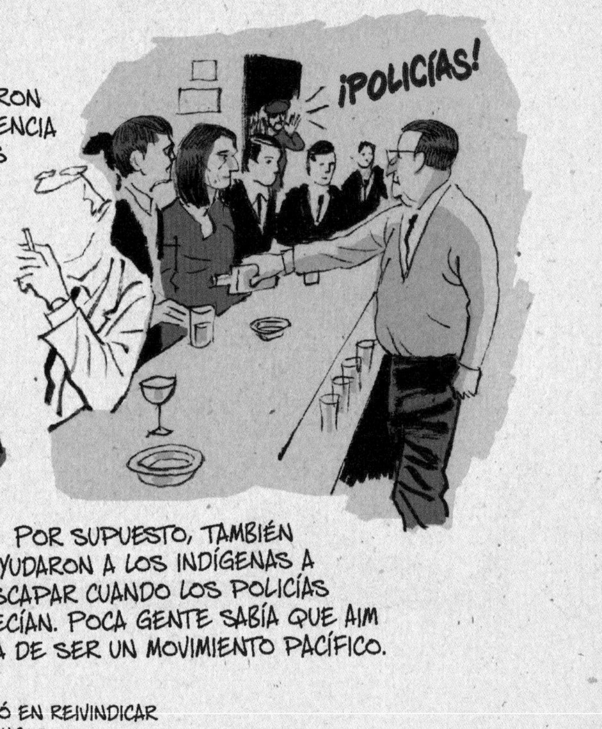
¡POLICÍAS!

POR SUPUESTO, TAMBIÉN AYUDARON A LOS INDÍGENAS A ESCAPAR CUANDO LOS POLICÍAS APARECÍAN. POCA GENTE SABÍA QUE AIM TRATABA DE SER UN MOVIMIENTO PACÍFICO.

* ALBERTA DOWNWIND SUGIRIÓ EL NOMBRE E INSISTIÓ EN REIVINDICAR LA PALABRA "INDIO" DE NUESTROS OPRESORES BLANCOS.

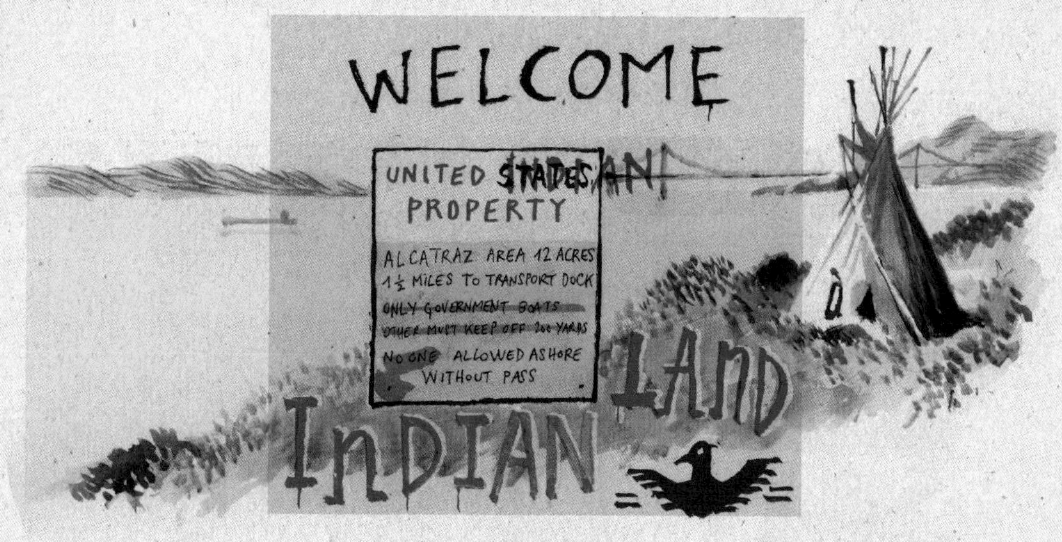
WELCOME
UNITED STATES PROPERTY INDIAN
ALCATRAZ AREA 12 ACRES
1½ MILES TO TRANSPORT DOCK
ONLY GOVERNMENT BOATS
OTHER MUST KEEP OFF 200 YARDS
NO ONE ALLOWED ASHORE WITHOUT PASS
INDIAN LAND

AIM CRECIÓ RÁPIDAMENTE POR EL PAÍS. EN LA MISMA ÉPOCA, SE FUNDARON OTROS MOVIMIENTOS Y ASOCIACIONES, COMO **EL INDIOS DE TODAS LAS TRIBUS UNIDOS,** EL CUAL OCUPÓ ALCATRAZ DE NOVIEMBRE DE 1969 A JUNIO DE 1971.

LA PRIMERA CANCIÓN DE PROTESTA DE REDBONE, EN NUESTRO SEGUNDO ÁLBUM (1970), FUE DEDICADA A ELLOS.

A FINALES DE 1969, UNA DELEGACIÓN DE AIM SE UNIÓ A LOS OCUPANTES.

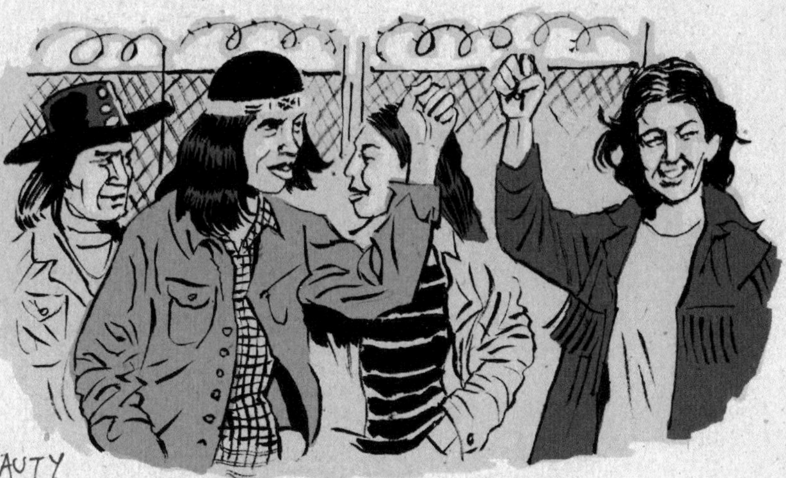

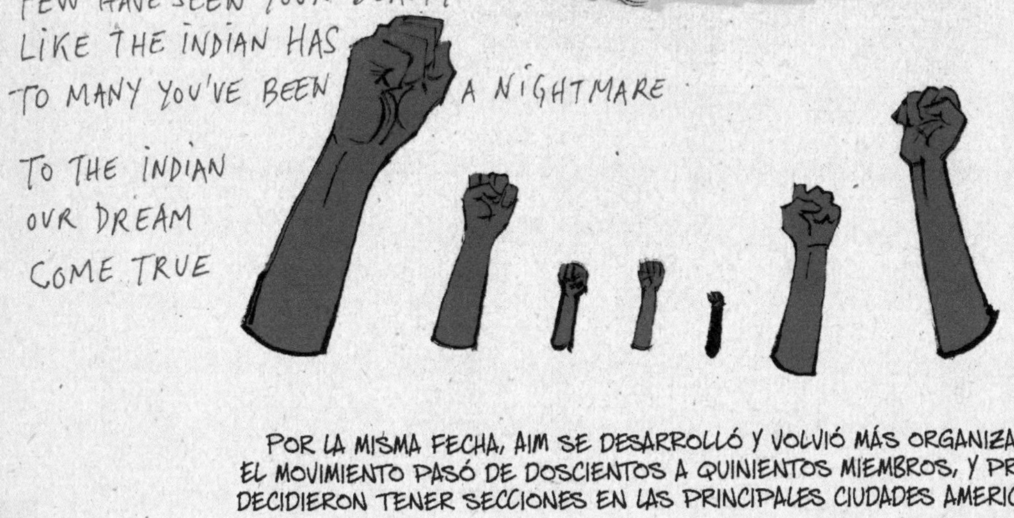
ALCATRAZ
FEW HAVE SEEN YOUR BEAUTY
LIKE THE INDIAN HAS
TO MANY YOU'VE BEEN A NIGHTMARE
TO THE INDIAN
OUR DREAM
COME TRUE

POR LA MISMA FECHA, AIM SE DESARROLLÓ Y VOLVIÓ MÁS ORGANIZADO. EL MOVIMIENTO PASÓ DE DOSCIENTOS A QUINIENTOS MIEMBROS, Y PRONTO DECIDIERON TENER SECCIONES EN LAS PRINCIPALES CIUDADES AMERICANAS.

EN 1970, CON LA AYUDA DEL ABOGADO **DOUG HALL,** AIM FUNDÓ EL CENTRO DE DERECHOS LEGALES EN MINNEAPOLIS, EL CUAL HA REPRESENTADO A CASI 19,000 INDÍGENAS EN LOS TRIBUNALES AMERICANOS EN LAS ÚLTIMAS DÉCADAS.

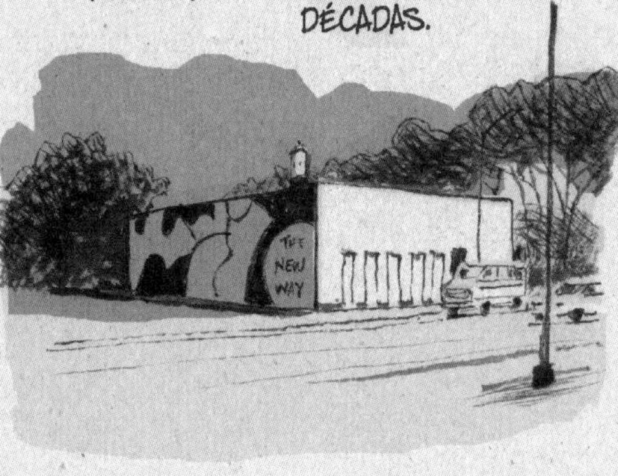
THE NEW WAY

AIM TAMBIÉN FUNDÓ INSTITUCIONES COMO LA **ESCUELA DE SUPERVIVENCIA DEL CORAZÓN DE LA TIERRA,** PARA MANTENER VIVAS LAS CULTURAS INDÍGENAS.

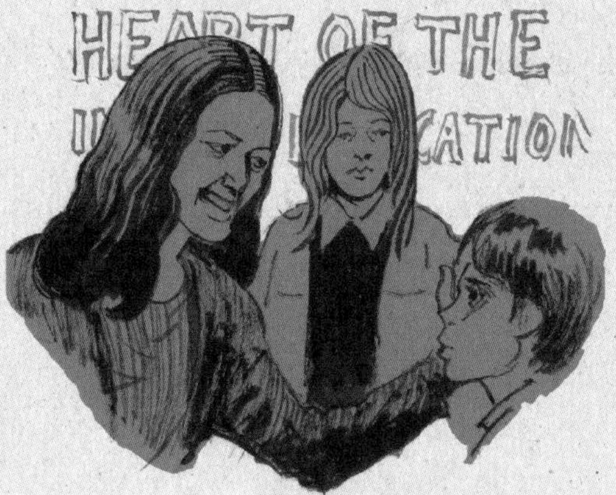

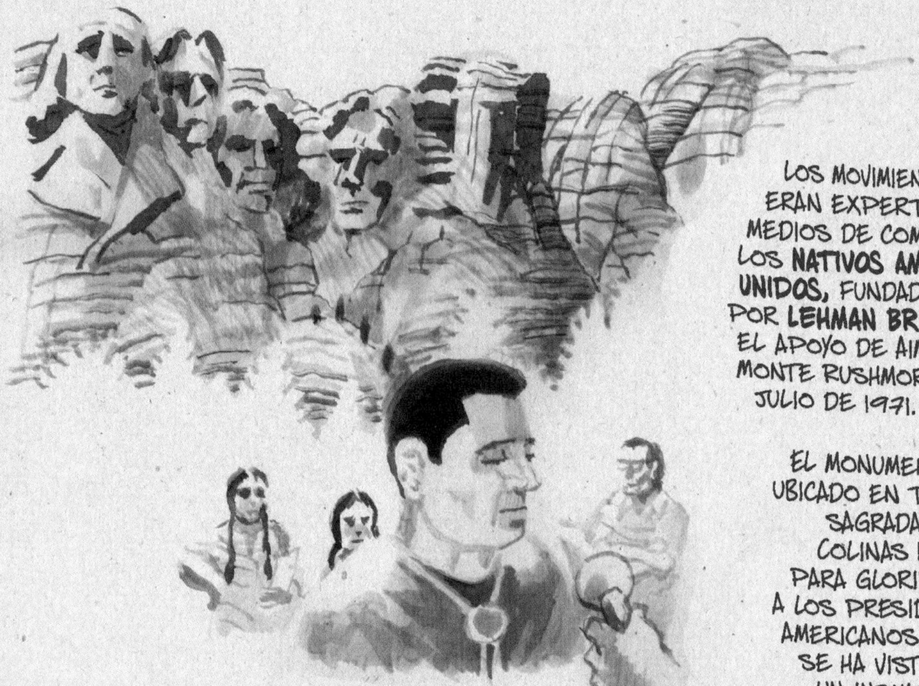

LOS MOVIMIENTOS INDÍGENAS ERAN EXPERTOS EN LOS MEDIOS DE COMUNICACIÓN. LOS **NATIVOS AMERICANOS UNIDOS,** FUNDADO EN 1968 POR **LEHMAN BRIGHTMAN** CON EL APOYO DE AIM, OCUPÓ EL MONTE RUSHMORE EN JULIO DE 1971.

EL MONUMENTO UBICADO EN TIERRAS SAGRADAS DE LAS COLINAS NEGRAS, PARA GLORIFICAR A LOS PRESIDENTES AMERICANOS, SIEMPRE SE HA VISTO COMO UN INSULTO.

CIERTOS MEDIOS DE COMUNICACIÓN Y CELEBRIDADES SE DIERON CUENTA Y TOMARON LA CAUSA DE AIM. **MARLON BRANDO** FUE SIEMPRE UN SIMPATIZANTE CERCANO.

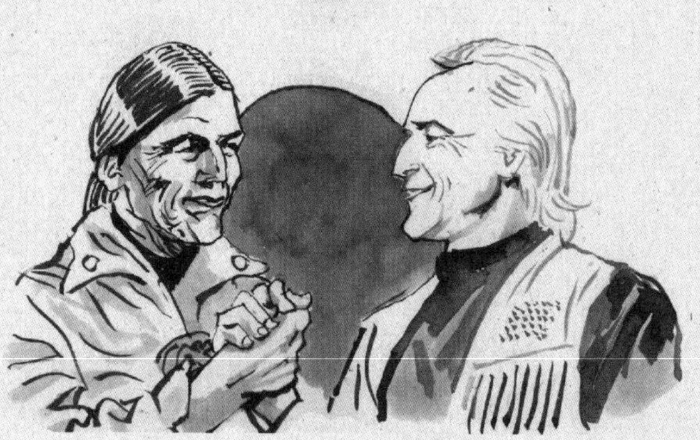

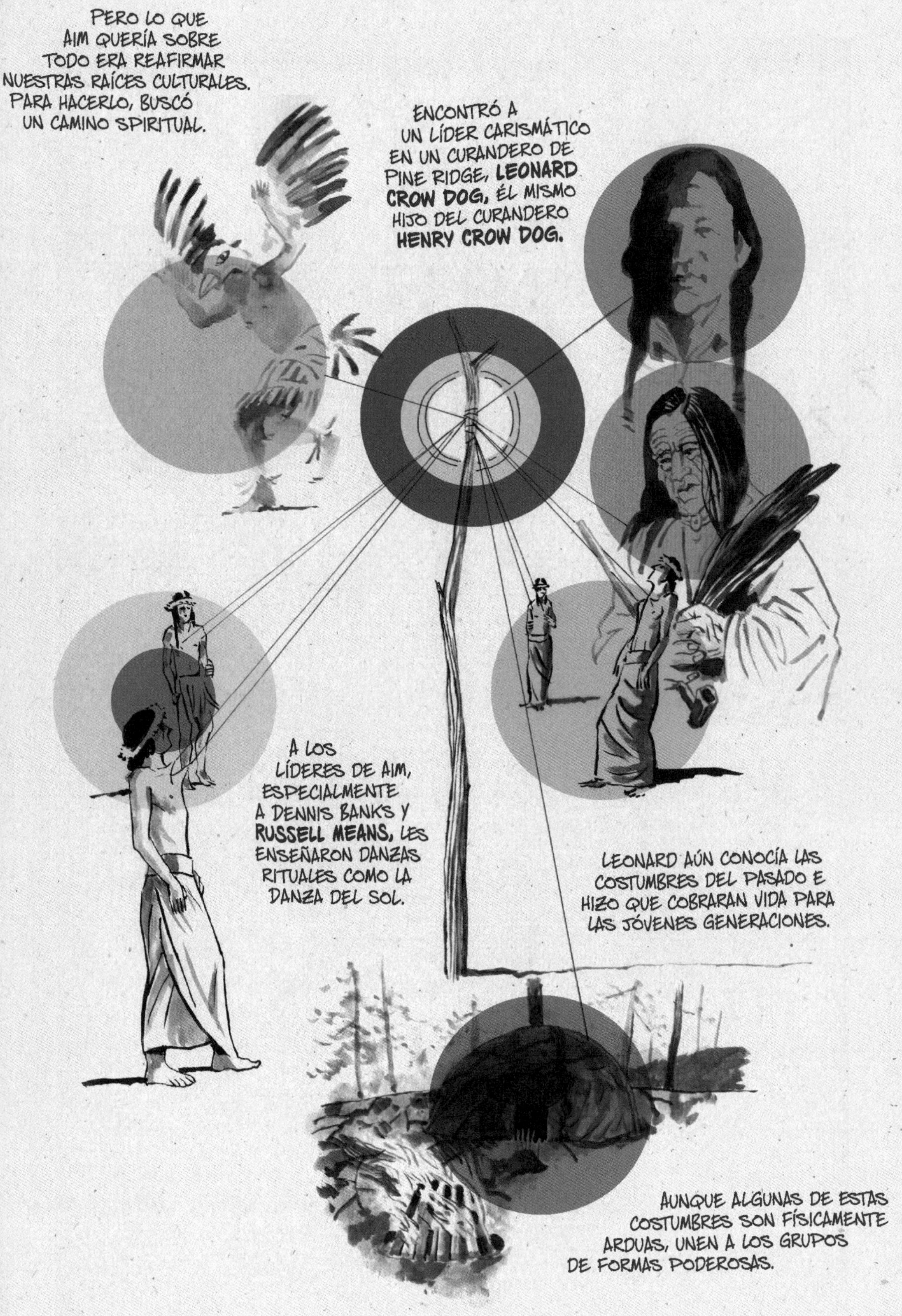
PERO LO QUE AIM QUERÍA SOBRE TODO ERA REAFIRMAR NUESTRAS RAÍCES CULTURALES. PARA HACERLO, BUSCÓ UN CAMINO SPIRITUAL.
ENCONTRÓ A UN LÍDER CARISMÁTICO EN UN CURANDERO DE PINE RIDGE, **LEONARD CROW DOG**, ÉL MISMO HIJO DEL CURANDERO **HENRY CROW DOG.**
A LOS LÍDERES DE AIM, ESPECIALMENTE A DENNIS BANKS Y **RUSSELL MEANS**, LES ENSEÑARON DANZAS RITUALES COMO LA DANZA DEL SOL.
LEONARD AÚN CONOCÍA LAS COSTUMBRES DEL PASADO E HIZO QUE COBRARAN VIDA PARA LAS JÓVENES GENERACIONES.
AUNQUE ALGUNAS DE ESTAS COSTUMBRES SON FÍSICAMENTE ARDUAS, UNEN A LOS GRUPOS DE FORMAS PODEROSAS.

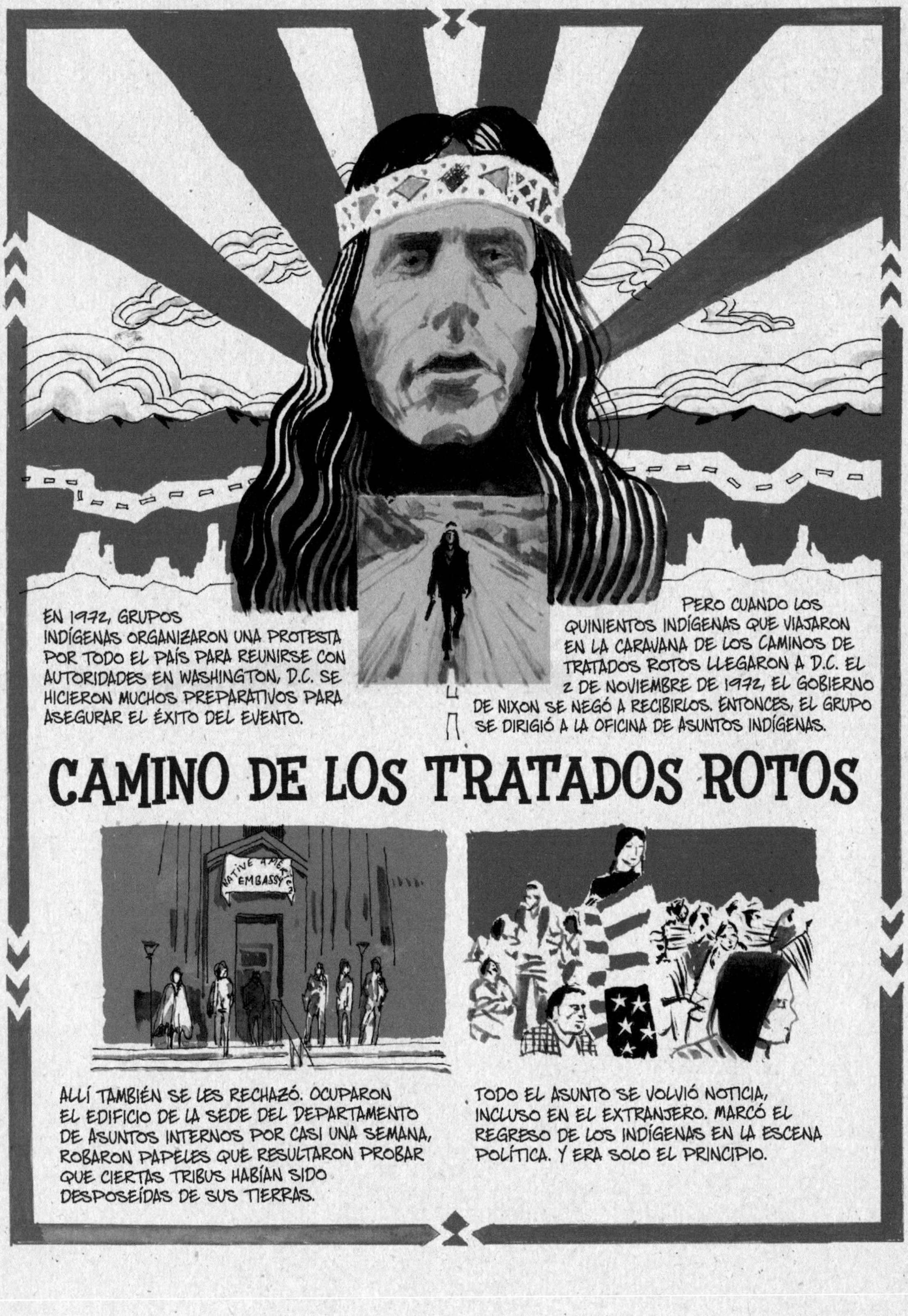
EN 1972, GRUPOS INDÍGENAS ORGANIZARON UNA PROTESTA POR TODO EL PAÍS PARA REUNIRSE CON AUTORIDADES EN WASHINGTON, D.C. SE HICIERON MUCHOS PREPARATIVOS PARA ASEGURAR EL ÉXITO DEL EVENTO.
PERO CUANDO LOS QUINIENTOS INDÍGENAS QUE VIAJARON EN LA CARAVANA DE LOS CAMINOS DE TRATADOS ROTOS LLEGARON A D.C. EL 2 DE NOVIEMBRE DE 1972, EL GOBIERNO DE NIXON SE NEGÓ A RECIBIRLOS. ENTONCES, EL GRUPO SE DIRIGIÓ A LA OFICINA DE ASUNTOS INDÍGENAS.
CAMINO DE LOS TRATADOS ROTOS
EMBASSY
ALLÍ TAMBIÉN SE LES RECHAZÓ. OCUPARON EL EDIFICIO DE LA SEDE DEL DEPARTAMENTO DE ASUNTOS INTERNOS POR CASI UNA SEMANA, ROBARON PAPELES QUE RESULTARON PROBAR QUE CIERTAS TRIBUS HABÍAN SIDO DESPOSEÍDAS DE SUS TIERRAS.
TODO EL ASUNTO SE VOLVIÓ NOTICIA, INCLUSO EN EL EXTRANJERO. MARCÓ EL REGRESO DE LOS INDÍGENAS EN LA ESCENA POLÍTICA. Y ERA SOLO EL PRINCIPIO.

VI
TRIUNFO
(1971)

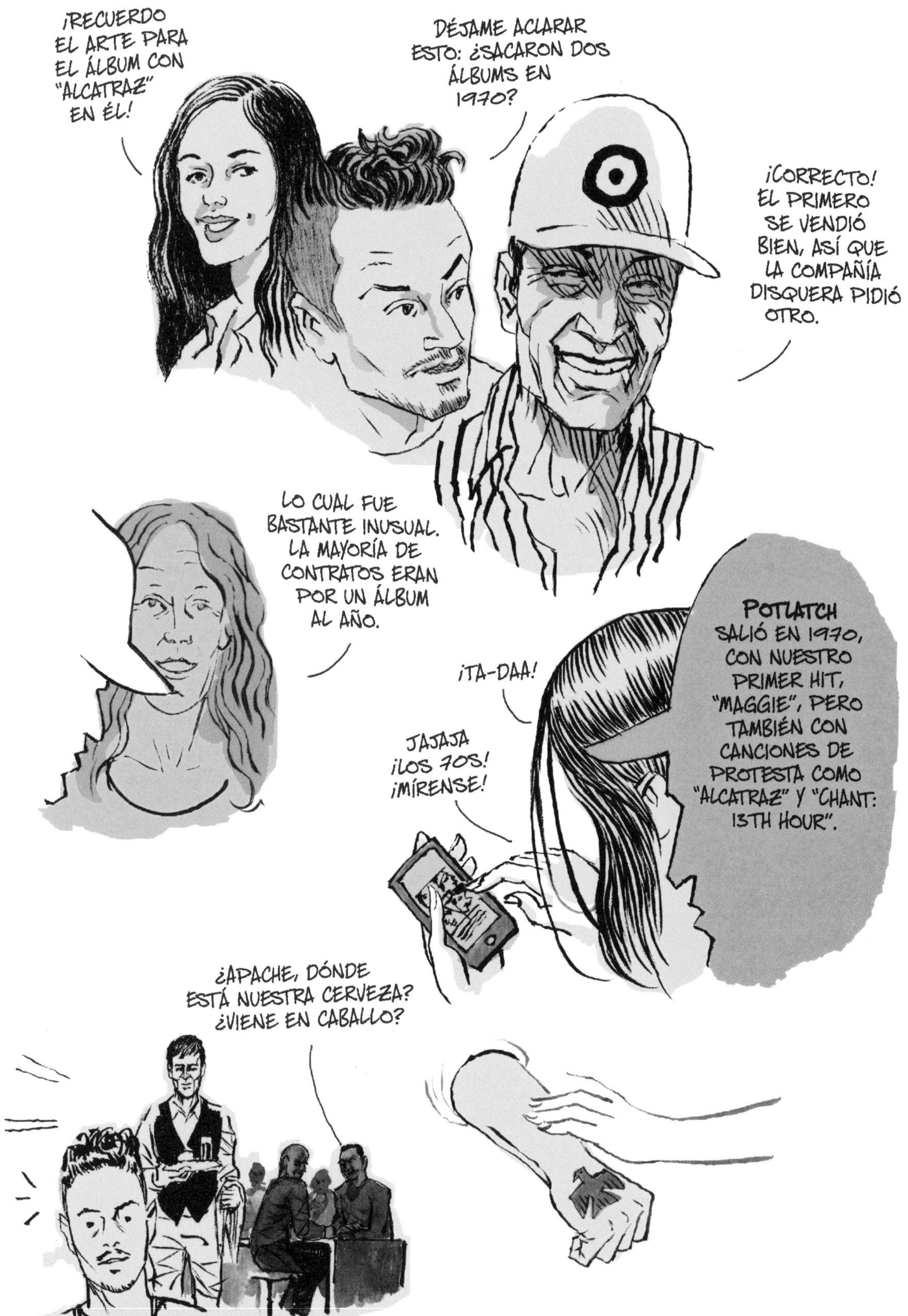
¡RECUERDO EL ARTE PARA EL ÁLBUM CON "ALCATRAZ" EN ÉL!
DÉJAME ACLARAR ESTO: ¿SACARON DOS ÁLBUMS EN 1970?
¡CORRECTO! EL PRIMERO SE VENDIÓ BIEN, ASÍ QUE LA COMPAÑÍA DISQUERA PIDIÓ OTRO.
LO CUAL FUE BASTANTE INUSUAL. LA MAYORÍA DE CONTRATOS ERAN POR UN ÁLBUM AL AÑO.
POTLATCH SALIÓ EN 1970, CON NUESTRO PRIMER HIT, "MAGGIE", PERO TAMBIÉN CON CANCIONES DE PROTESTA COMO "ALCATRAZ" Y "CHANT: 13TH HOUR".
¡TA-DAA!
JAJAJA ¡LOS 70S! ¡MÍRENSE!
¿APACHE, DÓNDE ESTÁ NUESTRA CERVEZA? ¿VIENE EN CABALLO?

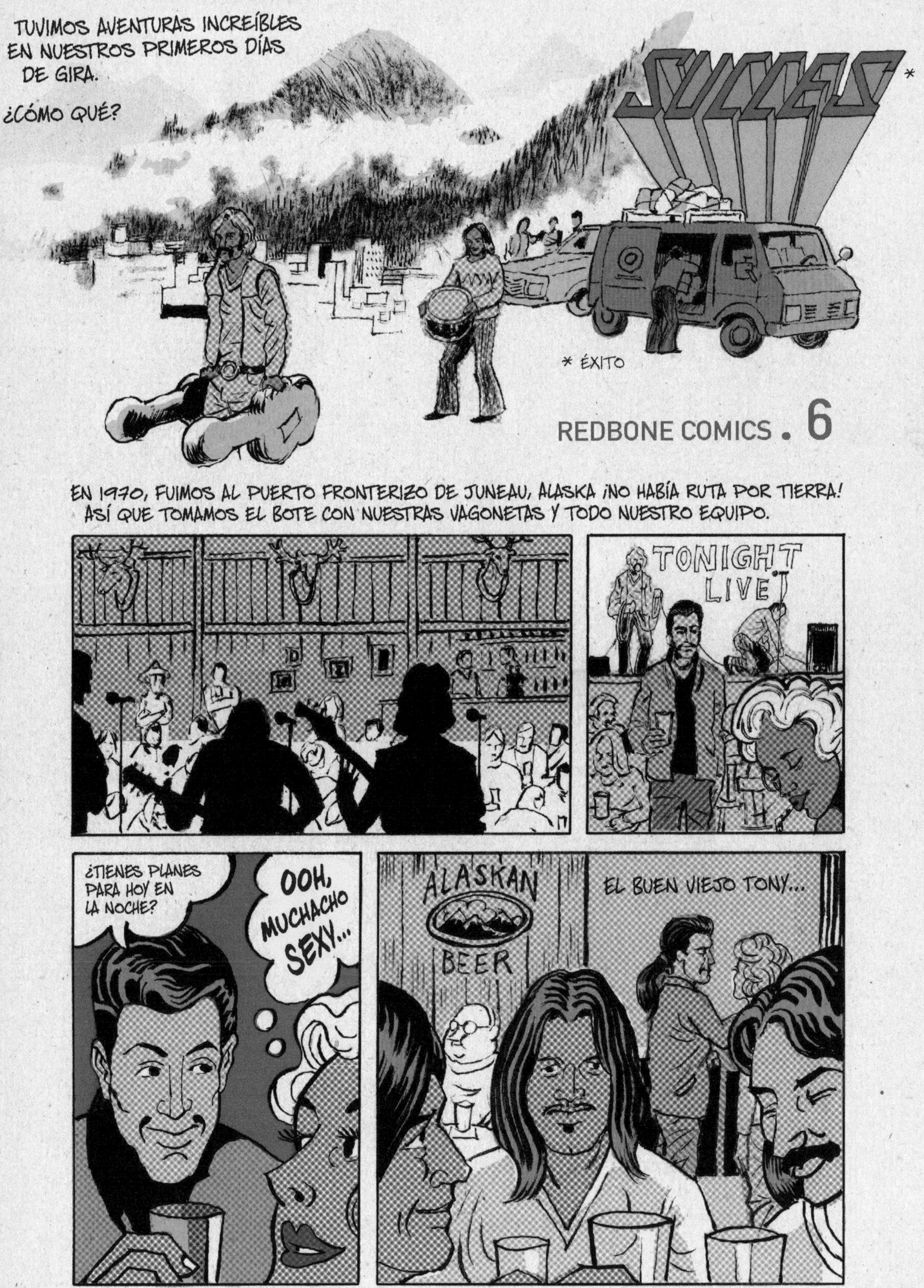
TUVIMOS AVENTURAS INCREÍBLES EN NUESTROS PRIMEROS DÍAS DE GIRA.
¿CÓMO QUÉ?
SUCCESS *
* ÉXITO
REDBONE COMICS . 6
EN 1970, FUIMOS AL PUERTO FRONTERIZO DE JUNEAU, ALASKA ¡NO HABÍA RUTA POR TIERRA! ASÍ QUE TOMAMOS EL BOTE CON NUESTRAS VAGONETAS Y TODO NUESTRO EQUIPO.
TONIGHT LIVE
¿TIENES PLANES PARA HOY EN LA NOCHE?
OOH, MUCHACHO SEXY...
ALASKAN BEER
EL BUEN VIEJO TONY...

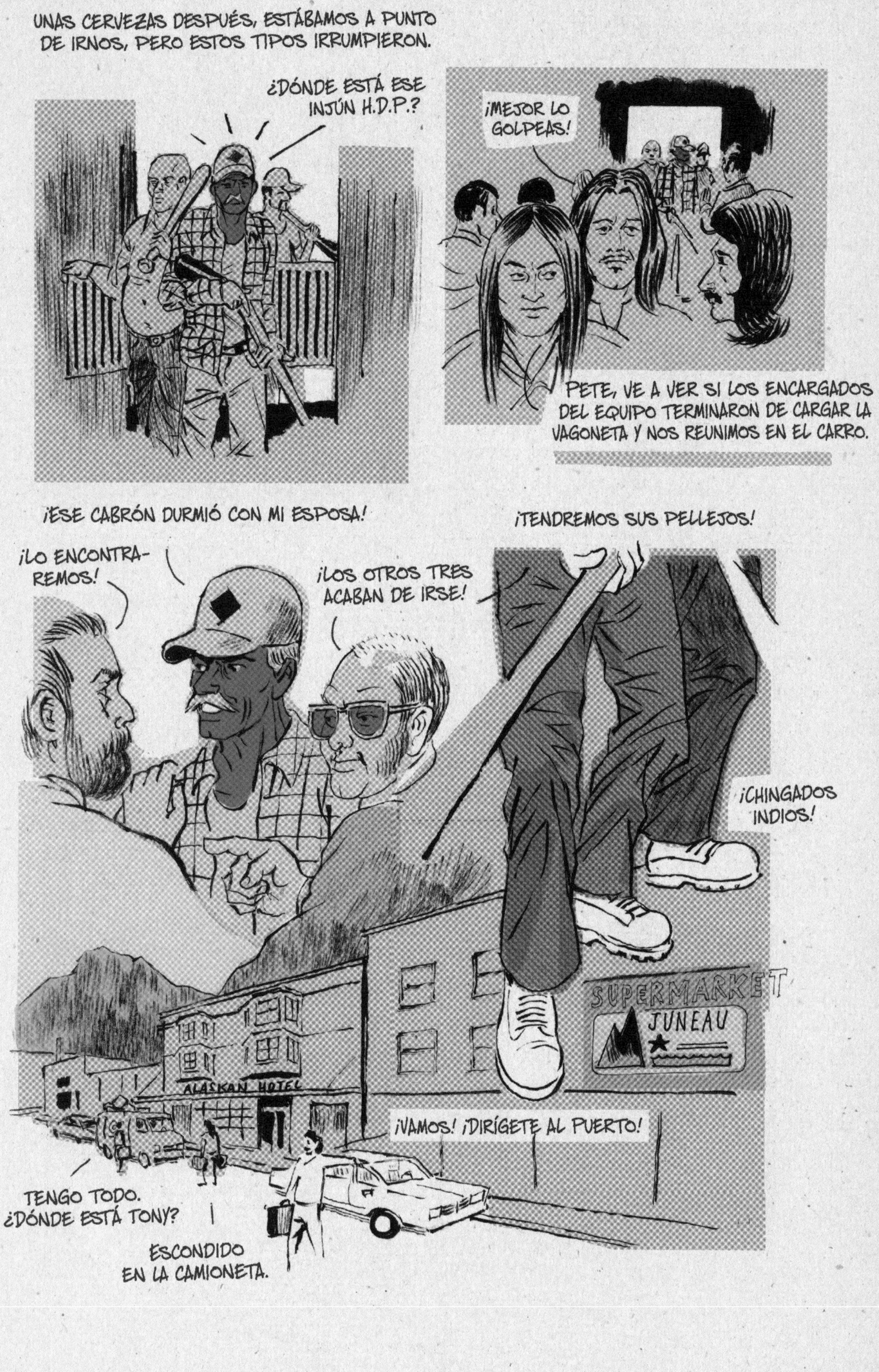
UNAS CERVEZAS DESPUÉS, ESTÁBAMOS A PUNTO DE IRNOS, PERO ESTOS TIPOS IRRUMPIERON.
¿DÓNDE ESTÁ ESE INJÚN H.D.P.?
¡MEJOR LO GOLPEAS!
PETE, VE A VER SI LOS ENCARGADOS DEL EQUIPO TERMINARON DE CARGAR LA VAGONETA Y NOS REUNIMOS EN EL CARRO.
¡ESE CABRÓN DURMIÓ CON MI ESPOSA!
¡LO ENCONTRA-REMOS!
¡LOS OTROS TRES ACABAN DE IRSE!
¡TENDREMOS SUS PELLEJOS!
¡CHINGADOS INDIOS!
SUPERMARKET
JUNEAU
ALASKAN HOTEL
¡VAMOS! ¡DIRÍGETE AL PUERTO!
TENGO TODO. ¿DÓNDE ESTÁ TONY?
ESCONDIDO EN LA CAMIONETA.

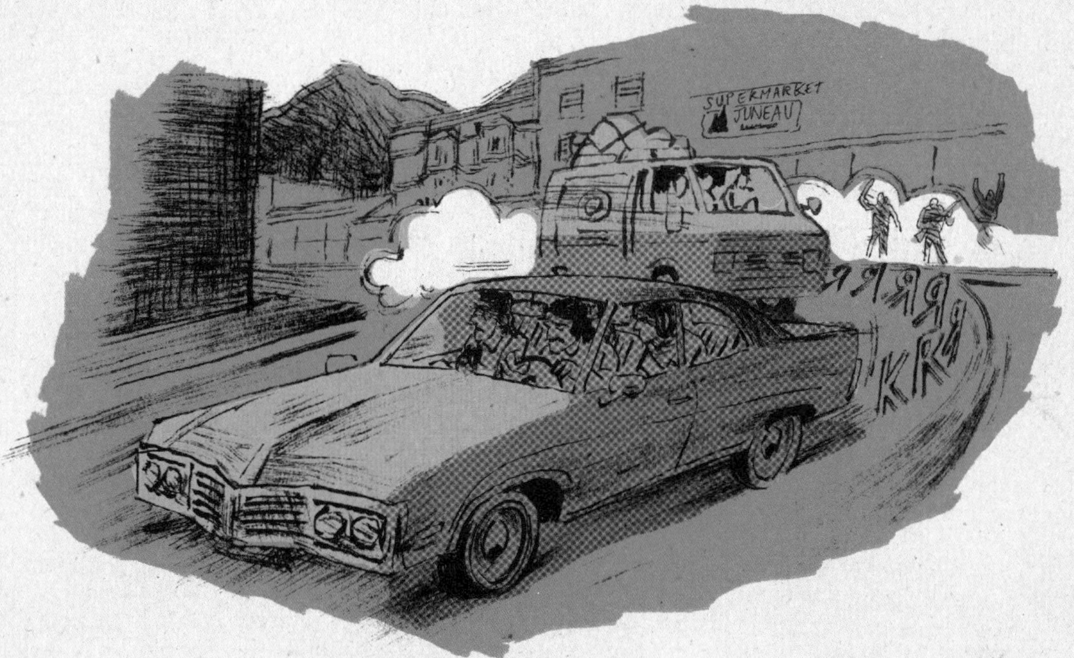
SUPERMARKET
JUNEAU
KR

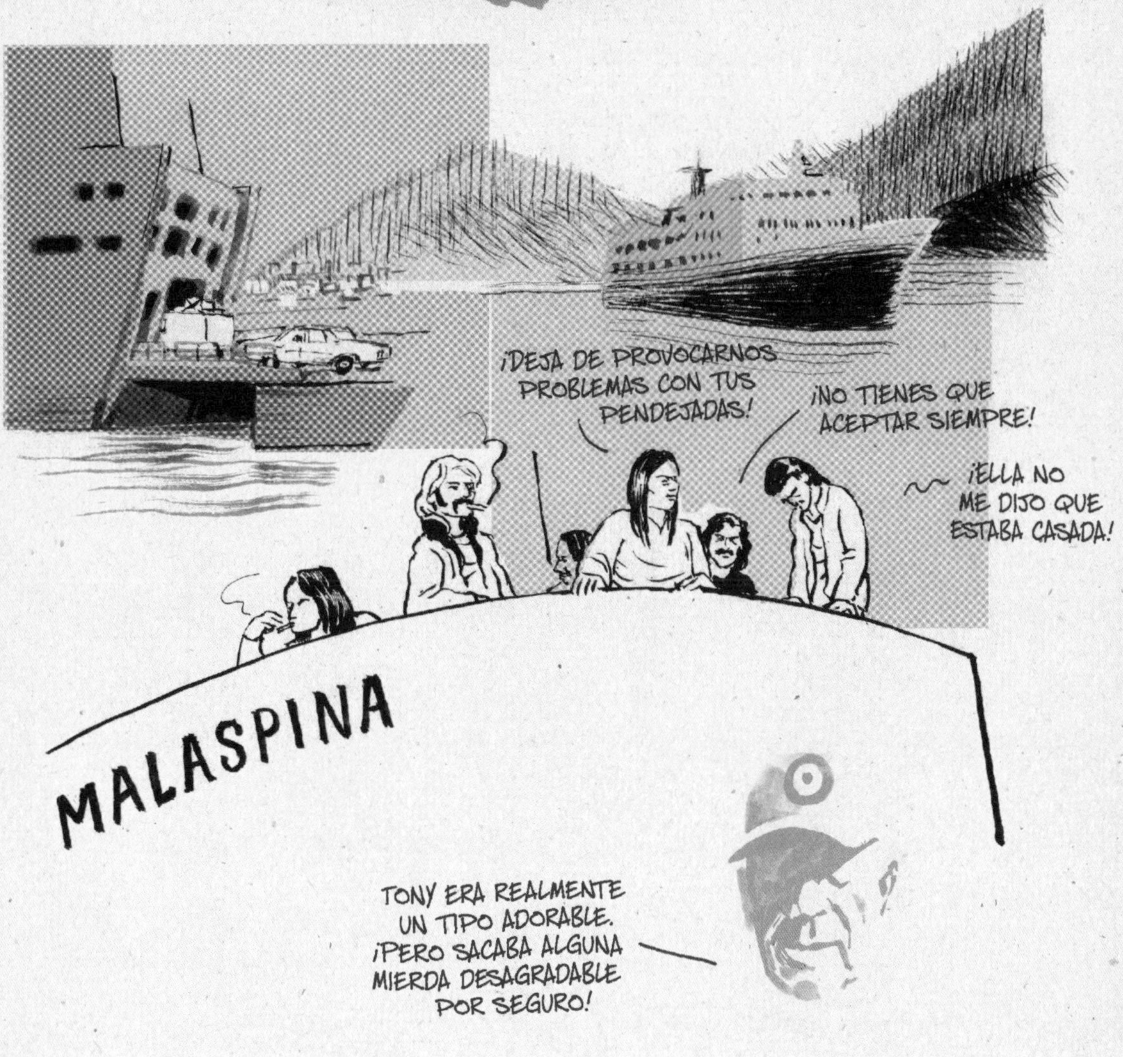
¡DEJA DE PROVOCARNOS PROBLEMAS CON TUS PENDEJADAS!
¡NO TIENES QUE ACEPTAR SIEMPRE!
¡ELLA NO ME DIJO QUE ESTABA CASADA!
MALASPINA
TONY ERA REALMENTE UN TIPO ADORABLE. ¡PERO SACABA ALGUNA MIERDA DESAGRADABLE POR SEGURO!

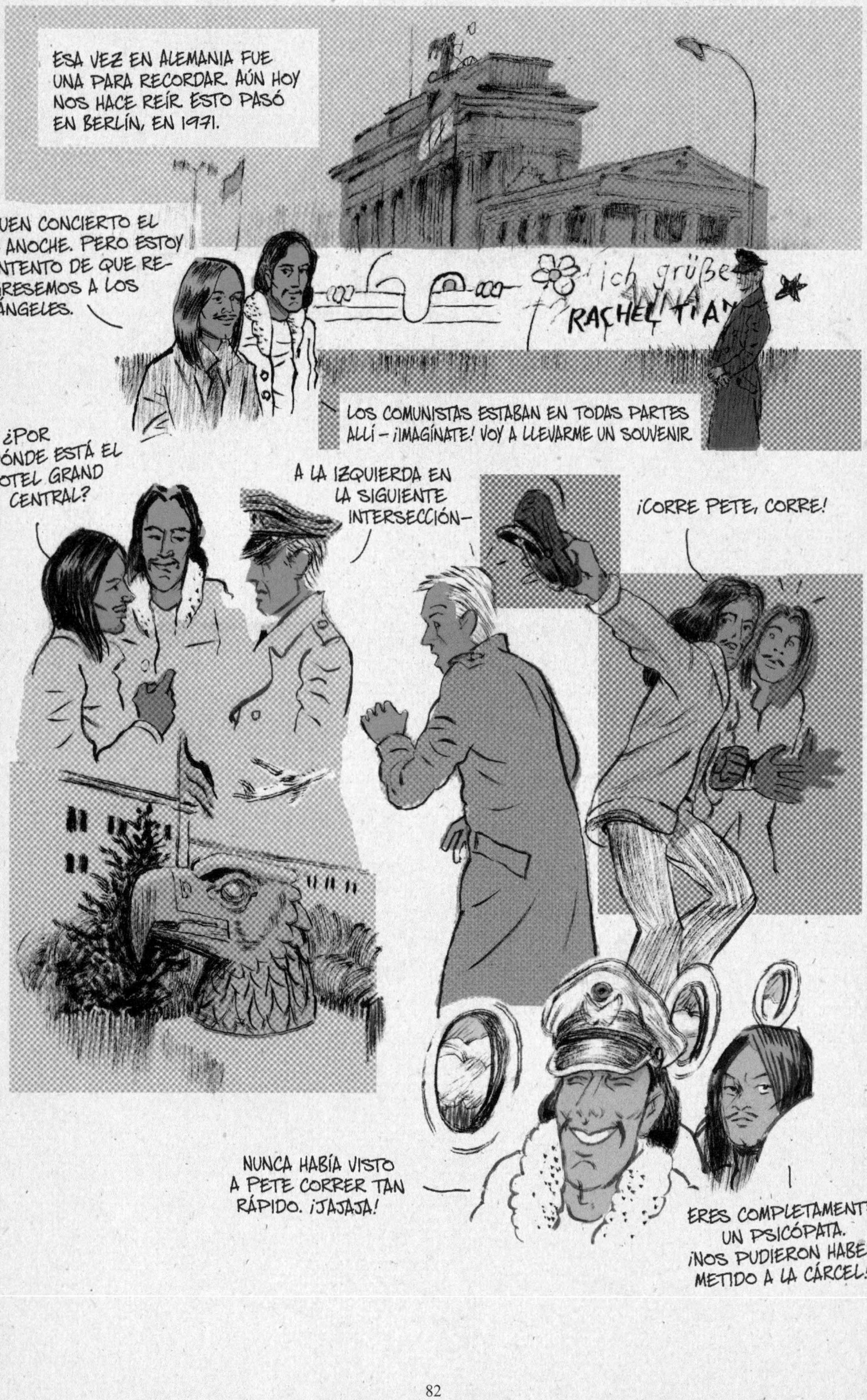
ESA VEZ EN ALEMANIA FUE UNA PARA RECORDAR. AÚN HOY NOS HACE REÍR. ESTO PASÓ EN BERLÍN, EN 1971.
BUEN CONCIERTO EL DE ANOCHE. PERO ESTOY CONTENTO DE QUE REGRESEMOS A LOS ÁNGELES.
ich grüße
RACHEL
LOS COMUNISTAS ESTABAN EN TODAS PARTES ALLÍ – ¡IMAGÍNATE! VOY A LLEVARME UN SOUVENIR.
¿POR DÓNDE ESTÁ EL HOTEL GRAND CENTRAL?
A LA IZQUIERDA EN LA SIGUIENTE INTERSECCIÓN–
¡CORRE PETE, CORRE!
NUNCA HABÍA VISTO A PETE CORRER TAN RÁPIDO. ¡JAJAJA!
ERES COMPLETAMENTE UN PSICÓPATA. ¡NOS PUDIERON HABER METIDO A LA CÁRCEL!

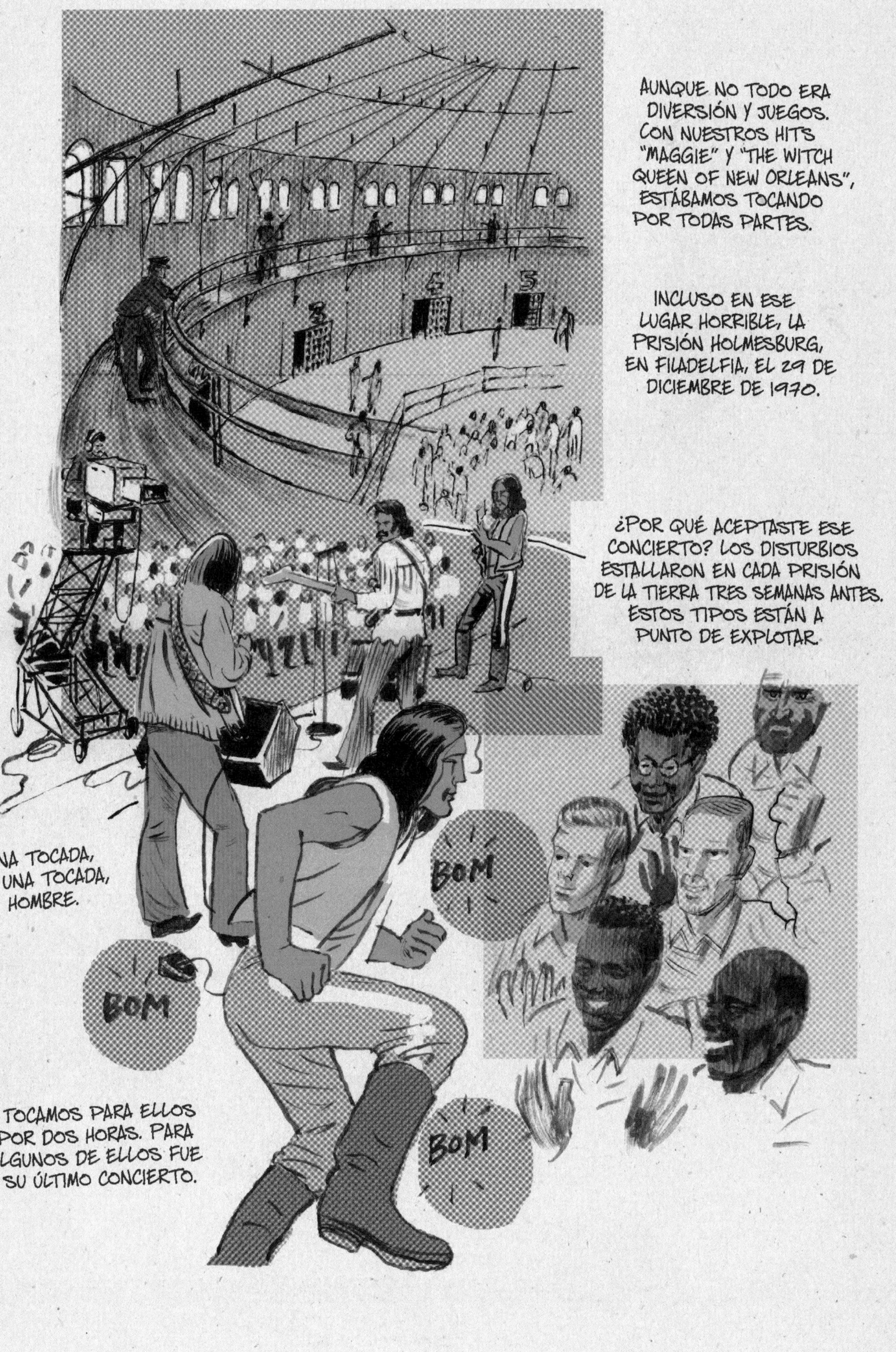
AUNQUE NO TODO ERA DIVERSIÓN Y JUEGOS. CON NUESTROS HITS "MAGGIE" Y "THE WITCH QUEEN OF NEW ORLEANS", ESTÁBAMOS TOCANDO POR TODAS PARTES.
INCLUSO EN ESE LUGAR HORRIBLE, LA PRISIÓN HOLMESBURG, EN FILADELFIA, EL 29 DE DICIEMBRE DE 1970.
¿POR QUÉ ACEPTASTE ESE CONCIERTO? LOS DISTURBIOS ESTALLARON EN CADA PRISIÓN DE LA TIERRA TRES SEMANAS ANTES. ESTOS TIPOS ESTÁN A PUNTO DE EXPLOTAR.
UNA TOCADA, ES UNA TOCADA, HOMBRE.
BOM
BOM
BOM
TOCAMOS PARA ELLOS POR DOS HORAS. PARA ALGUNOS DE ELLOS FUE SU ÚLTIMO CONCIERTO.

REALMENTE TOCÁBAMOS PARA TODO TIPO DE GENTE.

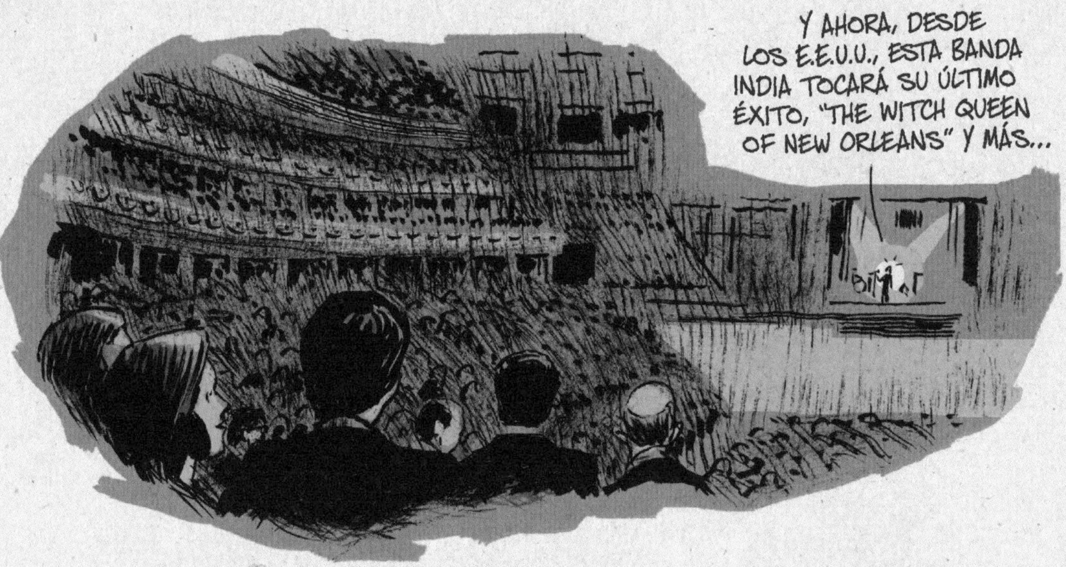

Y AHORA, DESDE LOS E.E.U.U., ESTA BANDA INDIA TOCARÁ SU ÚLTIMO ÉXITO, "THE WITCH QUEEN OF NEW ORLEANS" Y MÁS...

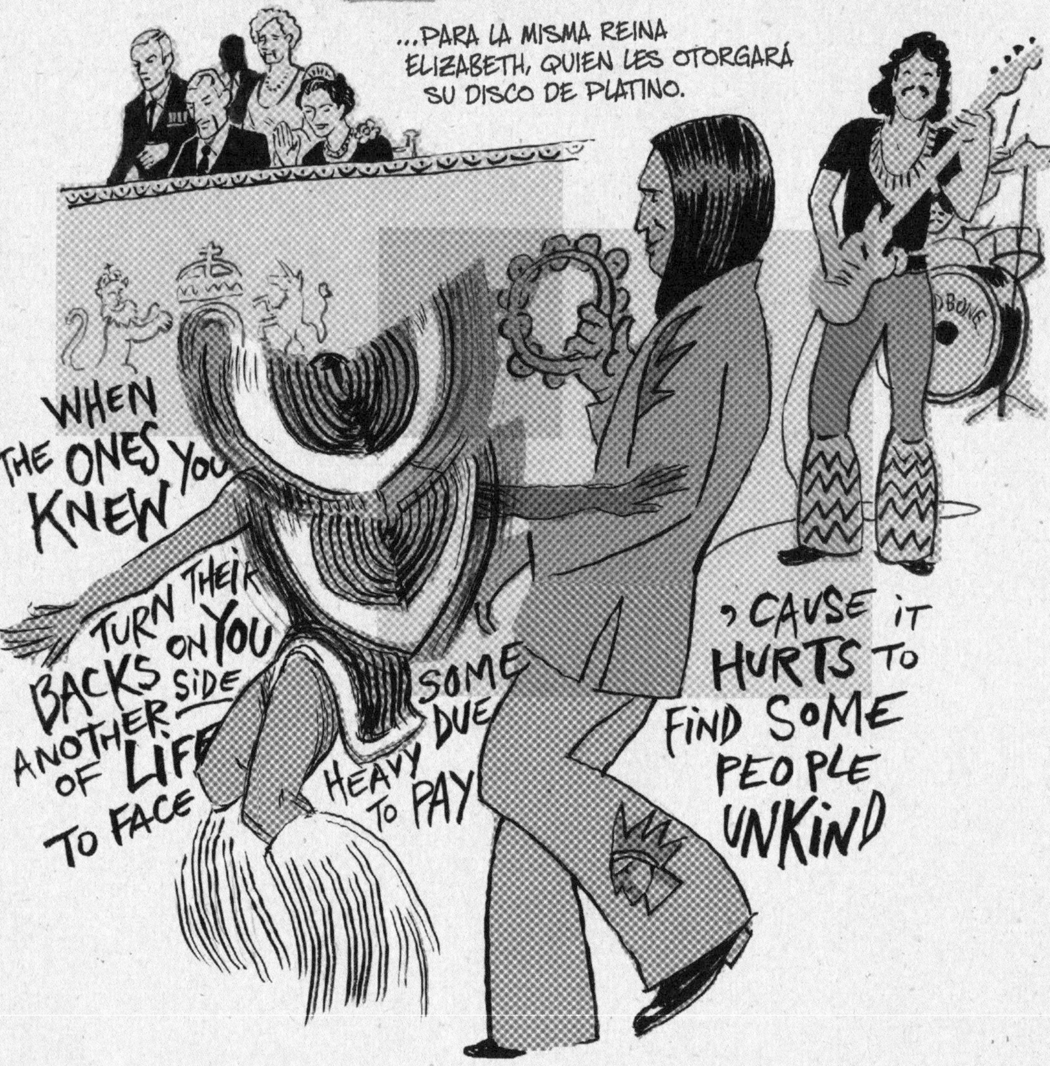

...PARA LA MISMA REINA ELIZABETH, QUIEN LES OTORGARÁ SU DISCO DE PLATINO.
WHEN THE ONES YOU KNEW
TURN THEIR BACKS ON YOU
ANOTHER SIDE OF LIF
TO FACE
SOME DUE
HEAVY TO PAY
'CAUSE IT HURTS TO FIND SOME PEOPLE UNKIND

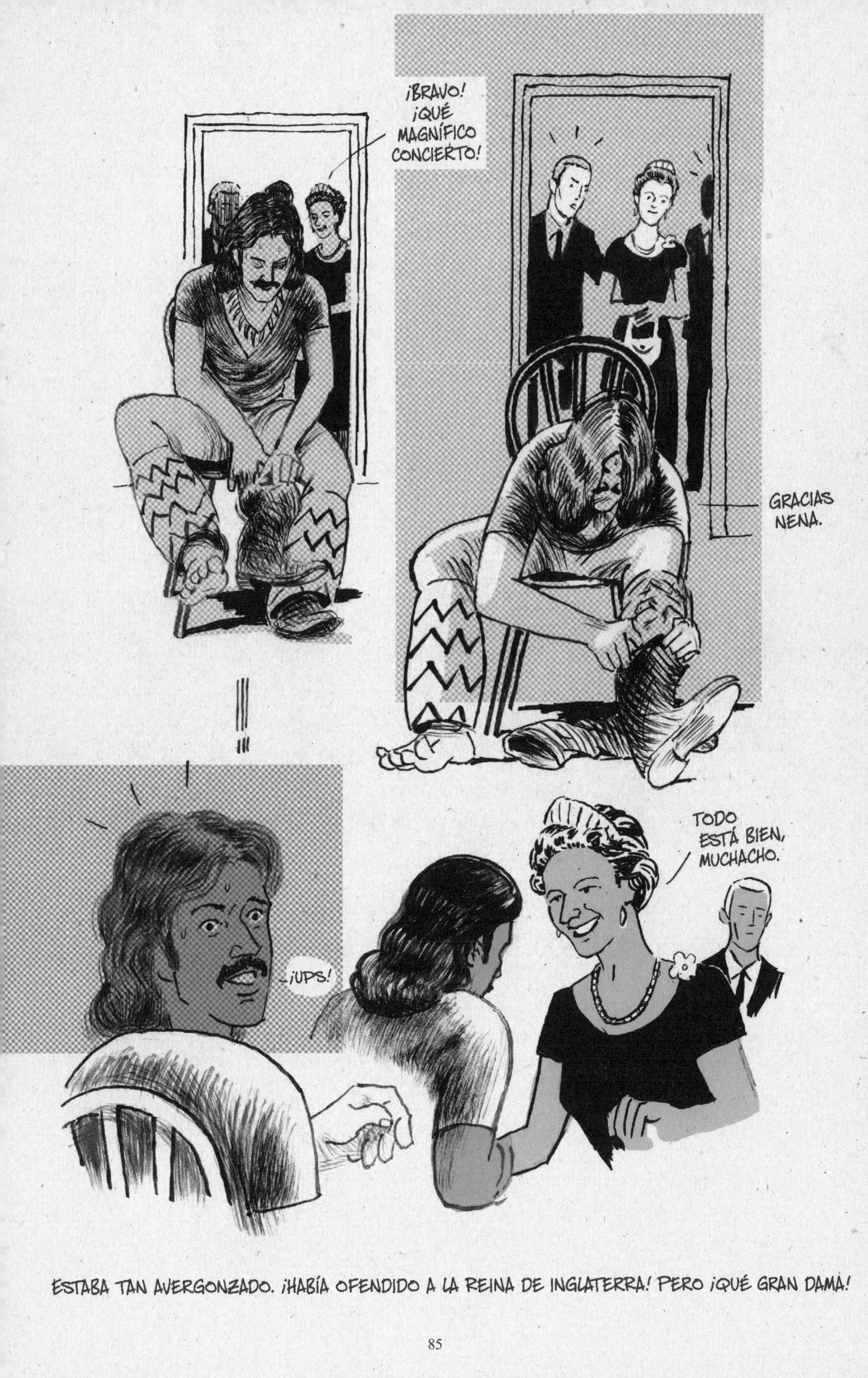
¡BRAVO! ¡QUÉ MAGNÍFICO CONCIERTO!
GRACIAS NENA.
¡UPS!
TODO ESTÁ BIEN, MUCHACHO.
ESTABA TAN AVERGONZADO. ¡HABÍA OFENDIDO A LA REINA DE INGLATERRA! PERO ¡QUÉ GRAN DAMA!

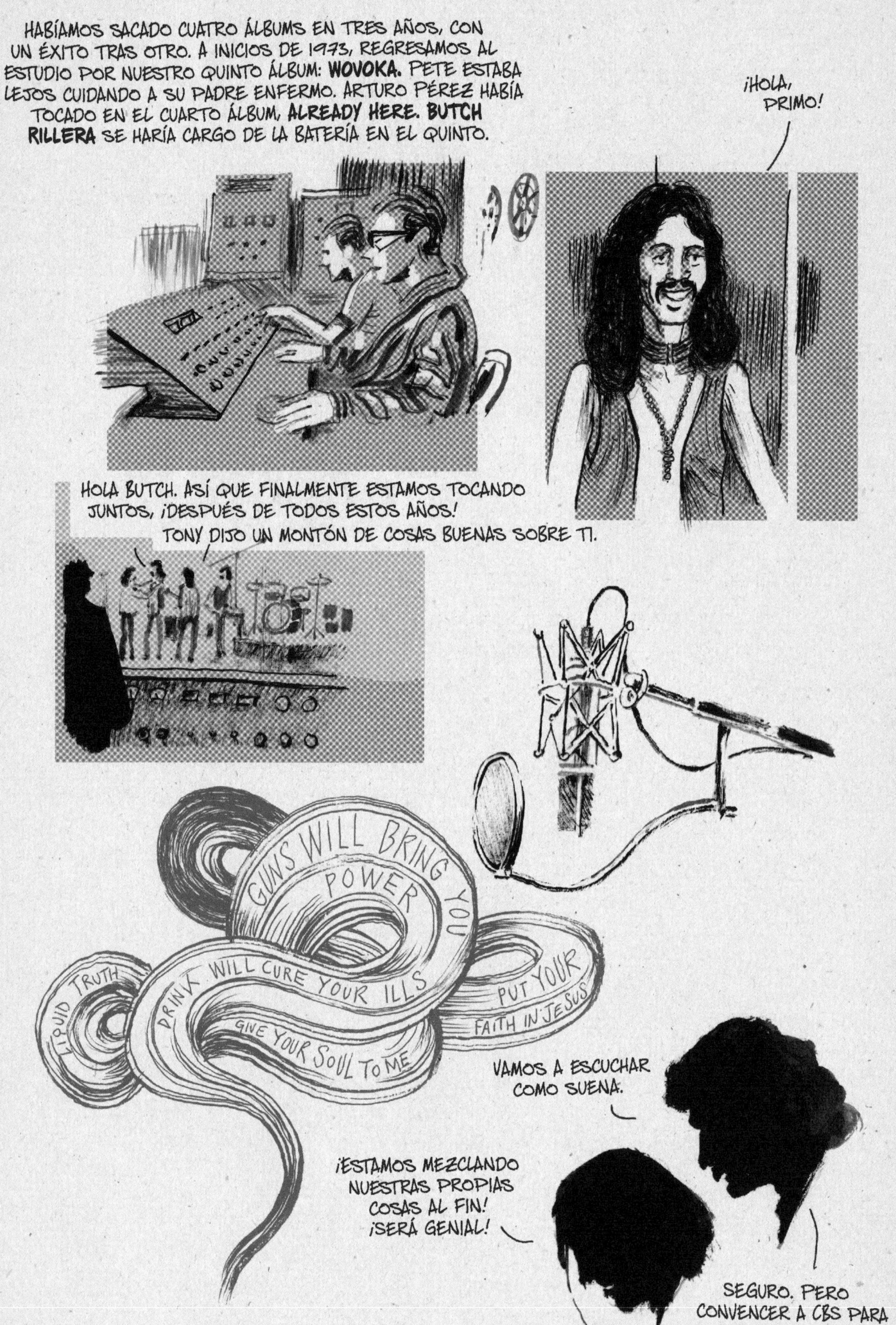
HABÍAMOS SACADO CUATRO ÁLBUMS EN TRES AÑOS, CON UN ÉXITO TRAS OTRO. A INICIOS DE 1973, REGRESAMOS AL ESTUDIO POR NUESTRO QUINTO ÁLBUM: **WOVOKA.** PETE ESTABA LEJOS CUIDANDO A SU PADRE ENFERMO. ARTURO PÉREZ HABÍA TOCADO EN EL CUARTO ÁLBUM, **ALREADY HERE. BUTCH RILLERA** SE HARÍA CARGO DE LA BATERÍA EN EL QUINTO.
¡HOLA, PRIMO!
HOLA BUTCH. ASÍ QUE FINALMENTE ESTAMOS TOCANDO JUNTOS, ¡DESPUÉS DE TODOS ESTOS AÑOS!
TONY DIJO UN MONTÓN DE COSAS BUENAS SOBRE TI.
GUNS WILL BRING YOU POWER
LIQUID TRUTH
DRINK WILL CURE YOUR ILLS
PUT YOUR FAITH IN JESUS
GIVE YOUR SOUL TO ME
VAMOS A ESCUCHAR COMO SUENA.
¡ESTAMOS MEZCLANDO NUESTRAS PROPIAS COSAS AL FIN! ¡SERÁ GENIAL!
SEGURO. PERO CONVENCER A CBS PARA QUE NOS DIERA LAS RIENDAS NO FUE FÁCIL.

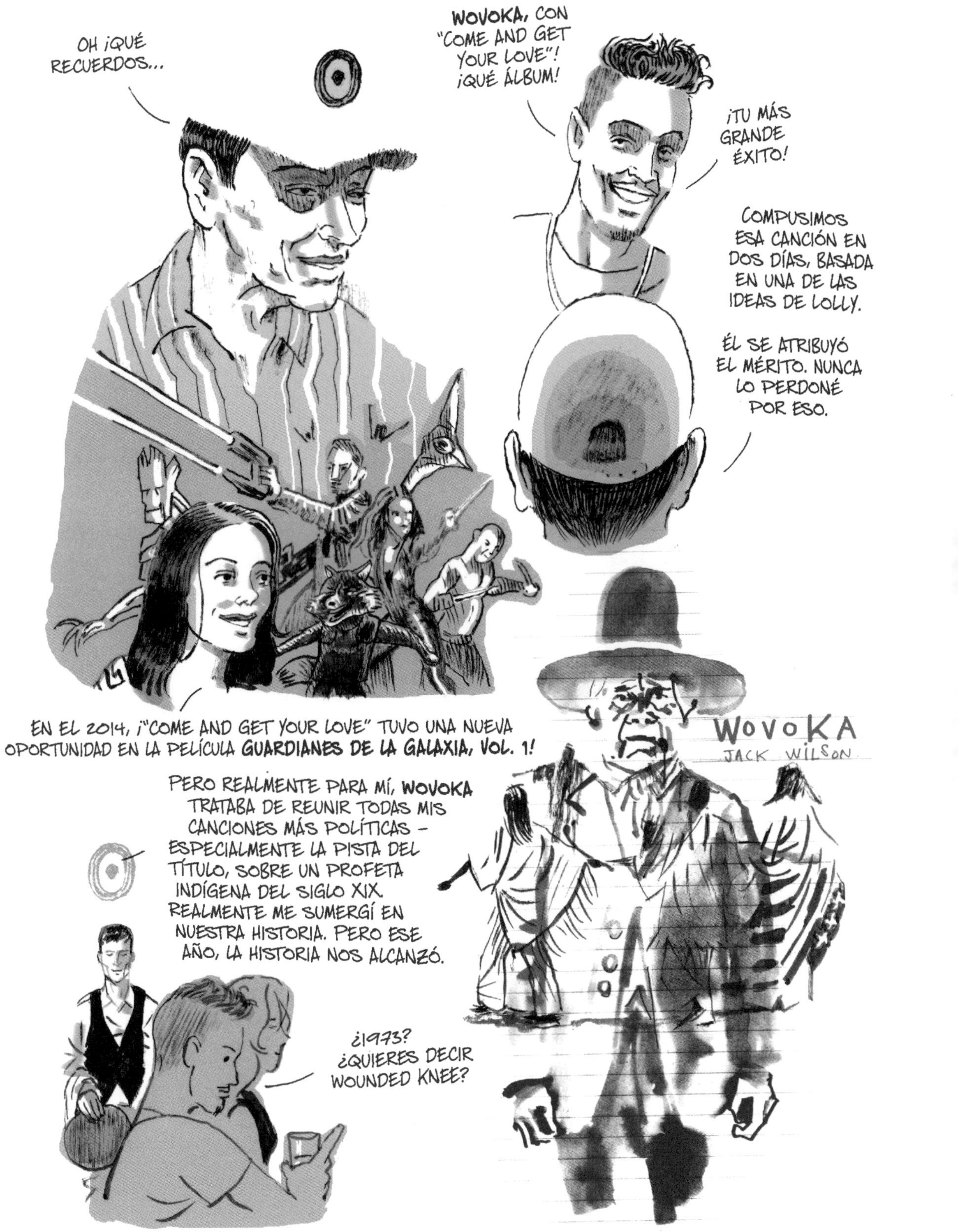
OH ¡QUÉ RECUERDOS...
WOVOKA, CON "COME AND GET YOUR LOVE"! ¡QUÉ ÁLBUM!
¡TU MÁS GRANDE ÉXITO!
COMPUSIMOS ESA CANCIÓN EN DOS DÍAS, BASADA EN UNA DE LAS IDEAS DE LOLLY.
ÉL SE ATRIBUYÓ EL MÉRITO. NUNCA LO PERDONÉ POR ESO.
EN EL 2014, ¡"COME AND GET YOUR LOVE" TUVO UNA NUEVA OPORTUNIDAD EN LA PELÍCULA GUARDIANES DE LA GALAXIA, VOL. 1!
WOVOKA
JACK WILSON
PERO REALMENTE PARA MÍ, WOVOKA TRATABA DE REUNIR TODAS MIS CANCIONES MÁS POLÍTICAS – ESPECIALMENTE LA PISTA DEL TÍTULO, SOBRE UN PROFETA INDÍGENA DEL SIGLO XIX. REALMENTE ME SUMERGÍ EN NUESTRA HISTORIA. PERO ESE AÑO, LA HISTORIA NOS ALCANZÓ.
¿1973? ¿QUIERES DECIR WOUNDED KNEE?

VII
Wounded Knee
(1973)

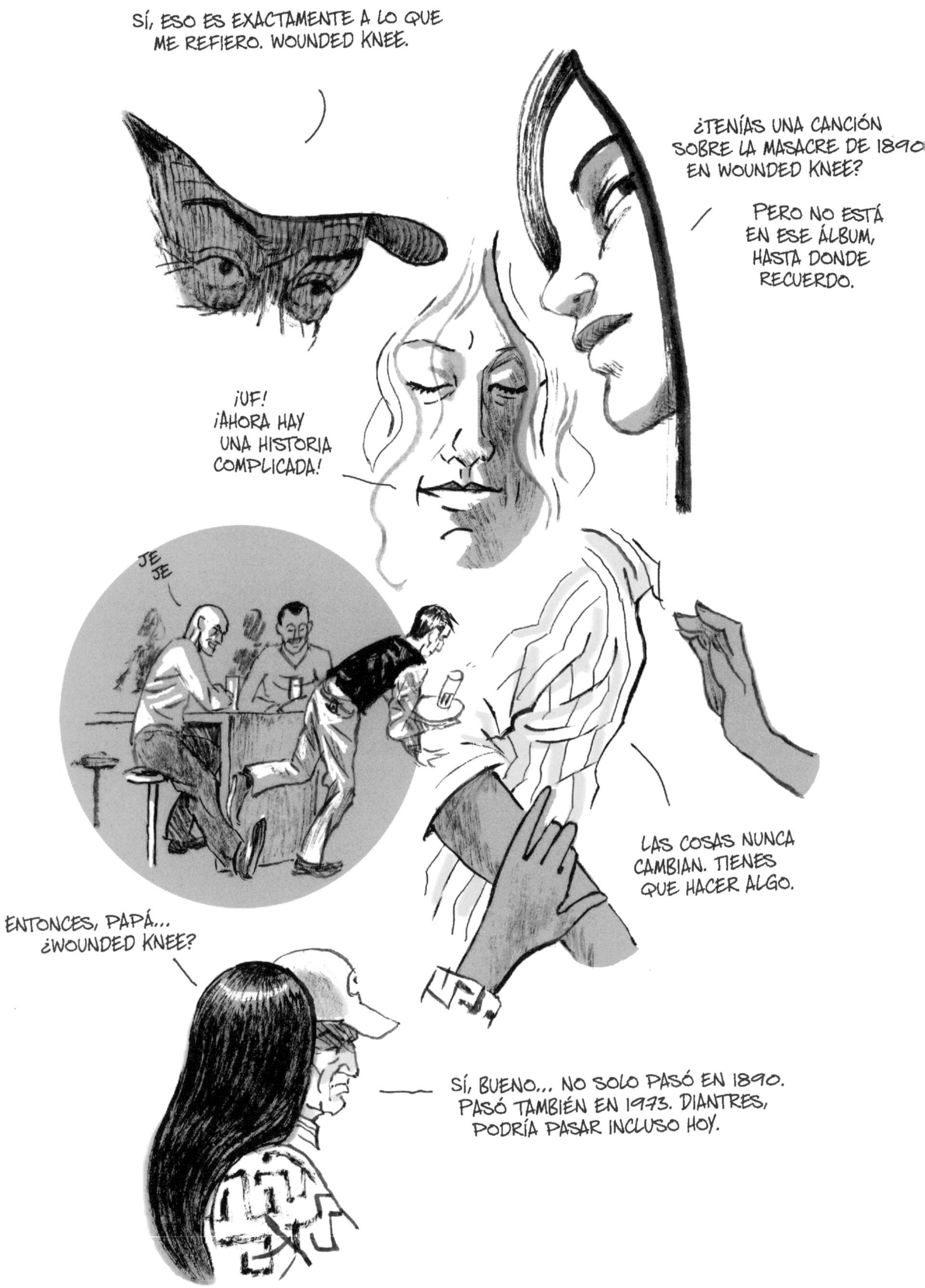
SÍ, ESO ES EXACTAMENTE A LO QUE ME REFIERO. WOUNDED KNEE.
¿TENÍAS UNA CANCIÓN SOBRE LA MASACRE DE 1890 EN WOUNDED KNEE?
PERO NO ESTÁ EN ESE ÁLBUM, HASTA DONDE RECUERDO.
¡UF! ¡AHORA HAY UNA HISTORIA COMPLICADA!
JE JE
LAS COSAS NUNCA CAMBIAN. TIENES QUE HACER ALGO.
ENTONCES, PAPÁ... ¿WOUNDED KNEE?
SÍ, BUENO... NO SOLO PASÓ EN 1890. PASÓ TAMBIÉN EN 1973. DIANTRES, PODRÍA PASAR INCLUSO HOY.

1890 REDBONE COMICS . 7

WOUNDED KNEE

EL GOBIERNO LE PIDIÓ A LOS LAKOTAS QUE DEJARAN LAS ARMAS Y PROMETIÓ A CAMBIO QUE ESTARÍAN A SALVO. LA SÉPTIMA CABALLERÍA LOS ANIQUILÓ A TODOS. TRESCIENTOS HOMBRES, MUJERES Y NIÑOS FUERON ASESINADOS. COMO SABES ESTA MATANZA MASIVA MARCÓ EL FIN DE LAS GUERRAS INDIAS.

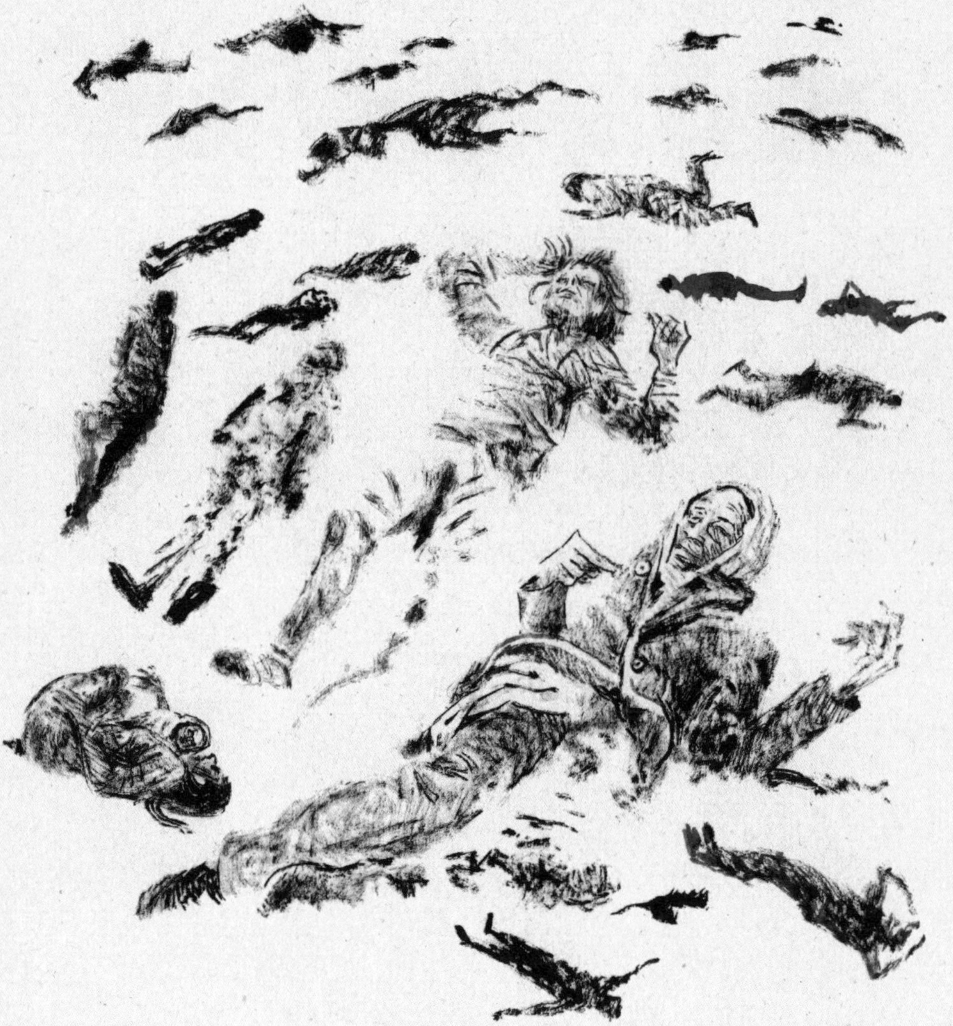

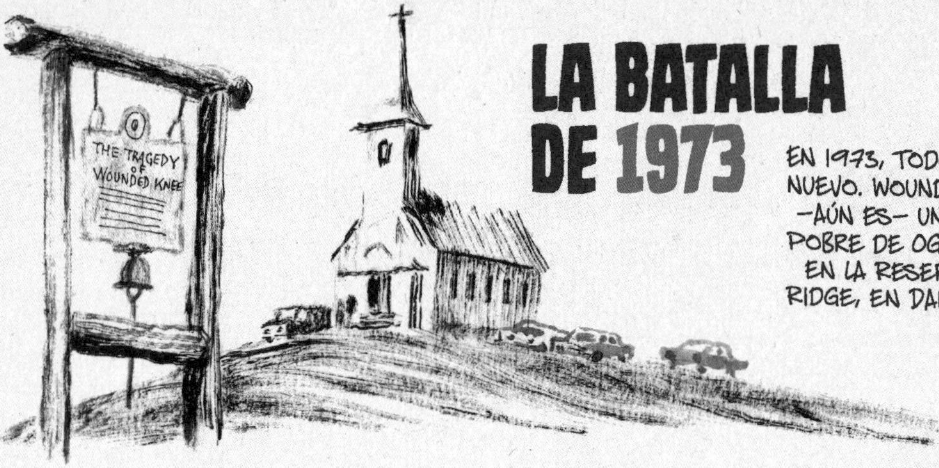
THE TRAGEDY of WOUNDED KNEE

LA BATALLA DE 1973

EN 1973, TODO EMPEZÓ DE NUEVO. WOUNDED KNEE FUE —AÚN ES— UNA VILLA MUY POBRE DE OGLALA LAKOTAS EN LA RESERVA DE PINE RIDGE, EN DAKOTA DEL SUR.

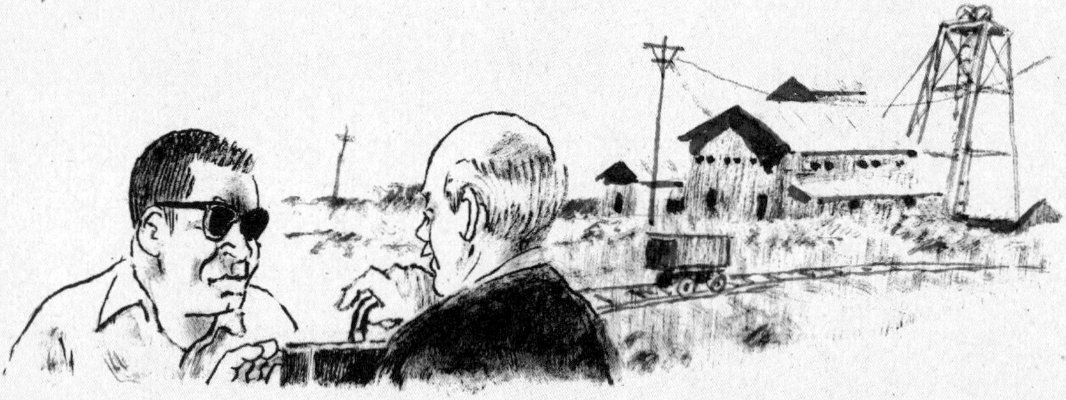

EN 1973, **DICK WILSON** ERA EL PRESIDENTE TRIBAL EN PINE RIDGE. EN VEZ DE LUCHAR CONTRA LA POBREZA, MALVERSÓ DINERO PARA SU PROPIO BENEFICIO. DIRIGIÓ EL PROGRAMA EN LA RESERVA Y LE HIZO LA VIDA IMPOSIBLE A TODOS. SOBORNOS, VENTA DE TIERRAS TRIBALES A MINERAS...

TENÍA SU PROPIO GRUPO PARAMILITAR, LOS GOONS*, PARA VIOLENTAR A CUALQUIERA QUE SE LE OPUSIERA. NO ES QUE LA VIDA FUERA MEJOR EN LOS PUEBLOS CERCANOS. LOS INCIDENTES RACISTAS FUERON EN AUMENTO, VIOLACIONES Y ASESINATOS A MENUDO QUEDABAN IMPUNES.

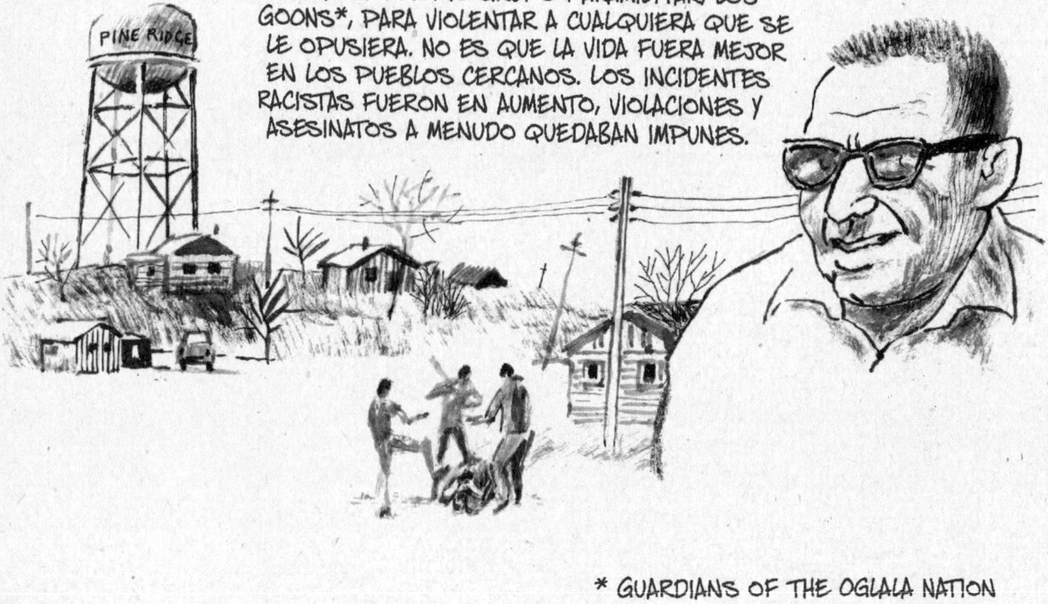
PINE RIDGE

* GUARDIANS OF THE OGLALA NATION

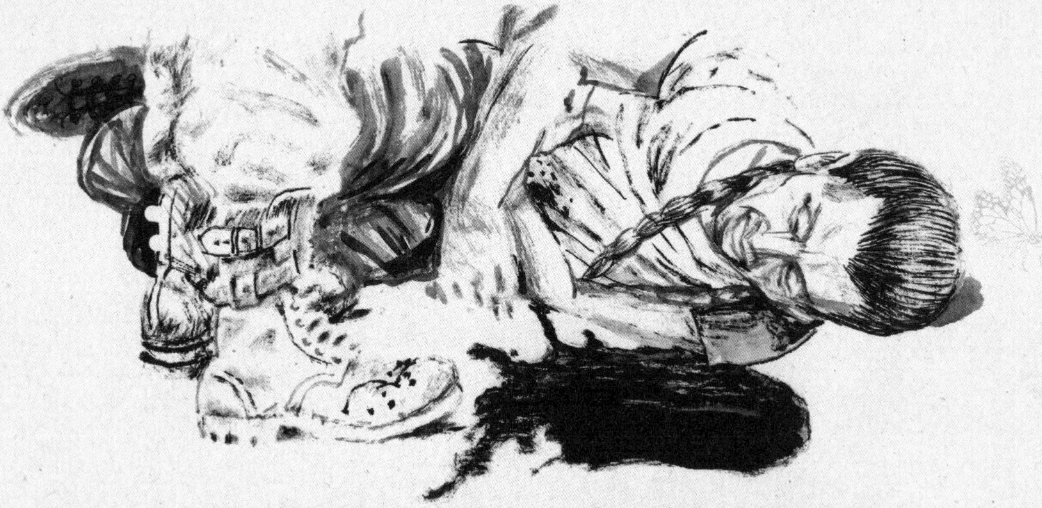

EN BUFFALO GAP, A CIENTO DIEZ MILLAS DE WOUNDED KNEE, UN HOMBRE BLANCO MATÓ A OGLALA **WESLEY BAD HEART BULL** DE VEINTE AÑOS DE EDAD. EL ASESINO FUE ACUSADO DE "HOMICIDIO INVOLUNTARIO" POR UN TRIBUNAL RACISTA Y PARTIDISTA.

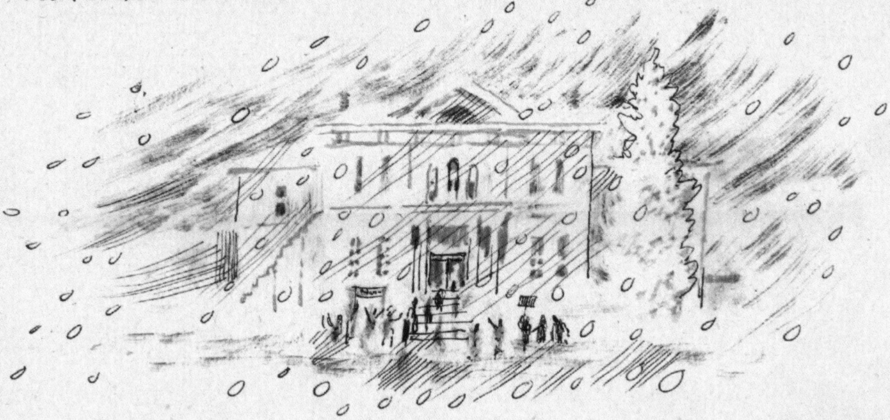

CUATRO REPRESENTANTES DE AIM SE REUNIERON CON EL JUEZ EN CUSTER. DOSCIENTOS MANIFESTANTES ESPERARON AFUERA. UN POLICÍA GOLPEÓ A LA MAMÁ DE WESLEY PARA EVITAR QUE ENTRARA.

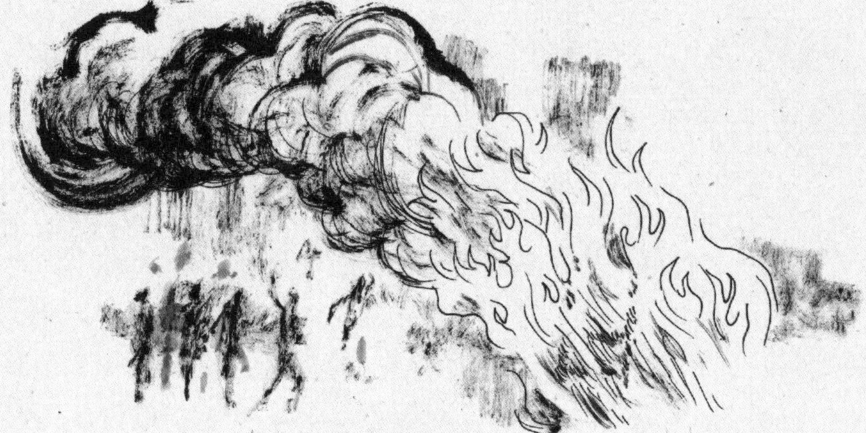

ESO FUE LO QUE OCASIONÓ EL INICIO DE UNA REVUELTA. TREINTA PERSONAS FUERON ARRESTADAS POR NOVENTA POLICÍAS QUE SE DESCONTROLARON POR UNA PELEA. EVIDENTEMENTE, LAS TENSIONES AUMENTARON DESPUÉS DE ESO. LA GENTE EN LA RESERVA HABÍA SOPORTADO DEMASIADO.

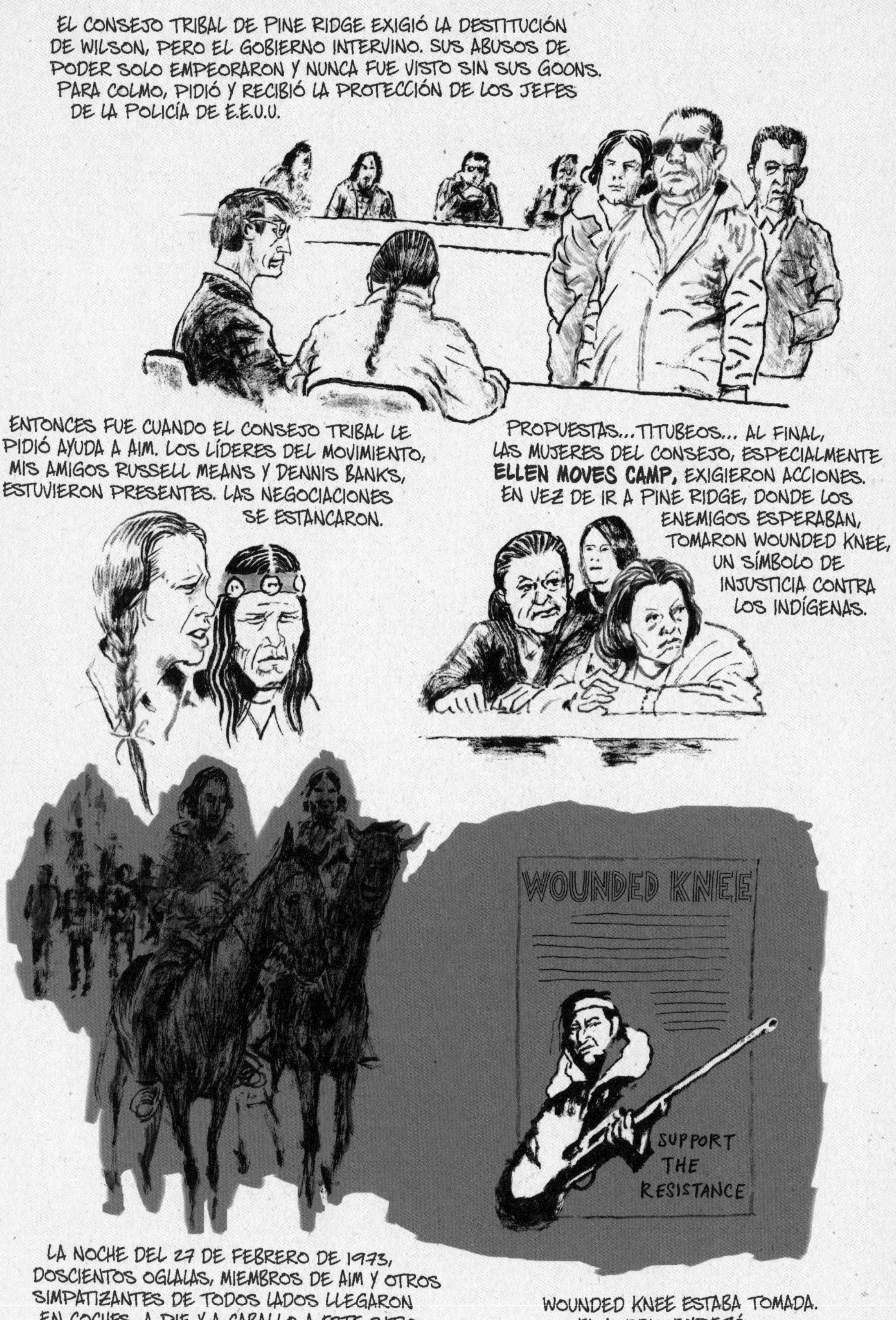
EL CONSEJO TRIBAL DE PINE RIDGE EXIGIÓ LA DESTITUCIÓN DE WILSON, PERO EL GOBIERNO INTERVINO. SUS ABUSOS DE PODER SOLO EMPEORARON Y NUNCA FUE VISTO SIN SUS GOONS. PARA COLMO, PIDIÓ Y RECIBIÓ LA PROTECCIÓN DE LOS JEFES DE LA POLICÍA DE E.E.U.U.
ENTONCES FUE CUANDO EL CONSEJO TRIBAL LE PIDIÓ AYUDA A AIM. LOS LÍDERES DEL MOVIMIENTO, MIS AMIGOS RUSSELL MEANS Y DENNIS BANKS, ESTUVIERON PRESENTES. LAS NEGOCIACIONES SE ESTANCARON.
PROPUESTAS... TITUBEOS... AL FINAL, LAS MUJERES DEL CONSEJO, ESPECIALMENTE **ELLEN MOVES CAMP,** EXIGIERON ACCIONES. EN VEZ DE IR A PINE RIDGE, DONDE LOS ENEMIGOS ESPERABAN, TOMARON WOUNDED KNEE, UN SÍMBOLO DE INJUSTICIA CONTRA LOS INDÍGENAS.
WOUNDED KNEE
SUPPORT THE RESISTANCE
LA NOCHE DEL 27 DE FEBRERO DE 1973, DOSCIENTOS OGLALAS, MIEMBROS DE AIM Y OTROS SIMPATIZANTES DE TODOS LADOS LLEGARON EN COCHES, A PIE Y A CABALLO A ESTE SITIO DE OPRESIÓN INDÍGENA.
WOUNDED KNEE ESTABA TOMADA. EL ASEDIO EMPEZÓ.

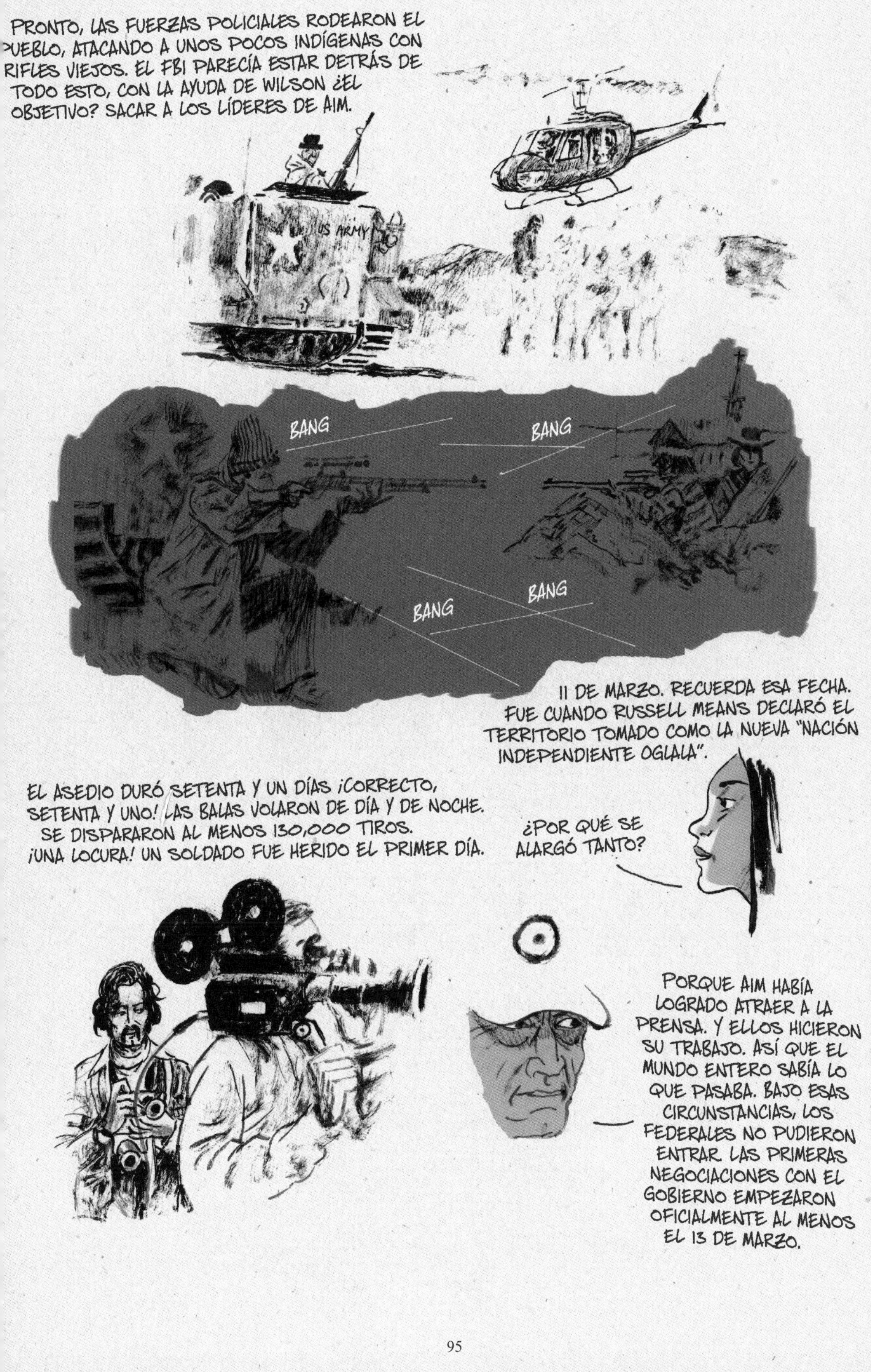
PRONTO, LAS FUERZAS POLICIALES RODEARON EL PUEBLO, ATACANDO A UNOS POCOS INDÍGENAS CON RIFLES VIEJOS. EL FBI PARECÍA ESTAR DETRÁS DE TODO ESTO, CON LA AYUDA DE WILSON ¿EL OBJETIVO? SACAR A LOS LÍDERES DE AIM.
US ARMY
BANG
BANG
BANG
BANG
11 DE MARZO. RECUERDA ESA FECHA. FUE CUANDO RUSSELL MEANS DECLARÓ EL TERRITORIO TOMADO COMO LA NUEVA "NACIÓN INDEPENDIENTE OGLALA".
EL ASEDIO DURÓ SETENTA Y UN DÍAS ¡CORRECTO, SETENTA Y UNO! LAS BALAS VOLARON DE DÍA Y DE NOCHE. SE DISPARARON AL MENOS 130,000 TIROS. ¡UNA LOCURA! UN SOLDADO FUE HERIDO EL PRIMER DÍA.
¿POR QUÉ SE ALARGÓ TANTO?
PORQUE AIM HABÍA LOGRADO ATRAER A LA PRENSA. Y ELLOS HICIERON SU TRABAJO. ASÍ QUE EL MUNDO ENTERO SABÍA LO QUE PASABA. BAJO ESAS CIRCUNSTANCIAS, LOS FEDERALES NO PUDIERON ENTRAR. LAS PRIMERAS NEGOCIACIONES CON EL GOBIERNO EMPEZARON OFICIALMENTE AL MENOS EL 13 DE MARZO.

A PESAR DE ESTE ACERCAMIENTO AL PRINCIPIO, REALMENTE FUE UNA GUERRA. ERA INVIERNO. LOS FEDERALES HABÍAN BLOQUEADO TODO, CORTARON LA ELECTRICIDAD. CONSEGUIR SUMINISTROS SE VOLVIÓ DIFÍCIL. LA PRENSA FUE RETENIDA.

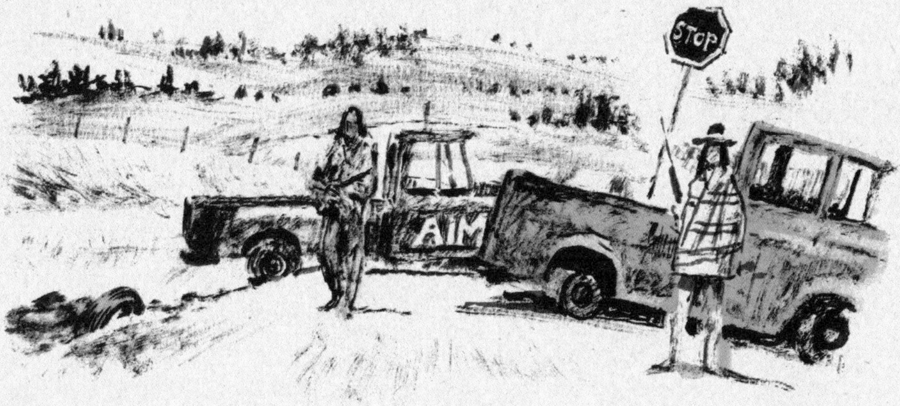
STOP
AIM

¿Y LA OPINIÓN PÚBLICA?

ESO TUVO UN PAPEL IMPORTANTE. MUCHAS CELEBRIDADES HABLARON POR AIM.

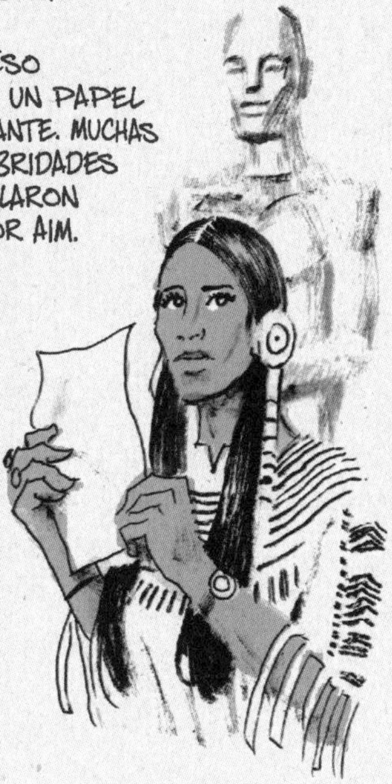

EN MARZO DE 1973, MARLON BRANDON GANÓ UN OSCAR POR **EL PADRINO,** PERO MANDÓ A LA ACTRIZ **SACHEEN LITTLEFEATHER** A RECHAZARLO POR ÉL, Y A HABLAR POR LOS LAKOTAS.

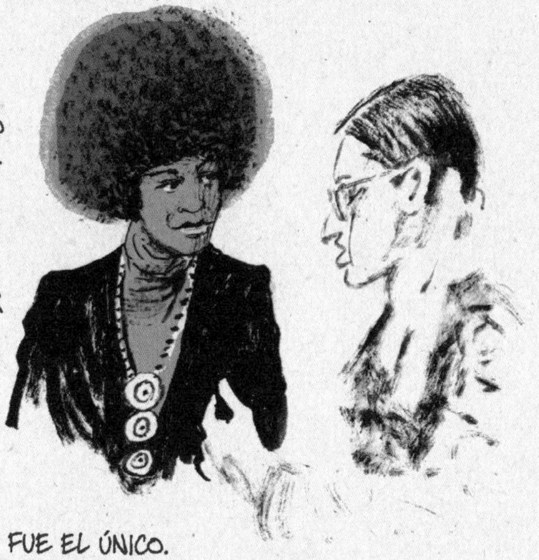

NO FUE EL ÚNICO. **JANE FONDA** Y **JOHNNY CASH,** ENTRE OTROS, TAMBIÉN HICIERON DECLARACIONES. **ANGELA DAVIS** VISITÓ EL SITIO PARA VER A LOS REBELDES. PERO LOS FEDERALES LA RECHAZARON COMO UNA "INDESEABLE".

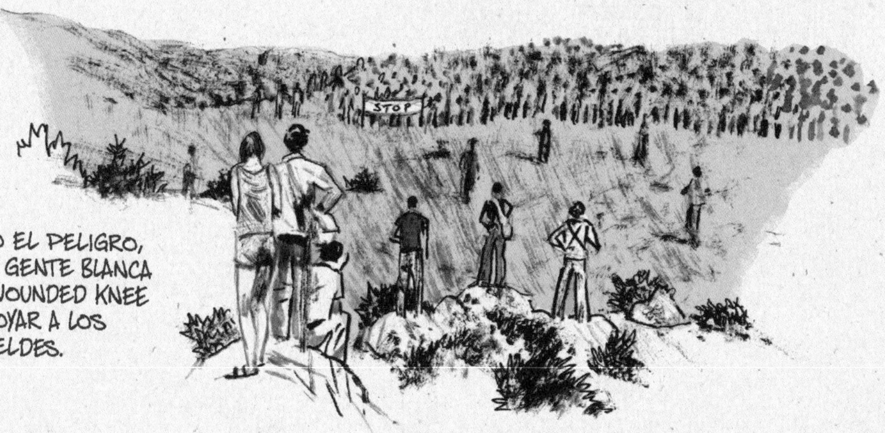
STOP

DESAFIANDO EL PELIGRO, INDÍGENAS Y GENTE BLANCA FUERON A WOUNDED KNEE PARA APOYAR A LOS REBELDES.

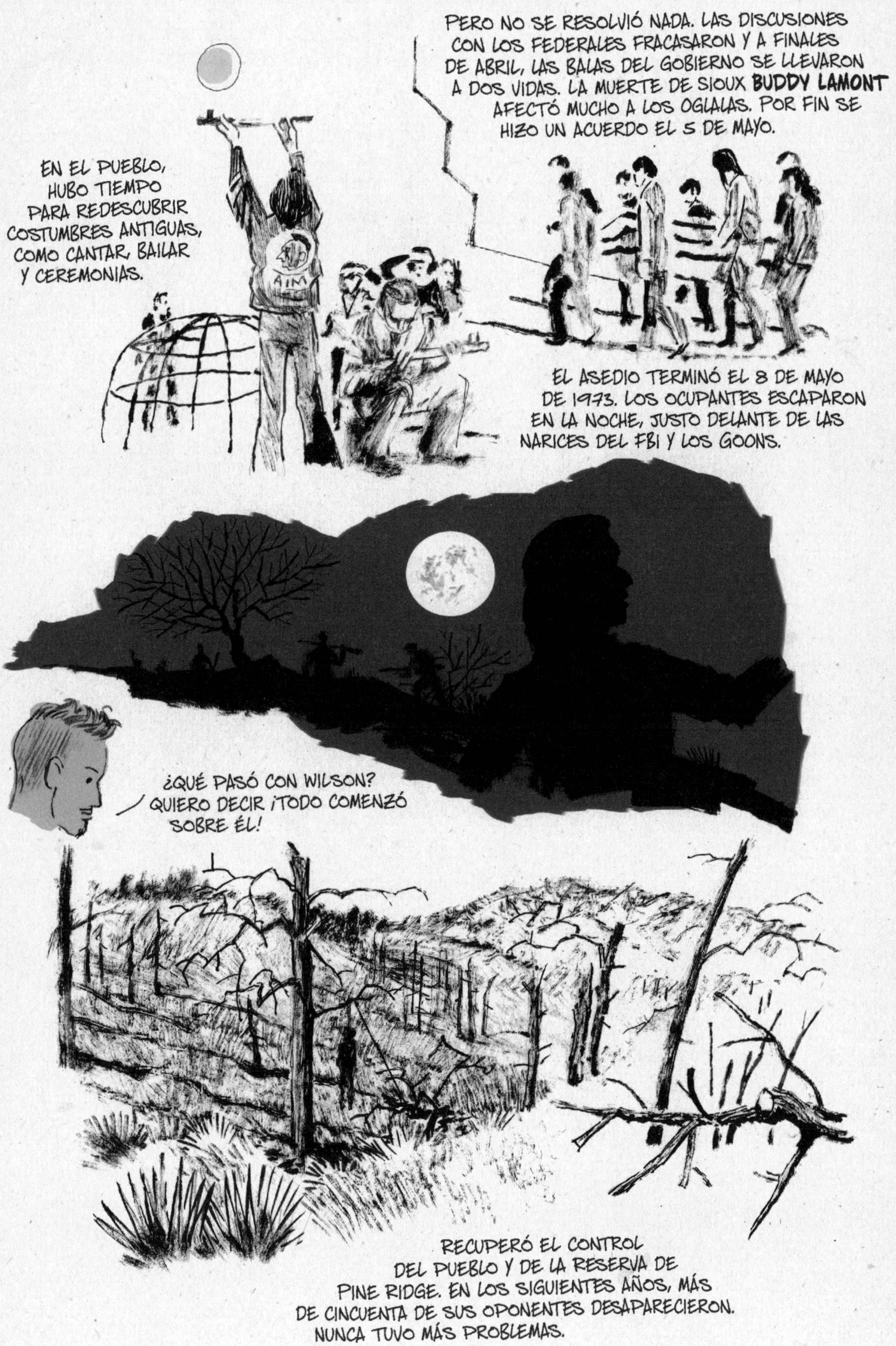
EN EL PUEBLO, HUBO TIEMPO PARA REDESCUBRIR COSTUMBRES ANTIGUAS, COMO CANTAR, BAILAR Y CEREMONIAS.
AIM
PERO NO SE RESOLVIÓ NADA. LAS DISCUSIONES CON LOS FEDERALES FRACASARON Y A FINALES DE ABRIL, LAS BALAS DEL GOBIERNO SE LLEVARON A DOS VIDAS. LA MUERTE DE SIOUX **BUDDY LAMONT** AFECTÓ MUCHO A LOS OGLALAS. POR FIN SE HIZO UN ACUERDO EL 5 DE MAYO.
EL ASEDIO TERMINÓ EL 8 DE MAYO DE 1973. LOS OCUPANTES ESCAPARON EN LA NOCHE, JUSTO DELANTE DE LAS NARICES DEL FBI Y LOS GOONS.
¿QUÉ PASÓ CON WILSON? QUIERO DECIR ¡TODO COMENZÓ SOBRE ÉL!
RECUPERÓ EL CONTROL DEL PUEBLO Y DE LA RESERVA DE PINE RIDGE. EN LOS SIGUIENTES AÑOS, MÁS DE CINCUENTA DE SUS OPONENTES DESAPARECIERON. NUNCA TUVO MÁS PROBLEMAS.

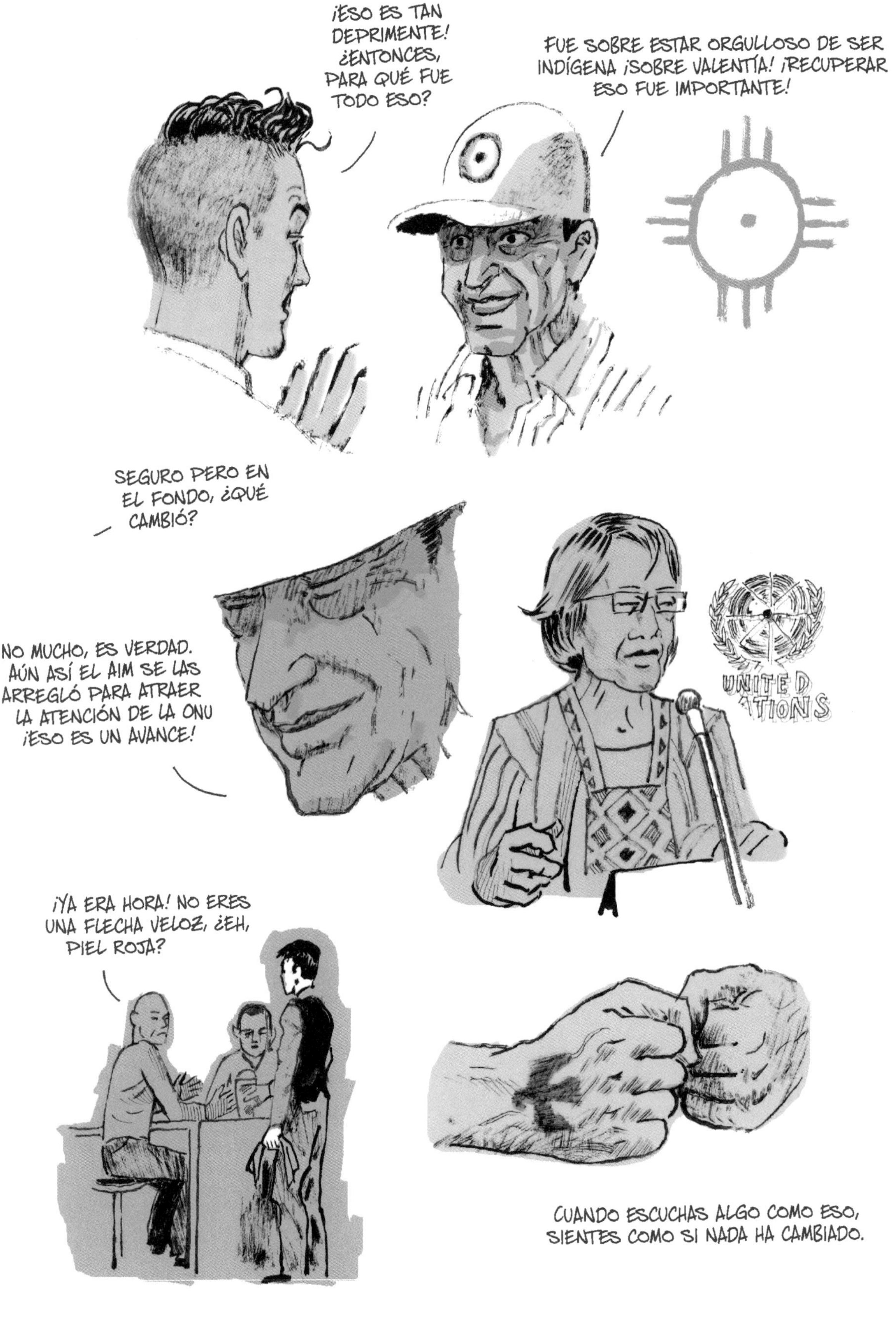
¡ESO ES TAN DEPRIMENTE! ¿ENTONCES, PARA QUÉ FUE TODO ESO?
FUE SOBRE ESTAR ORGULLOSO DE SER INDÍGENA ¡SOBRE VALENTÍA! ¡RECUPERAR ESO FUE IMPORTANTE!
SEGURO PERO EN EL FONDO, ¿QUÉ CAMBIÓ?
NO MUCHO, ES VERDAD. AÚN ASÍ EL AIM SE LAS ARREGLÓ PARA ATRAER LA ATENCIÓN DE LA ONU ¡ESO ES UN AVANCE!
UNITED
¡YA ERA HORA! NO ERES UNA FLECHA VELOZ, ¿EH, PIEL ROJA?
CUANDO ESCUCHAS ALGO COMO ESO, SIENTES COMO SI NADA HA CAMBIADO.

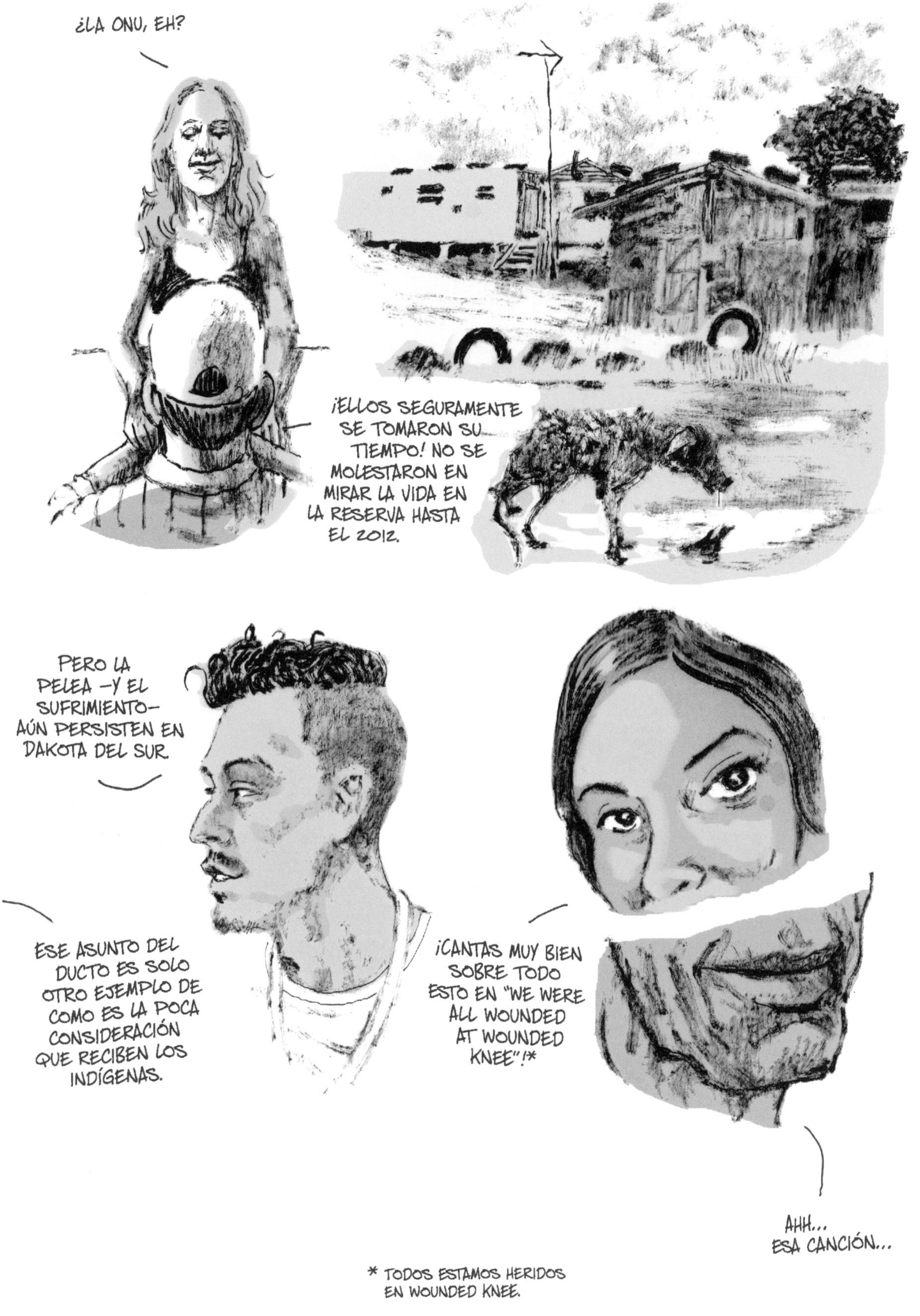
¿LA ONU, EH?
¡ELLOS SEGURAMENTE SE TOMARON SU TIEMPO! NO SE MOLESTARON EN MIRAR LA VIDA EN LA RESERVA HASTA EL 2012.
PERO LA PELEA –Y EL SUFRIMIENTO– AÚN PERSISTEN EN DAKOTA DEL SUR.
ESE ASUNTO DEL DUCTO ES SOLO OTRO EJEMPLO DE COMO ES LA POCA CONSIDERACIÓN QUE RECIBEN LOS INDÍGENAS.
¡CANTAS MUY BIEN SOBRE TODO ESTO EN "WE WERE ALL WOUNDED AT WOUNDED KNEE"!*
AHH... ESA CANCIÓN...
* TODOS ESTAMOS HERIDOS EN WOUNDED KNEE.

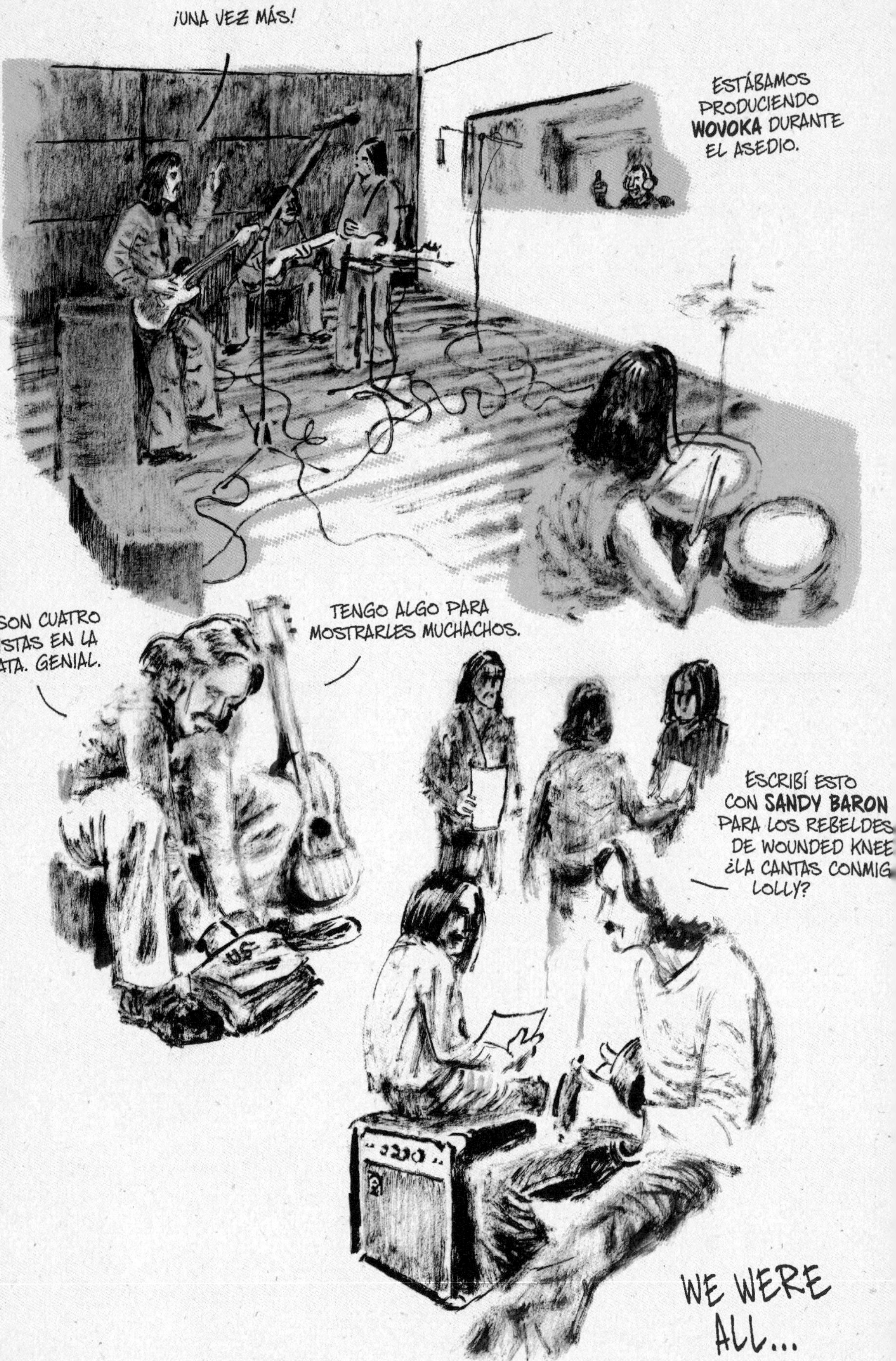

¡UNA VEZ MÁS!
ESTÁBAMOS PRODUCIENDO **WOVOKA** DURANTE EL ASEDIO.
SON CUATRO PISTAS EN LA LATA. GENIAL.
TENGO ALGO PARA MOSTRARLES MUCHACHOS.
ESCRIBÍ ESTO CON **SANDY BARON** PARA LOS REBELDES DE WOUNDED KNEE ¿LA CANTAS CONMIG LOLLY?
WE WERE ALL...

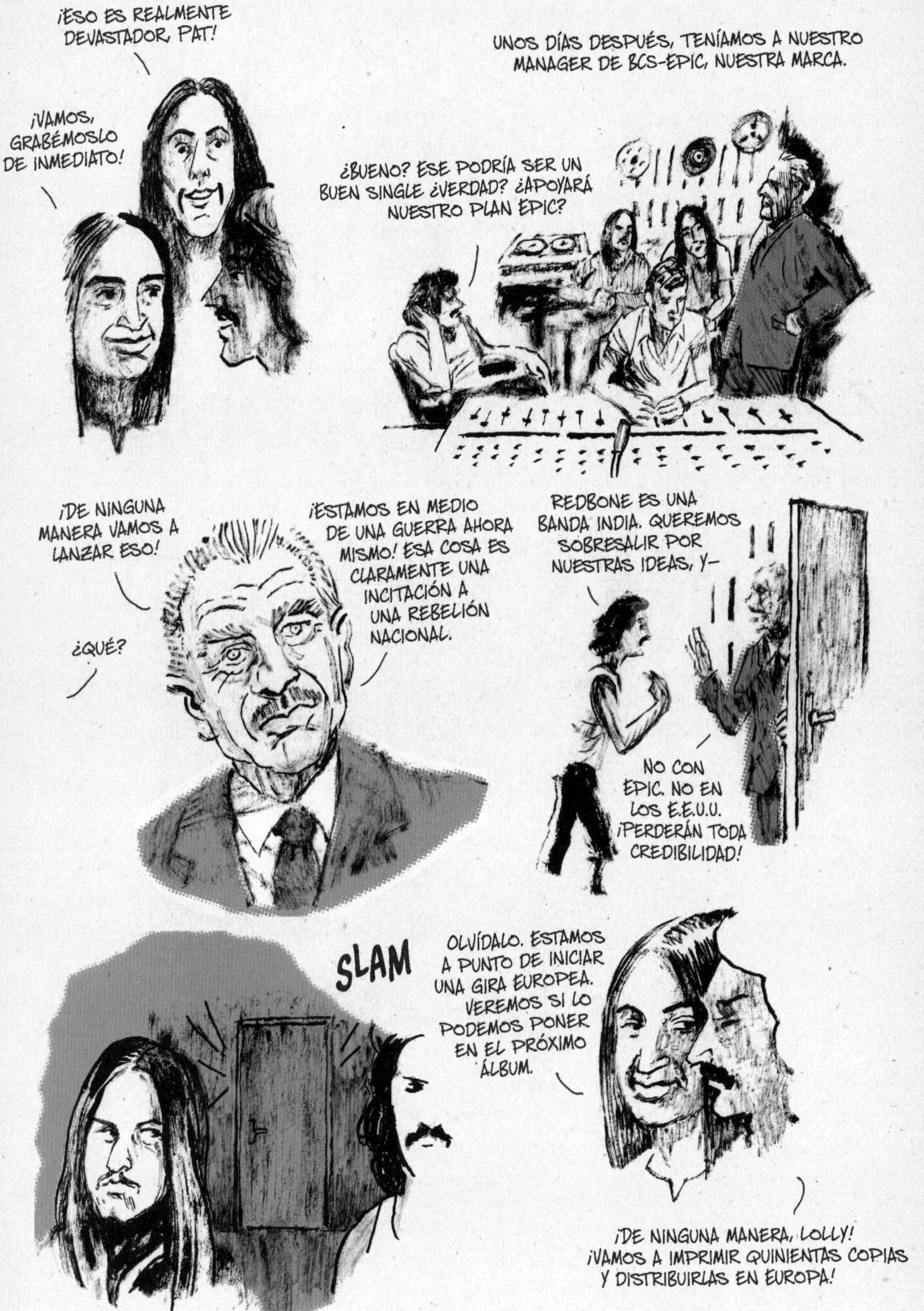
¡ESO ES REALMENTE DEVASTADOR, PAT!
¡VAMOS, GRABÉMOSLO DE INMEDIATO!
UNOS DÍAS DESPUÉS, TENÍAMOS A NUESTRO MANAGER DE BCS-EPIC, NUESTRA MARCA.
¿BUENO? ESE PODRÍA SER UN BUEN SINGLE ¿VERDAD? ¿APOYARÁ NUESTRO PLAN EPIC?
¡DE NINGUNA MANERA VAMOS A LANZAR ESO!
¿QUÉ?
¡ESTAMOS EN MEDIO DE UNA GUERRA AHORA MISMO! ESA COSA ES CLARAMENTE UNA INCITACIÓN A UNA REBELIÓN NACIONAL.
REDBONE ES UNA BANDA INDIA. QUEREMOS SOBRESALIR POR NUESTRAS IDEAS, Y—
NO CON EPIC. NO EN LOS E.E.U.U. ¡PERDERÁN TODA CREDIBILIDAD!
SLAM
OLVÍDALO. ESTAMOS A PUNTO DE INICIAR UNA GIRA EUROPEA. VEREMOS SI LO PODEMOS PONER EN EL PRÓXIMO ÁLBUM.
¡DE NINGUNA MANERA, LOLLY! ¡VAMOS A IMPRIMIR QUINIENTAS COPIAS Y DISTRIBUIRLAS EN EUROPA!

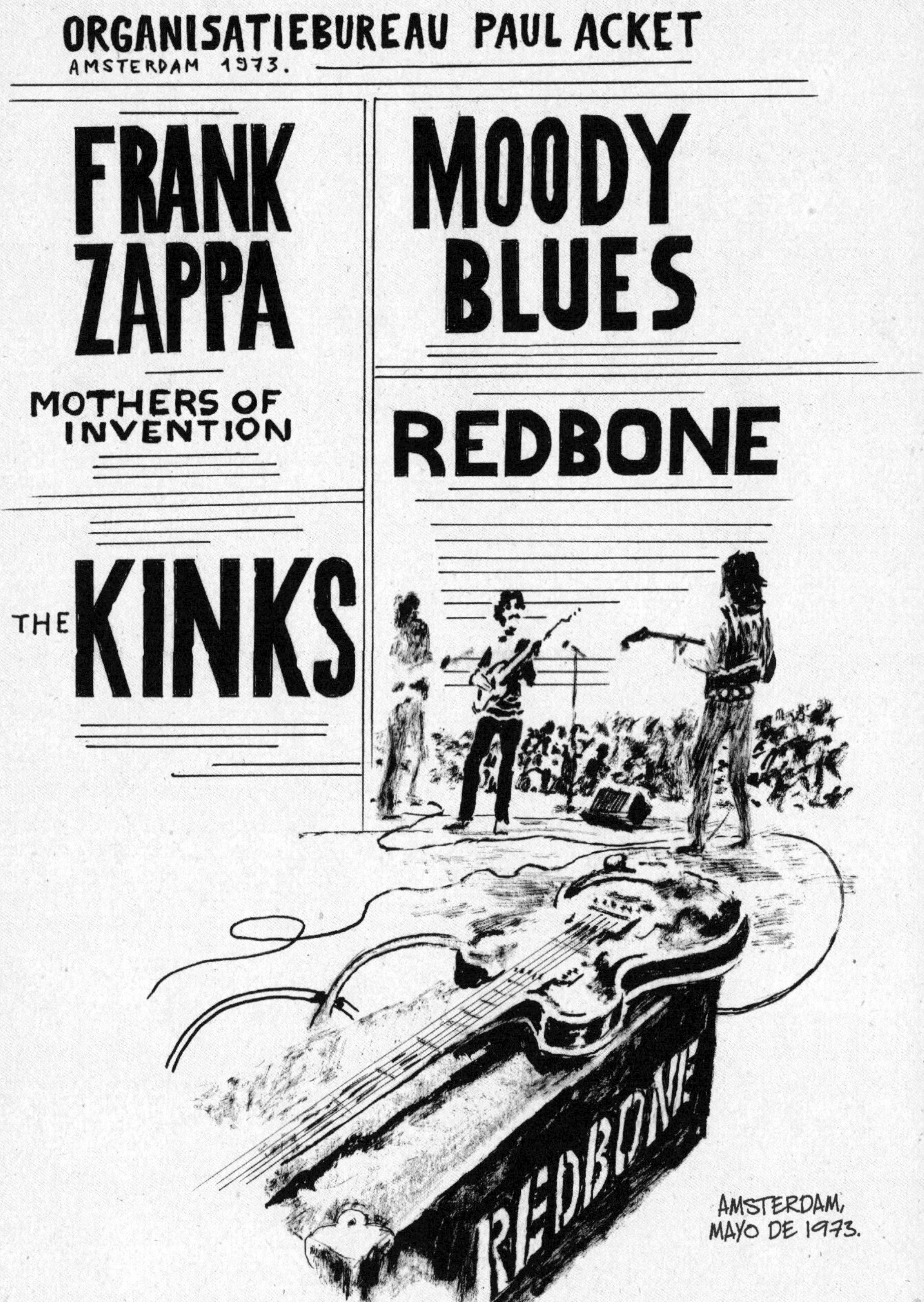

ORGANISATIEBUREAU PAUL ACKET
AMSTERDAM 1973.
FRANK ZAPPA
MOTHERS OF INVENTION
MOODY BLUES
REDBONE
THE KINKS
REDBONE
AMSTERDAM, MAYO DE 1973.

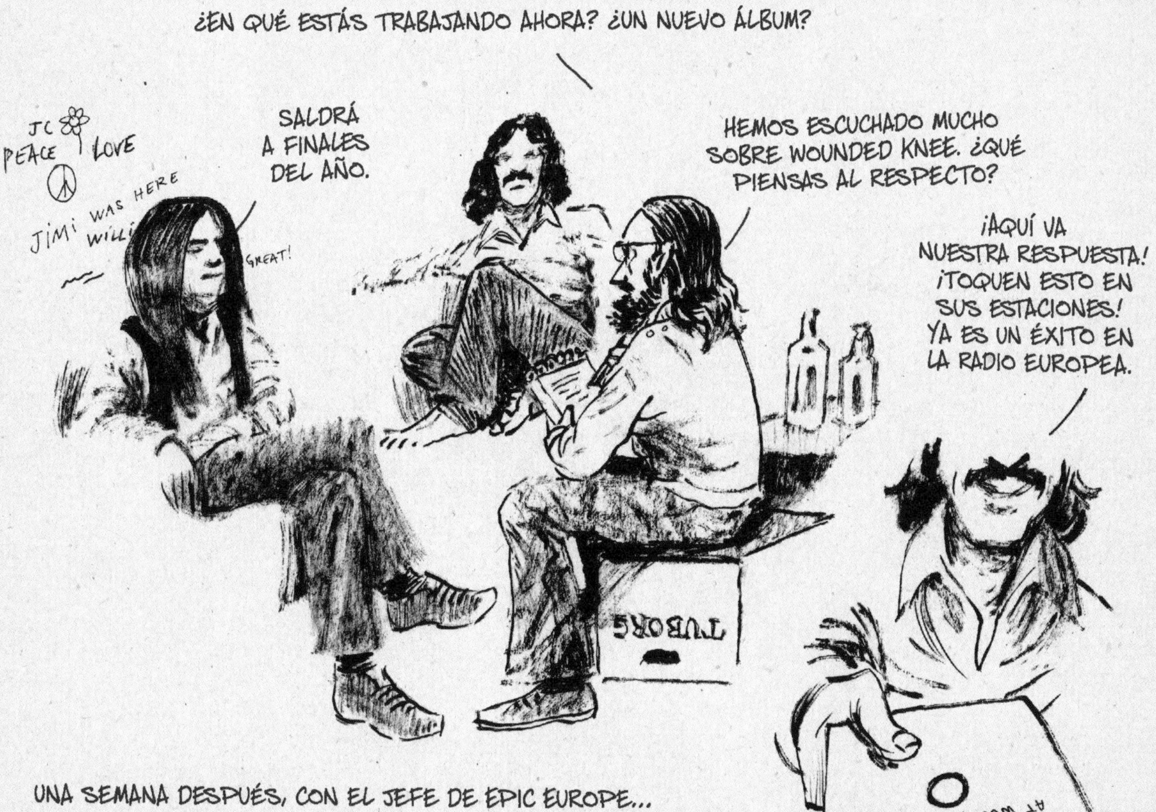
¿EN QUÉ ESTÁS TRABAJANDO AHORA? ¿UN NUEVO ÁLBUM?
SALDRÁ A FINALES DEL AÑO.
JC PEACE LOVE
JIMI WAS HERE
GREAT!
HEMOS ESCUCHADO MUCHO SOBRE WOUNDED KNEE. ¿QUÉ PIENSAS AL RESPECTO?
¡AQUÍ VA NUESTRA RESPUESTA! ¡TOQUEN ESTO EN SUS ESTACIONES! YA ES UN ÉXITO EN LA RADIO EUROPEA.
TUBORG
REDBONE
WE WERE ALL WOUNDED AT WOUNDED KNEE
UNA SEMANA DESPUÉS, CON EL JEFE DE EPIC EUROPE...

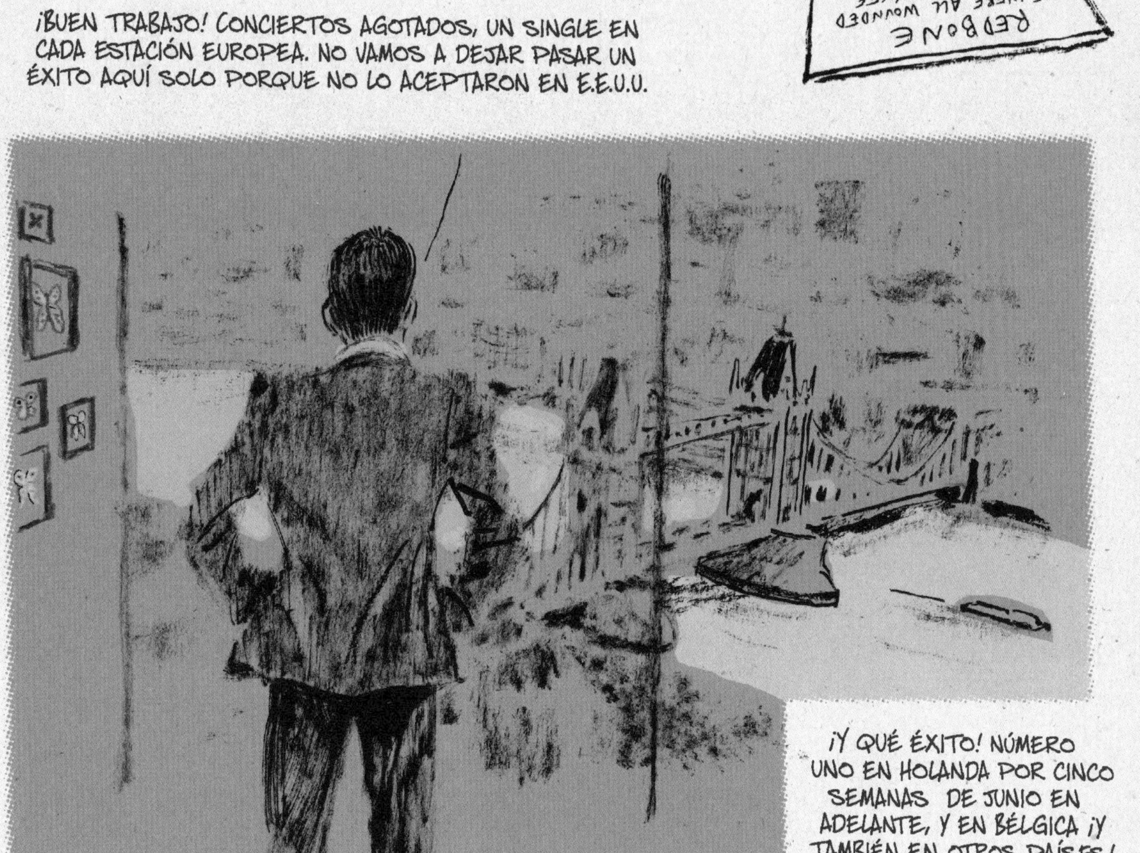
¡BUEN TRABAJO! CONCIERTOS AGOTADOS, UN SINGLE EN CADA ESTACIÓN EUROPEA. NO VAMOS A DEJAR PASAR UN ÉXITO AQUÍ SOLO PORQUE NO LO ACEPTARON EN E.E.U.U.
¡Y QUÉ ÉXITO! NÚMERO UNO EN HOLANDA POR CINCO SEMANAS DE JUNIO EN ADELANTE, Y EN BÉLGICA ¡Y TAMBIÉN EN OTROS PAÍSES!

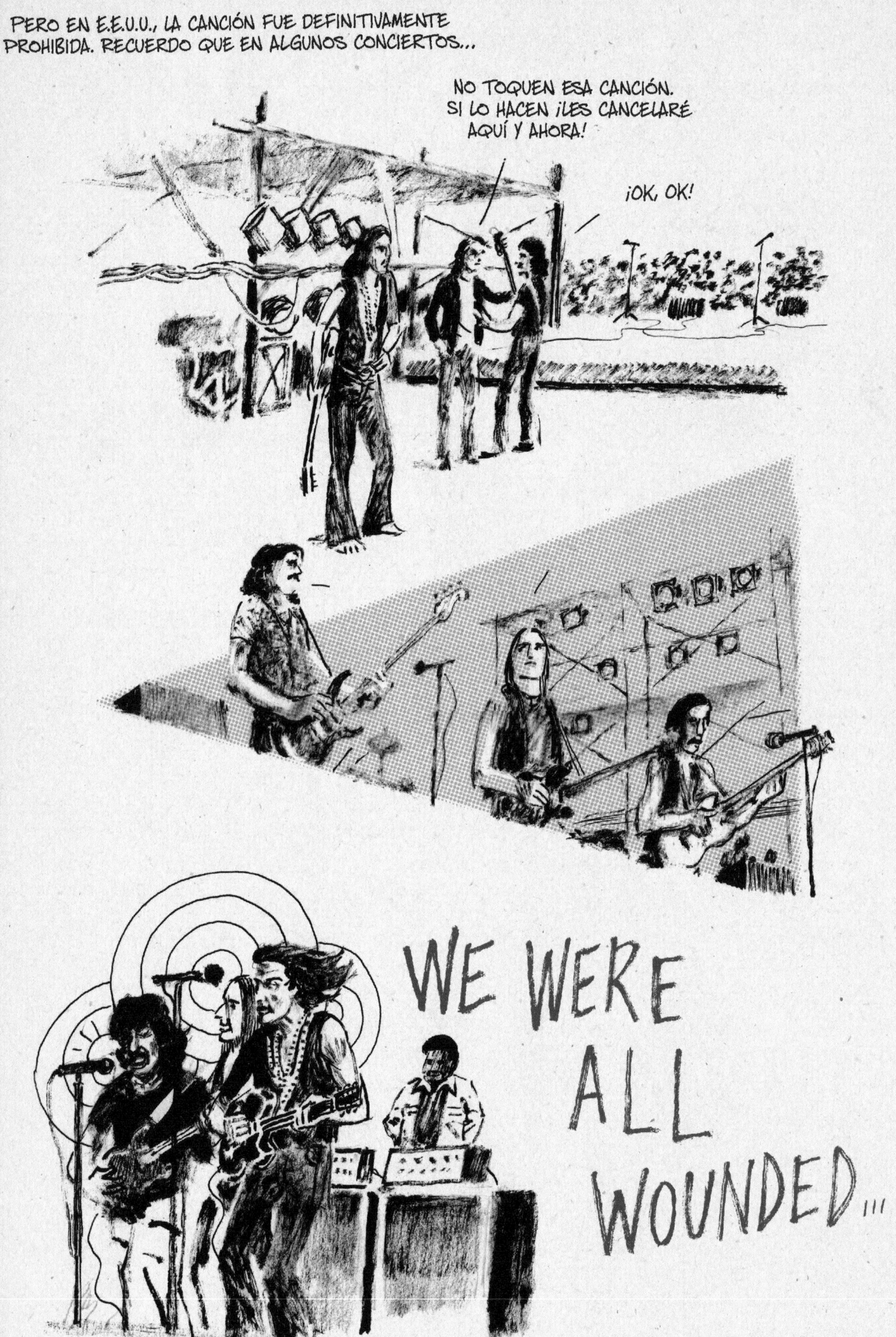
PERO EN E.E.U.U., LA CANCIÓN FUE DEFINITIVAMENTE PROHIBIDA. RECUERDO QUE EN ALGUNOS CONCIERTOS...
NO TOQUEN ESA CANCIÓN. SI LO HACEN ¡LES CANCELARÉ AQUÍ Y AHORA!
¡OK, OK!
WE WERE ALL WOUNDED...

VIII
EL FIN DE REDBONE
(1976)

CREO QUE "WE WERE ALL WOUNDED AT WOUNDED KNEE" NOS COSTÓ NUESTRA CARRERA.

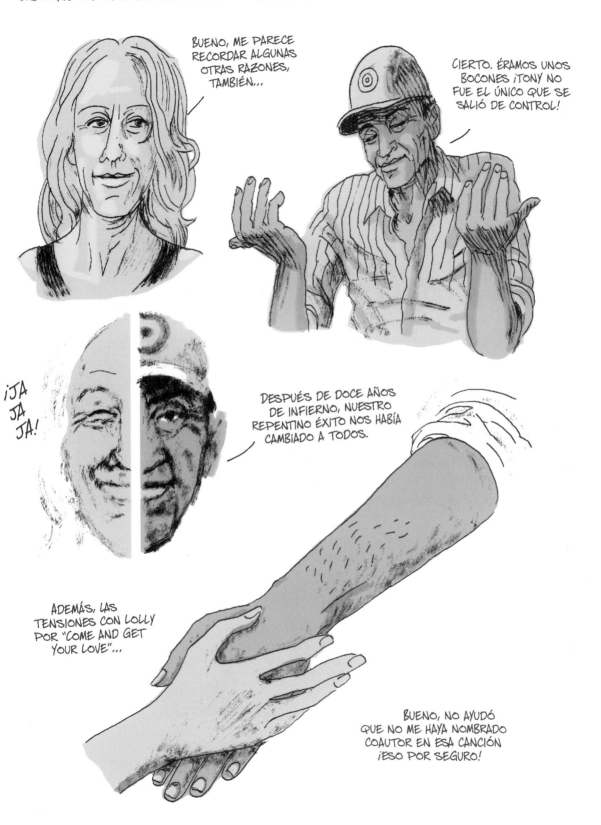

BUENO, ME PARECE RECORDAR ALGUNAS OTRAS RAZONES, TAMBIÉN...

CIERTO. ÉRAMOS UNOS BOCONES ¡TONY NO FUE EL ÚNICO QUE SE SALIÓ DE CONTROL!

¡JA JA JA!

DESPUÉS DE DOCE AÑOS DE INFIERNO, NUESTRO REPENTINO ÉXITO NOS HABÍA CAMBIADO A TODOS.

ADEMÁS, LAS TENSIONES CON LOLLY POR "COME AND GET YOUR LOVE"...

BUENO, NO AYUDÓ QUE NO ME HAYA NOMBRADO COAUTOR EN ESA CANCIÓN ¡ESO POR SEGURO!

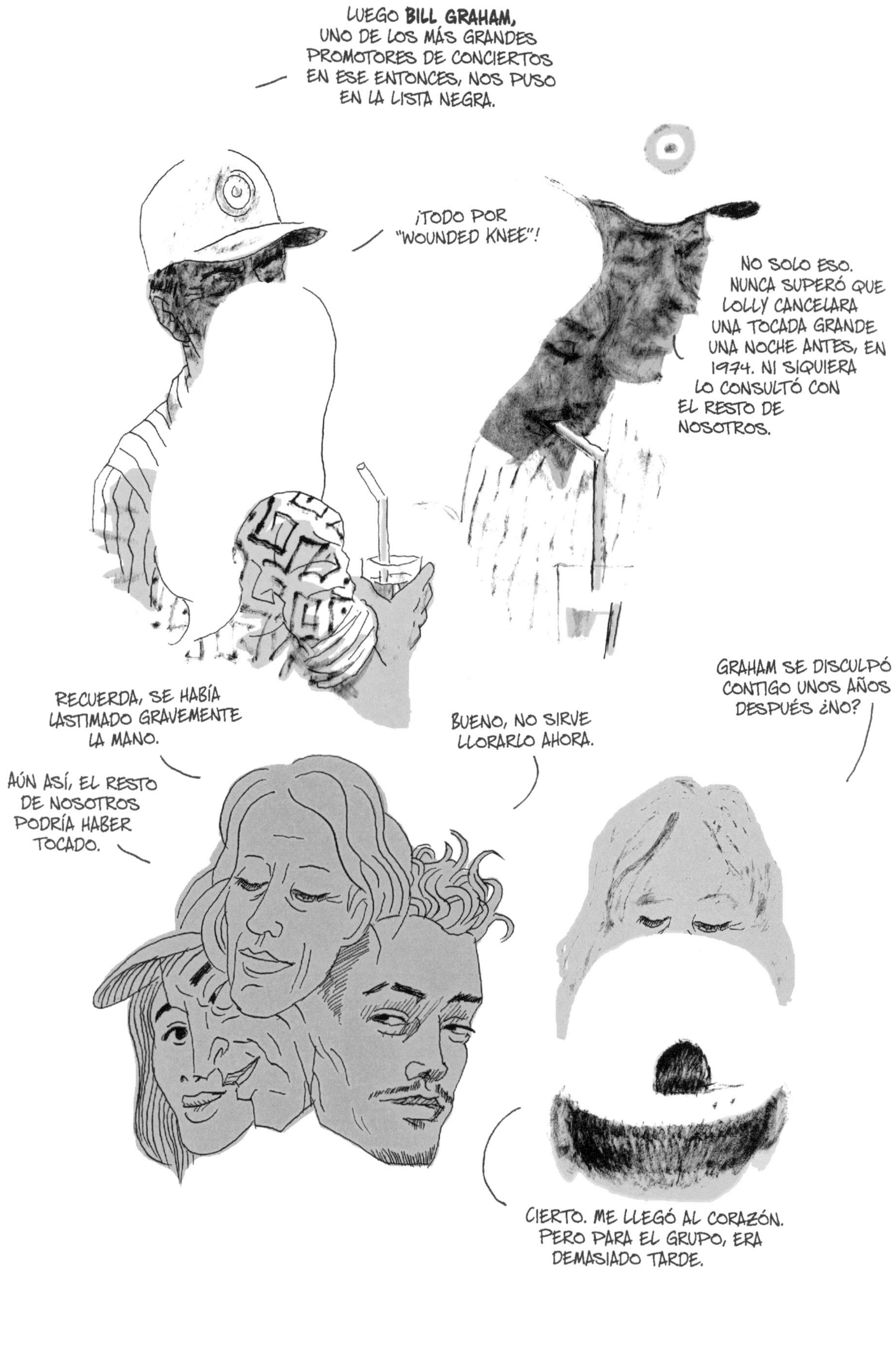
LUEGO BILL GRAHAM, UNO DE LOS MÁS GRANDES PROMOTORES DE CONCIERTOS EN ESE ENTONCES, NOS PUSO EN LA LISTA NEGRA.
¡TODO POR "WOUNDED KNEE"!
NO SOLO ESO. NUNCA SUPERÓ QUE LOLLY CANCELARA UNA TOCADA GRANDE UNA NOCHE ANTES, EN 1974. NI SIQUIERA LO CONSULTÓ CON EL RESTO DE NOSOTROS.
RECUERDA, SE HABÍA LASTIMADO GRAVEMENTE LA MANO.
AÚN ASÍ, EL RESTO DE NOSOTROS PODRÍA HABER TOCADO.
BUENO, NO SIRVE LLORARLO AHORA.
GRAHAM SE DISCULPÓ CONTIGO UNOS AÑOS DESPUÉS ¿NO?
CIERTO. ME LLEGÓ AL CORAZÓN. PERO PARA EL GRUPO, ERA DEMASIADO TARDE.

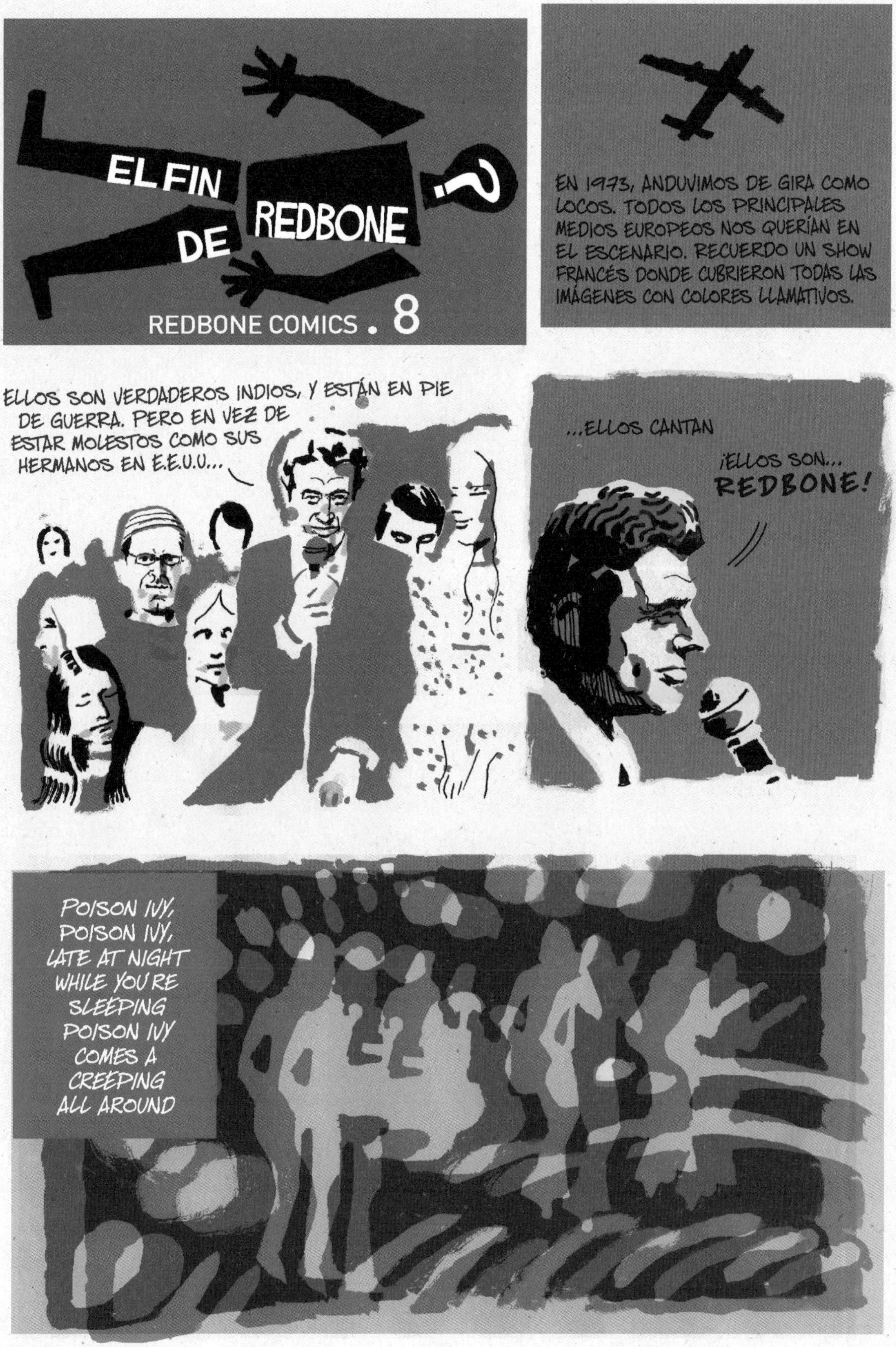
EL FIN DE REDBONE ¿?
REDBONE COMICS . 8
EN 1973, ANDUVIMOS DE GIRA COMO LOCOS. TODOS LOS PRINCIPALES MEDIOS EUROPEOS NOS QUERÍAN EN EL ESCENARIO. RECUERDO UN SHOW FRANCÉS DONDE CUBRIERON TODAS LAS IMÁGENES CON COLORES LLAMATIVOS.
ELLOS SON VERDADEROS INDIOS, Y ESTÁN EN PIE DE GUERRA. PERO EN VEZ DE ESTAR MOLESTOS COMO SUS HERMANOS EN E.E.U.U...
...ELLOS CANTAN
¡ELLOS SON... REDBONE!
POISON IVY, POISON IVY, LATE AT NIGHT WHILE YOU'RE SLEEPING POISON IVY COMES A CREEPING ALL AROUND

* "TOP A" TRANSMITIDO EL 5 DE MAYO DE 1973, DIRIGIDO POR EL CANTANTE FRANCÉS GILBERT BECAUD.

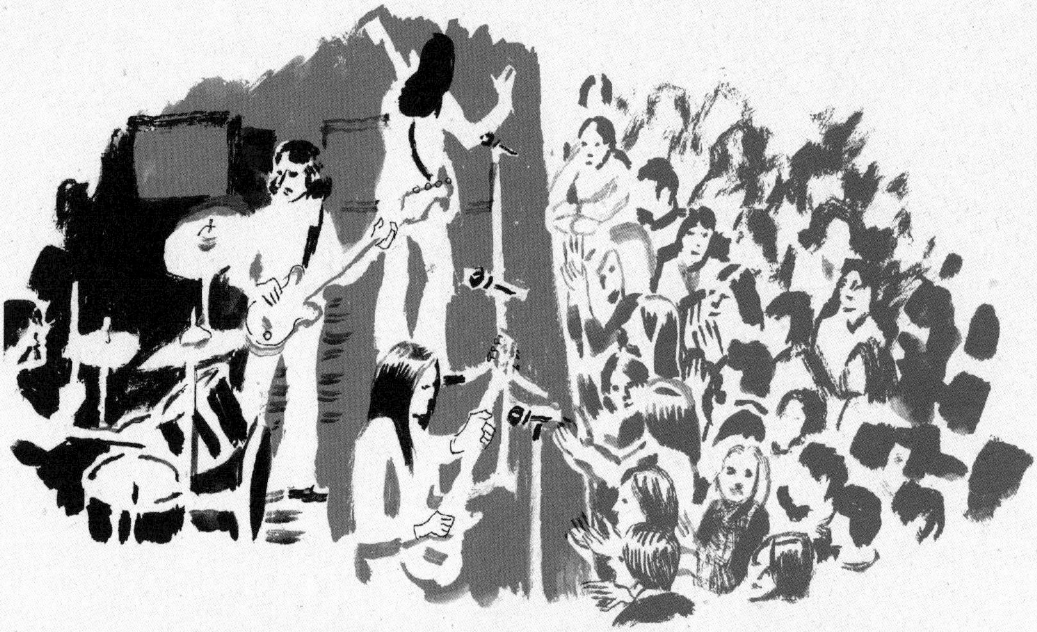

LUEGO, HUBO PROBLEMAS DENTRO DEL GRUPO. PASÓ POCO A POCO. NO NOS DIMOS CUENTA DE INMEDIATO. CUANDO A NUESTRO ÁLBUM **BEADED DREAMS THROUGH TURQUOISE EYES** NO LE FUE BIEN, EL GRUPO SE DERRUMBÓ.

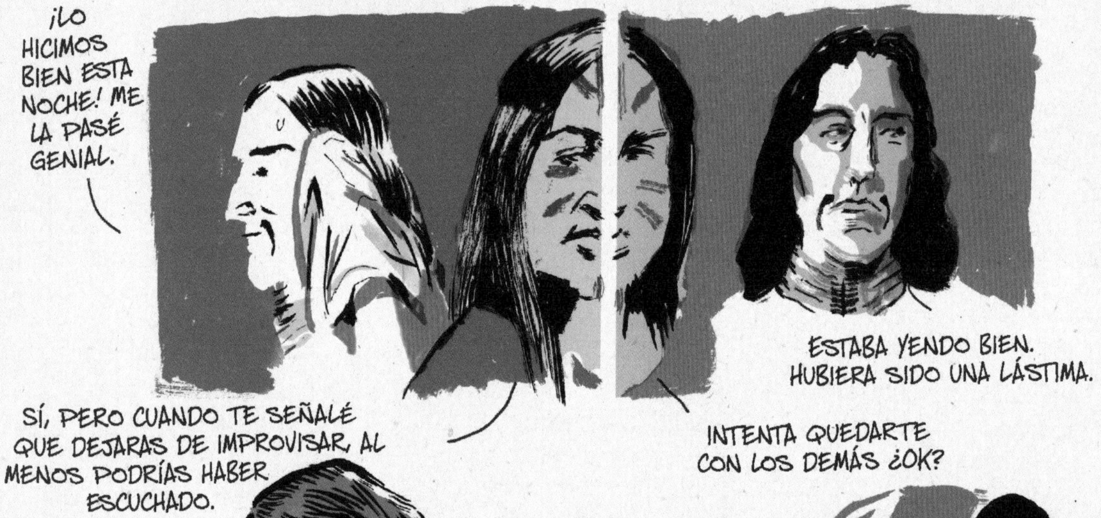
¡LO HICIMOS BIEN ESTA NOCHE! ME LA PASÉ GENIAL.
ESTABA YENDO BIEN. HUBIERA SIDO UNA LÁSTIMA.
SÍ, PERO CUANDO TE SEÑALÉ QUE DEJARAS DE IMPROVISAR, AL MENOS PODRÍAS HABER ESCUCHADO.
INTENTA QUEDARTE CON LOS DEMÁS ¿OK?

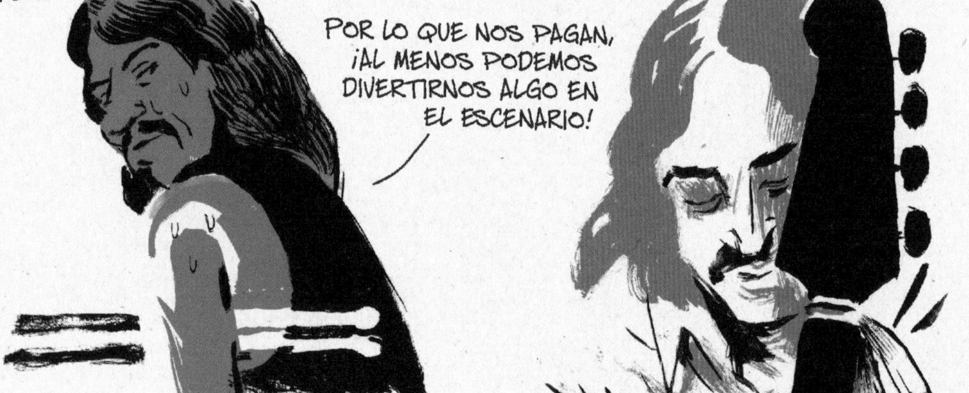
POR LO QUE NOS PAGAN, ¡AL MENOS PODEMOS DIVERTIRNOS ALGO EN EL ESCENARIO!

PRINCIPIOS DE 1975...
"DESPUÉS DE LAS VENTAS REDUCIDAS DEL ÁLBUM RECIENTE, A PESAR DE LOS ESFUERZOS PROMOCIONALES, LAS CONDICIONES DEL MERCADO INDICAN UNA **REVALUACIÓN** DE LAS NEGOCIACIONES DEL CONTRATO ACTUAL..."
SI ESTOY ENTENDIENDO BIEN, ¡EPIC NOS ESTÁ DEJANDO!
¡DEMONIOS!
REDBONE
FRAGILE
¿Y AHORA QUÉ HACEMOS?
SEGUIR RECIBIENDO REGALÍAS. AÚN PRODUCIMOS MÚSICA ¡PODEMOS IRNOS DE GIRA Y BUSCAR OTRA MARCA!
TENDREMOS QUE DECIRLE A LOS OTROS.
SÍ, AÚN NOS QUEDAN ALGUNAS TOCADAS ¡ADELANTE!

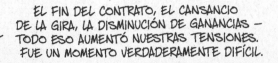

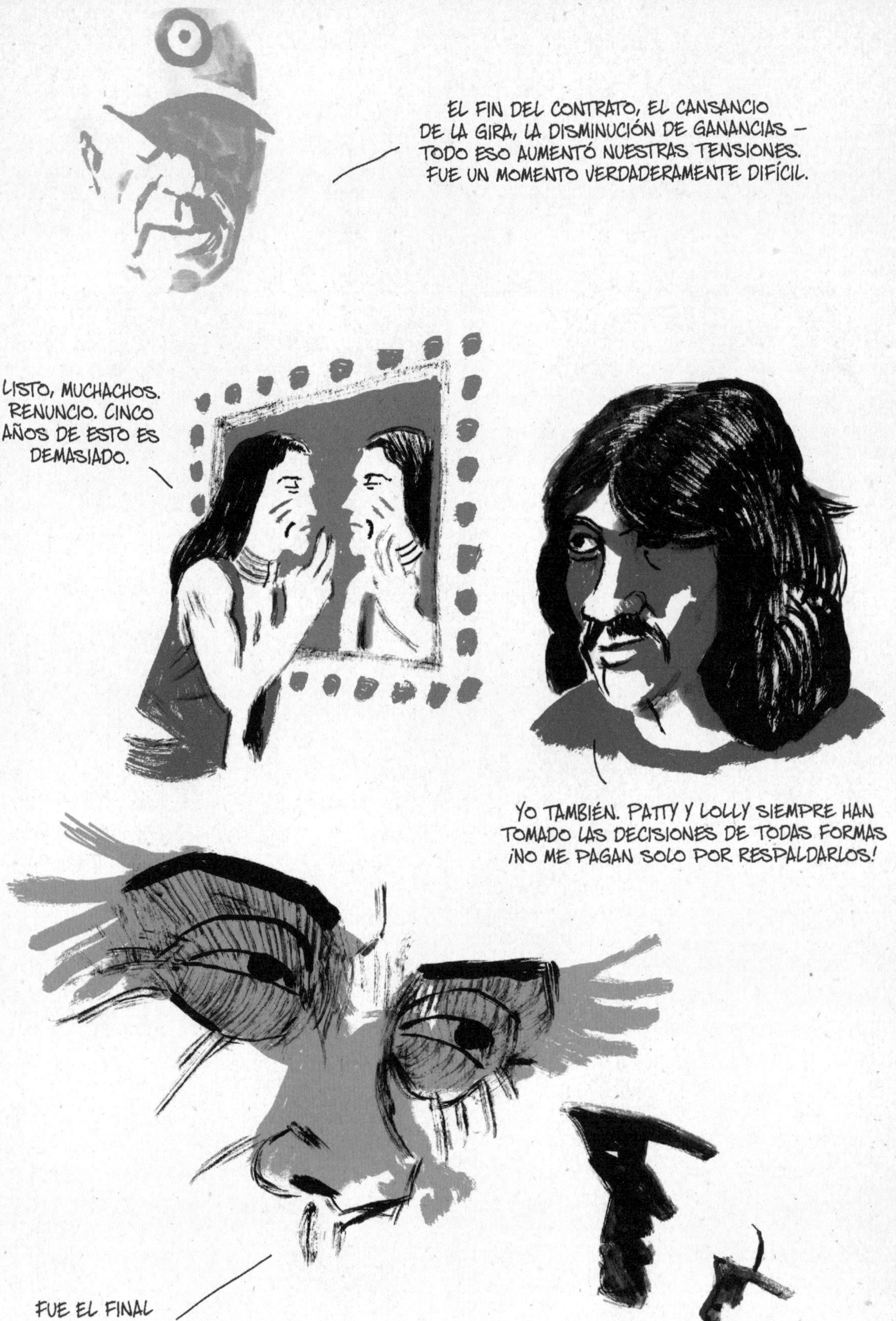

EL FIN DEL CONTRATO, EL CANSANCIO DE LA GIRA, LA DISMINUCIÓN DE GANANCIAS — TODO ESO AUMENTÓ NUESTRAS TENSIONES. FUE UN MOMENTO VERDADERAMENTE DIFÍCIL.

LISTO, MUCHACHOS. RENUNCIO. CINCO AÑOS DE ESTO ES DEMASIADO.

YO TAMBIÉN. PATTY Y LOLLY SIEMPRE HAN TOMADO LAS DECISIONES DE TODAS FORMAS ¡NO ME PAGAN SOLO POR RESPALDARLOS!

FUE EL FINAL DE REDBONE. PERO LOLLY Y YO SEGUIMOS TRABAJANDO JUNTOS.

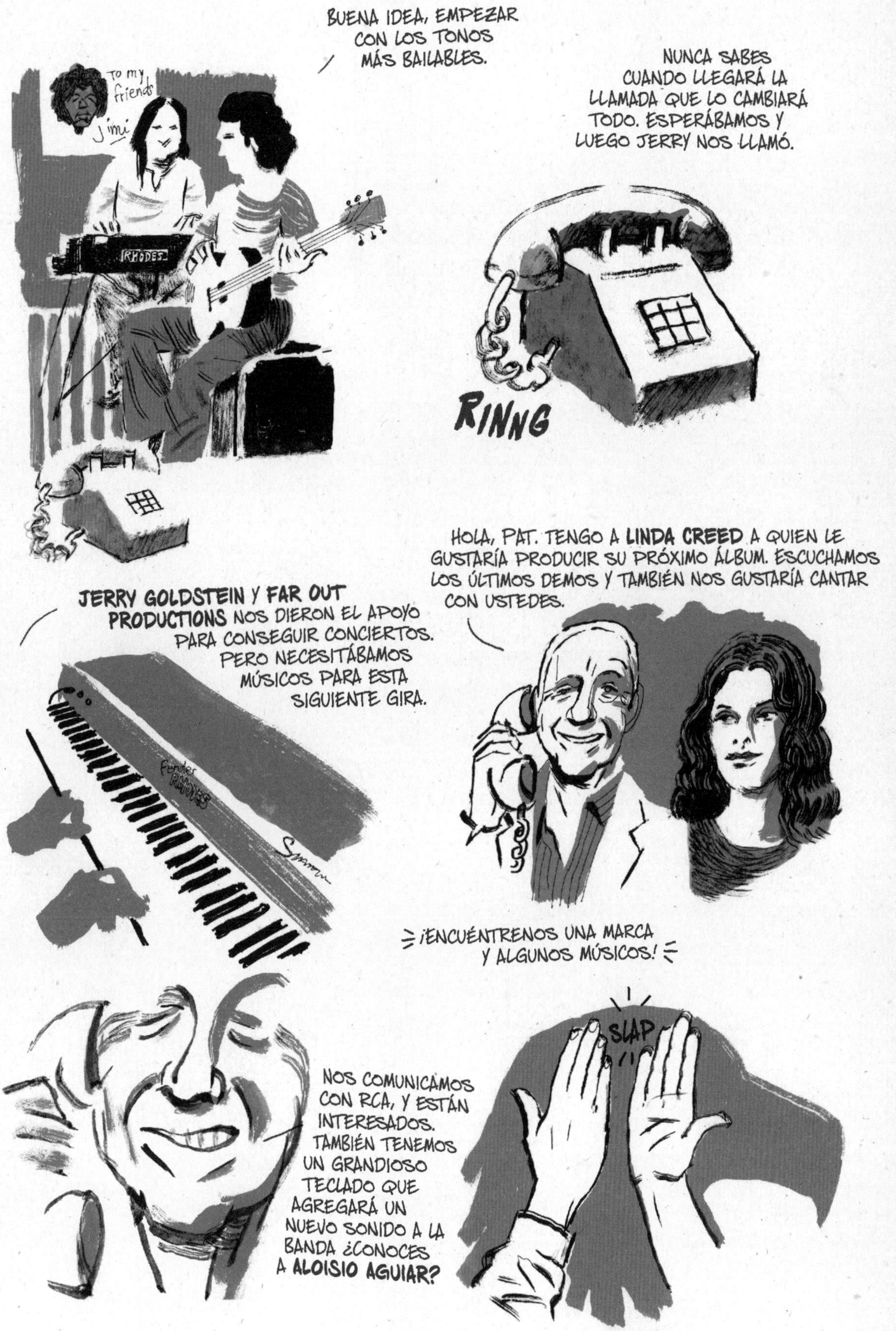
BUENA IDEA, EMPEZAR CON LOS TONOS MÁS BAILABLES.
To my friends Jimi
RHODES
NUNCA SABES CUANDO LLEGARÁ LA LLAMADA QUE LO CAMBIARÁ TODO. ESPERÁBAMOS Y LUEGO JERRY NOS LLAMÓ.
RINNG
JERRY GOLDSTEIN Y FAR OUT PRODUCTIONS NOS DIERON EL APOYO PARA CONSEGUIR CONCIERTOS. PERO NECESITÁBAMOS MÚSICOS PARA ESTA SIGUIENTE GIRA.
Fender RHODES
HOLA, PAT. TENGO A LINDA CREED A QUIEN LE GUSTARÍA PRODUCIR SU PRÓXIMO ÁLBUM. ESCUCHAMOS LOS ÚLTIMOS DEMOS Y TAMBIÉN NOS GUSTARÍA CANTAR CON USTEDES.
¡ENCUÉNTRENOS UNA MARCA Y ALGUNOS MÚSICOS!
NOS COMUNICAMOS CON RCA, Y ESTÁN INTERESADOS. TAMBIÉN TENEMOS UN GRANDIOSO TECLADO QUE AGREGARÁ UN NUEVO SONIDO A LA BANDA ¿CONOCES A ALOISIO AGUIAR?
SLAP

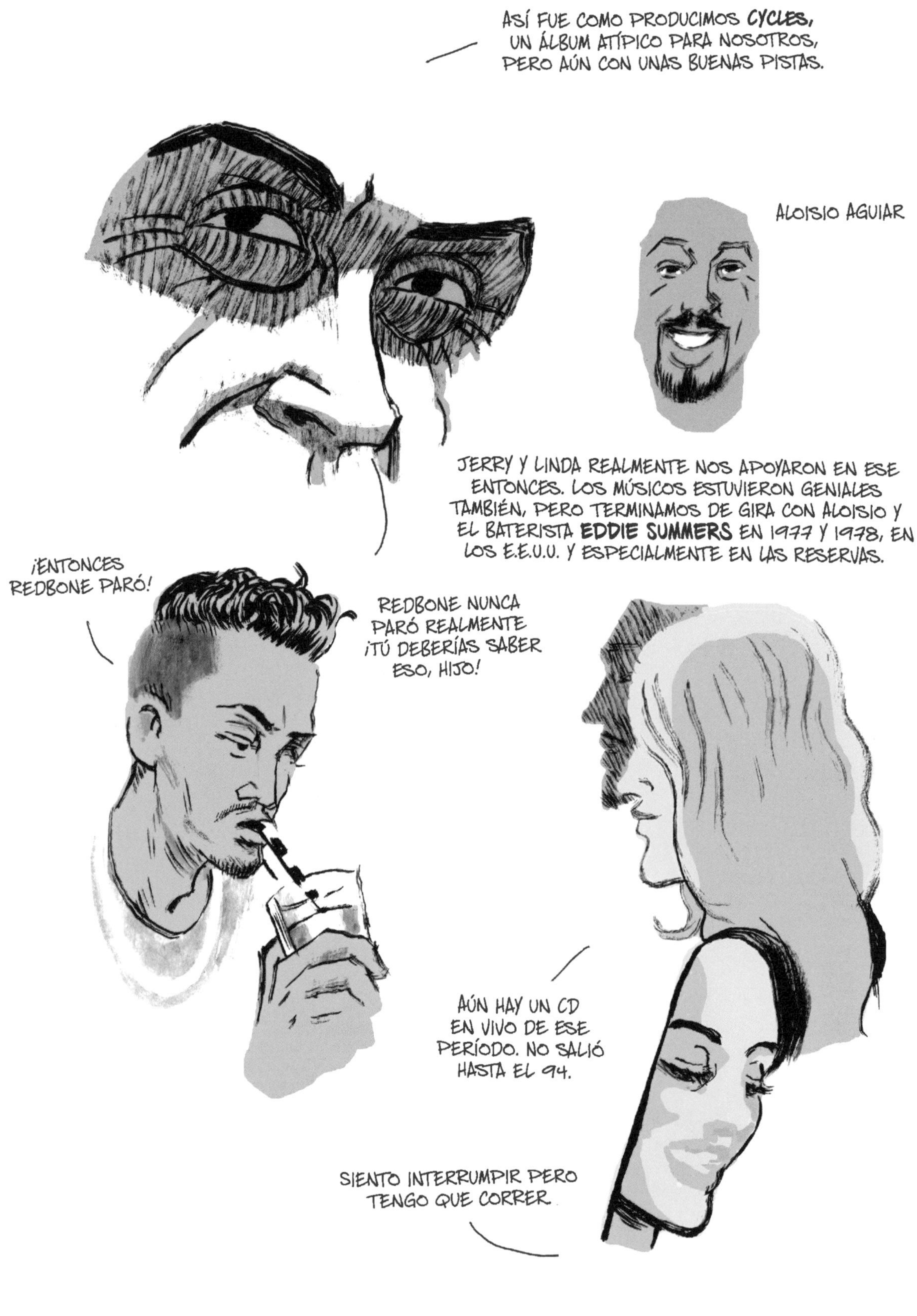
ASÍ FUE COMO PRODUCIMOS **CYCLES**, UN ÁLBUM ATÍPICO PARA NOSOTROS, PERO AÚN CON UNAS BUENAS PISTAS.
ALOISIO AGUIAR
JERRY Y LINDA REALMENTE NOS APOYARON EN ESE ENTONCES. LOS MÚSICOS ESTUVIERON GENIALES TAMBIÉN, PERO TERMINAMOS DE GIRA CON ALOISIO Y EL BATERISTA **EDDIE SUMMERS** EN 1977 Y 1978, EN LOS E.E.U.U. Y ESPECIALMENTE EN LAS RESERVAS.
¡ENTONCES REDBONE PARÓ!
REDBONE NUNCA PARÓ REALMENTE ¡TÚ DEBERÍAS SABER ESO, HIJO!
AÚN HAY UN CD EN VIVO DE ESE PERÍODO. NO SALIÓ HASTA EL 94.
SIENTO INTERRUMPIR PERO TENGO QUE CORRER.

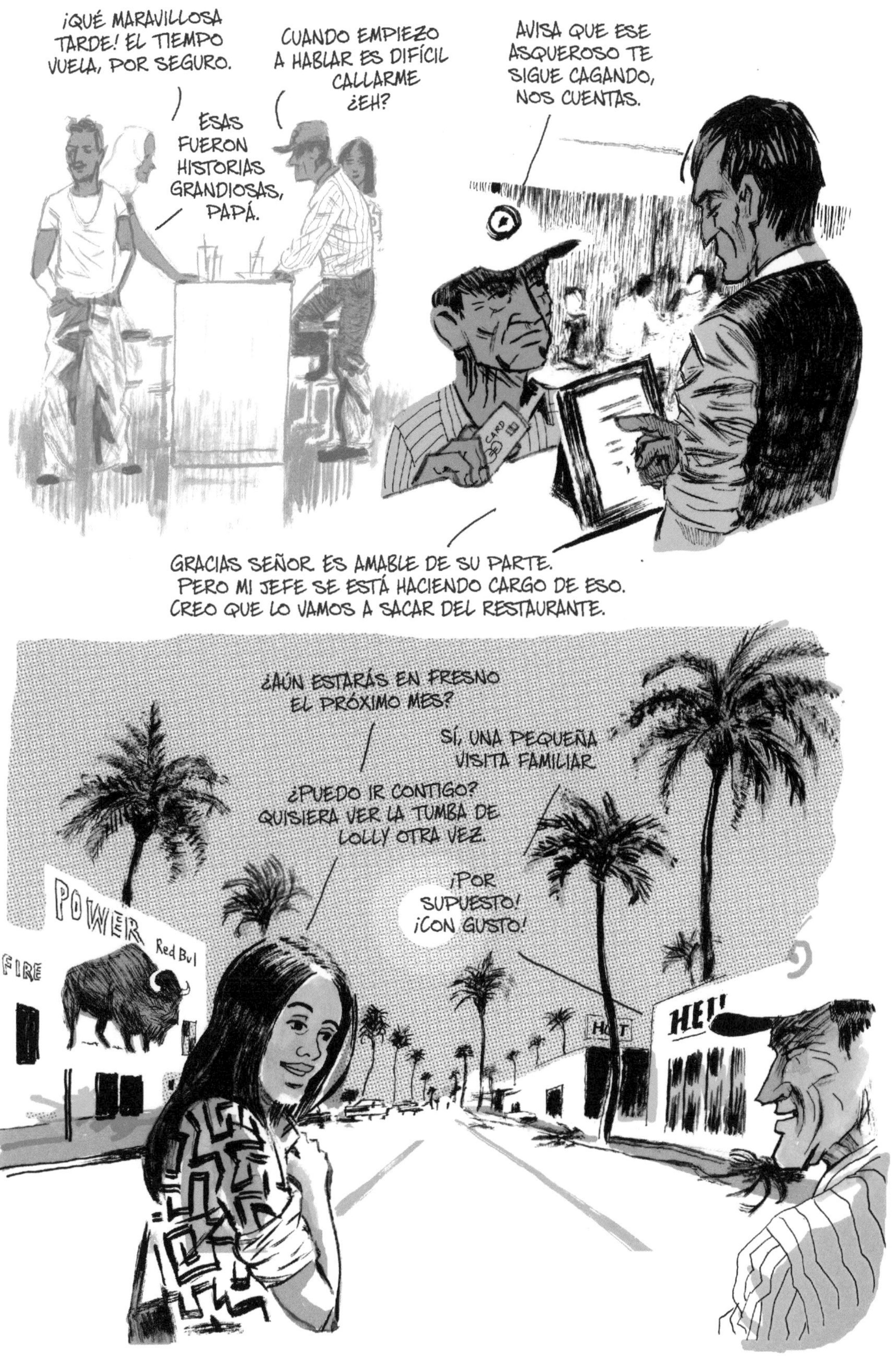
¡QUÉ MARAVILLOSA TARDE! EL TIEMPO VUELA, POR SEGURO.
ESAS FUERON HISTORIAS GRANDIOSAS, PAPÁ.
CUANDO EMPIEZO A HABLAR ES DIFÍCIL CALLARME ¿EH?
AVISA QUE ESE ASQUEROSO TE SIGUE CAGANDO, NOS CUENTAS.
GRACIAS SEÑOR ES AMABLE DE SU PARTE. PERO MI JEFE SE ESTÁ HACIENDO CARGO DE ESO. CREO QUE LO VAMOS A SACAR DEL RESTAURANTE.
¿AÚN ESTARÁS EN FRESNO EL PRÓXIMO MES?
SÍ, UNA PEQUEÑA VISITA FAMILIAR.
¿PUEDO IR CONTIGO? QUISIERA VER LA TUMBA DE LOLLY OTRA VEZ.
¡POR SUPUESTO! ¡CON GUSTO!
POWER
Red Bul
FIRE

IX
DESPUÉS DE REDBONE
(1990-2018)

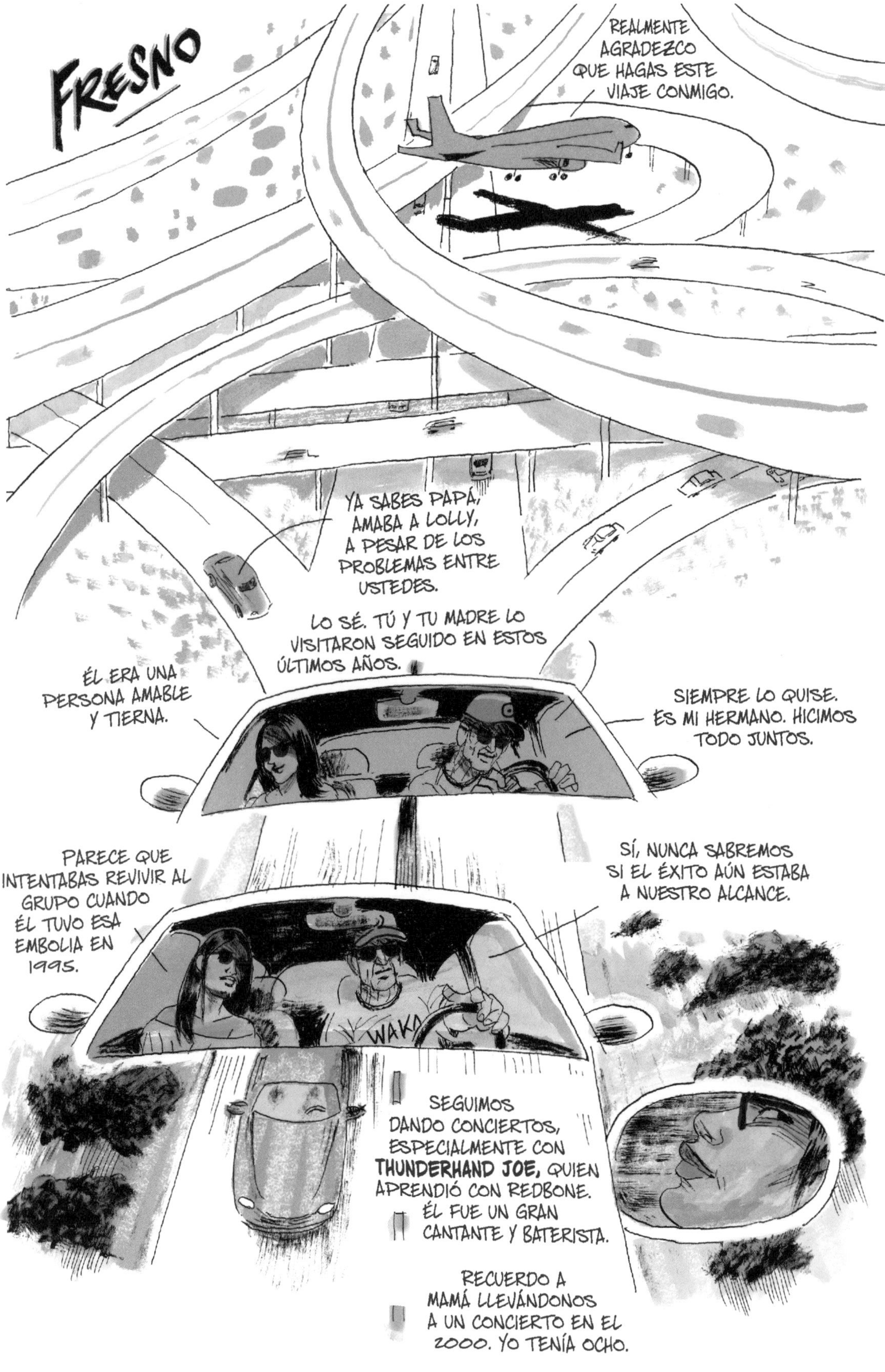
FRESNO
REALMENTE AGRADEZCO QUE HAGAS ESTE VIAJE CONMIGO.
YA SABES PAPÁ, AMABA A LOLLY, A PESAR DE LOS PROBLEMAS ENTRE USTEDES.
LO SÉ. TÚ Y TU MADRE LO VISITARON SEGUIDO EN ESTOS ÚLTIMOS AÑOS.
ÉL ERA UNA PERSONA AMABLE Y TIERNA.
SIEMPRE LO QUISE. ES MI HERMANO. HICIMOS TODO JUNTOS.
PARECE QUE INTENTABAS REVIVIR AL GRUPO CUANDO ÉL TUVO ESA EMBOLIA EN 1995.
SÍ, NUNCA SABREMOS SI EL ÉXITO AÚN ESTABA A NUESTRO ALCANCE.
WAKA
SEGUIMOS DANDO CONCIERTOS, ESPECIALMENTE CON **THUNDERHAND JOE,** QUIEN APRENDIÓ CON REDBONE. ÉL FUE UN GRAN CANTANTE Y BATERISTA.
RECUERDO A MAMÁ LLEVÁNDONOS A UN CONCIERTO EN EL 2000. YO TENÍA OCHO.

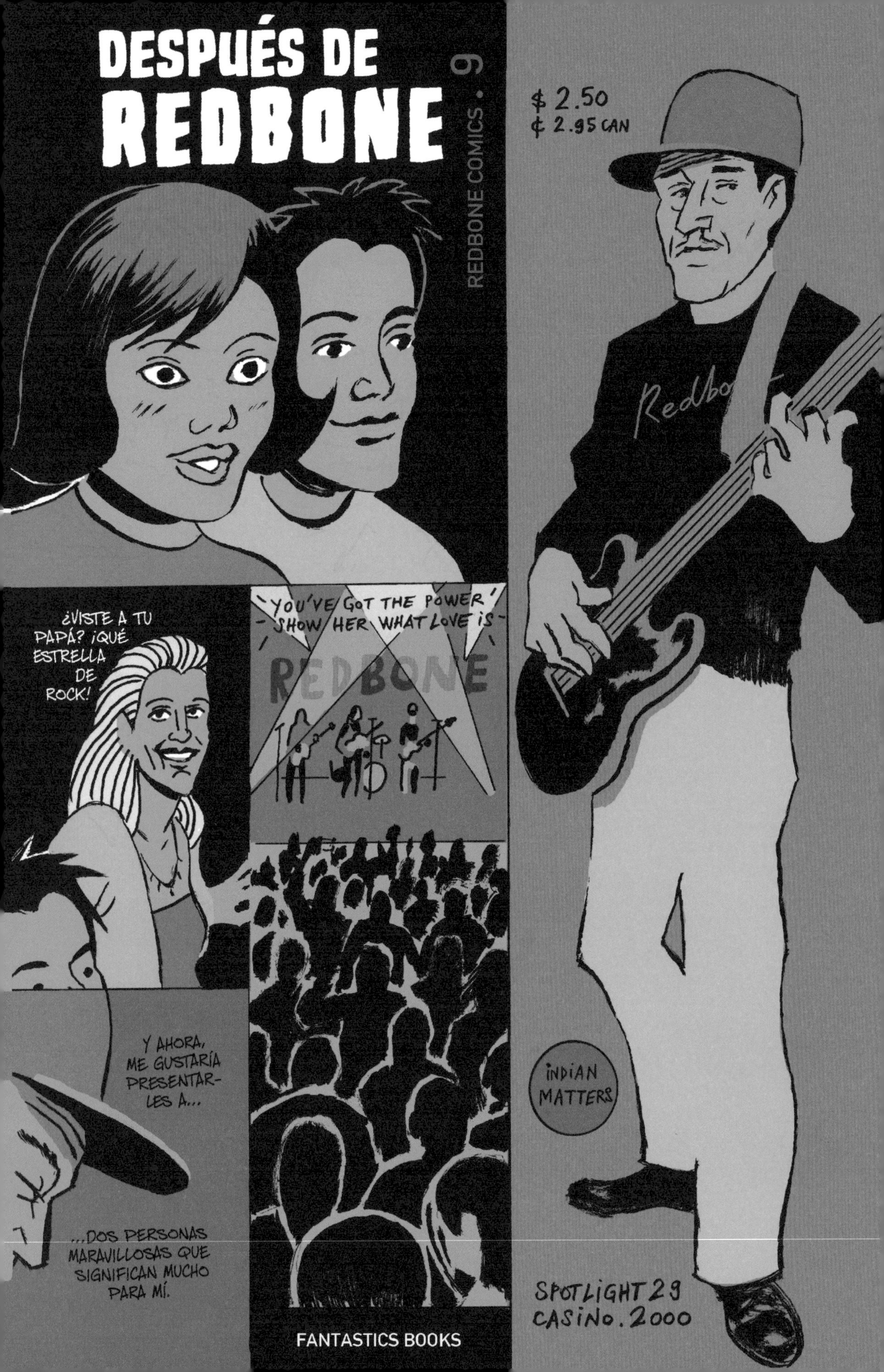
DESPUÉS DE
REDBONE
REDBONE COMICS • 9
$ 2.50
$ 2.95 CAN
Redbone
¿VISTE A TU PAPÁ? ¡QUÉ ESTRELLA DE ROCK!
YOU'VE GOT THE POWER SHOW HER WHAT LOVE IS
REDBONE
Y AHORA, ME GUSTARÍA PRESENTARLES A...
...DOS PERSONAS MARAVILLOSAS QUE SIGNIFICAN MUCHO PARA MÍ.
INDIAN MATTERS
SPOTLIGHT 29
CASINO. 2000
FANTASTICS BOOKS

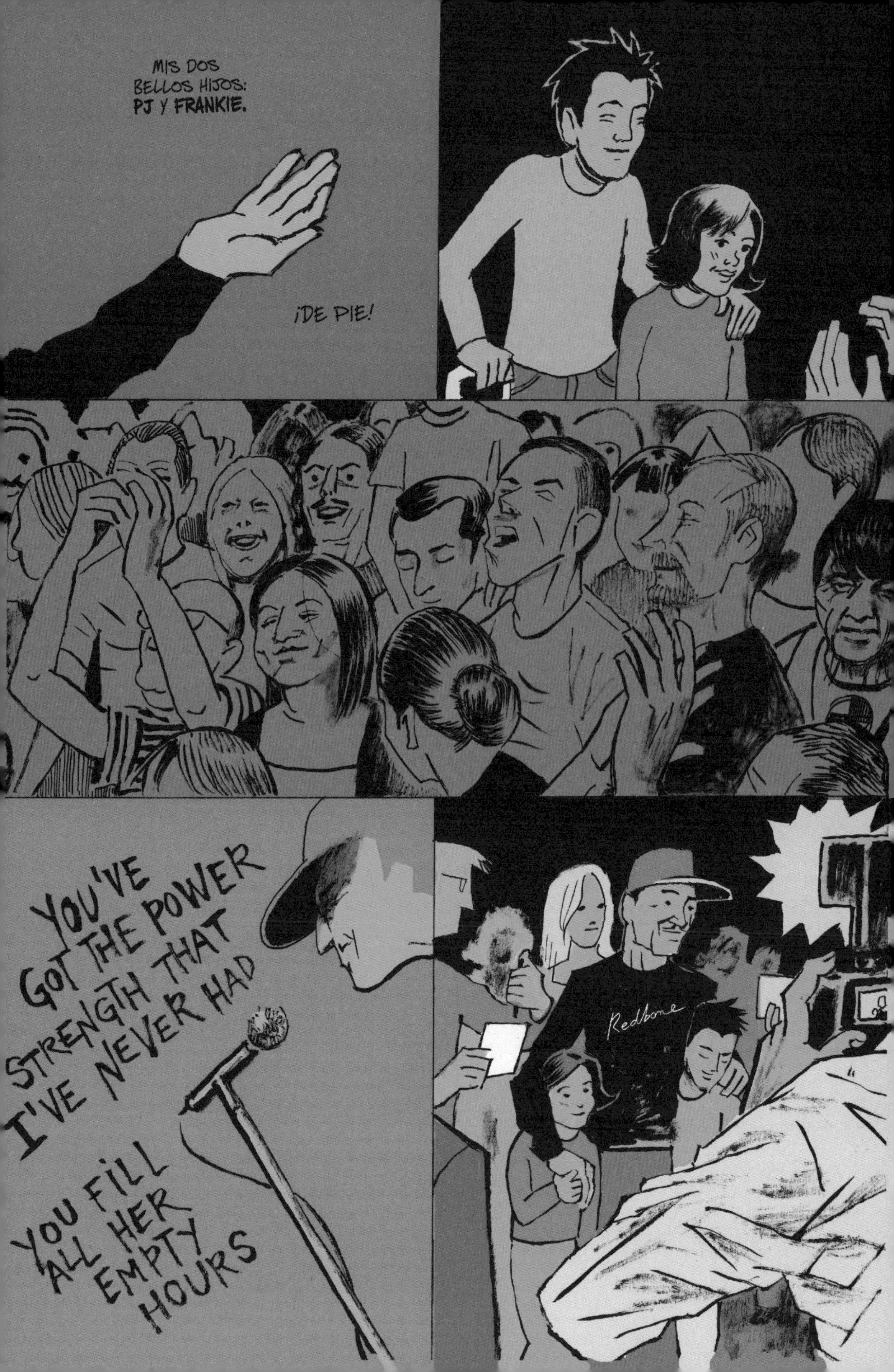
MIS DOS
BELLOS HIJOS:
PJ Y FRANKIE.
¡DE PIE!
YOU'VE
GOT THE POWER
STRENGTH THAT
I'VE NEVER HAD
YOU FILL
ALL HER
EMPTY
HOURS
Redbone

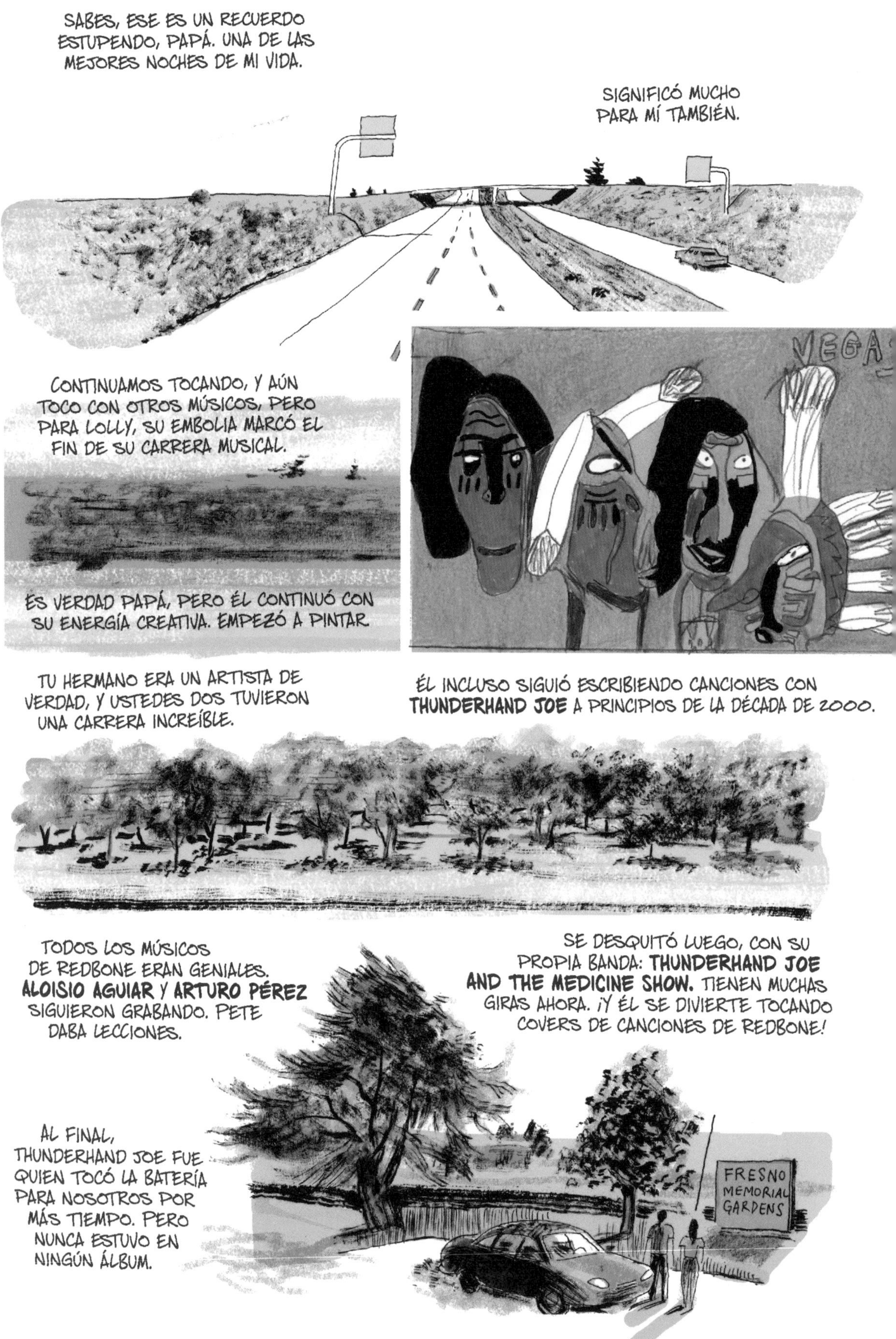
SABES, ESE ES UN RECUERDO ESTUPENDO, PAPÁ. UNA DE LAS MEJORES NOCHES DE MI VIDA.
SIGNIFICÓ MUCHO PARA MÍ TAMBIÉN.
CONTINUAMOS TOCANDO, Y AÚN TOCO CON OTROS MÚSICOS, PERO PARA LOLLY, SU EMBOLIA MARCÓ EL FIN DE SU CARRERA MUSICAL.
ES VERDAD PAPÁ, PERO ÉL CONTINUÓ CON SU ENERGÍA CREATIVA. EMPEZÓ A PINTAR.
TU HERMANO ERA UN ARTISTA DE VERDAD, Y USTEDES DOS TUVIERON UNA CARRERA INCREÍBLE.
ÉL INCLUSO SIGUIÓ ESCRIBIENDO CANCIONES CON **THUNDERHAND JOE** A PRINCIPIOS DE LA DÉCADA DE 2000.
TODOS LOS MÚSICOS DE REDBONE ERAN GENIALES. **ALOISIO AGUIAR** Y **ARTURO PÉREZ** SIGUIERON GRABANDO. PETE DABA LECCIONES.
SE DESQUITÓ LUEGO, CON SU PROPIA BANDA: **THUNDERHAND JOE AND THE MEDICINE SHOW.** TIENEN MUCHAS GIRAS AHORA. ¡Y ÉL SE DIVIERTE TOCANDO COVERS DE CANCIONES DE REDBONE!
AL FINAL, THUNDERHAND JOE FUE QUIEN TOCÓ LA BATERÍA PARA NOSOTROS POR MÁS TIEMPO. PERO NUNCA ESTUVO EN NINGÚN ÁLBUM.
FRESNO MEMORIAL GARDENS

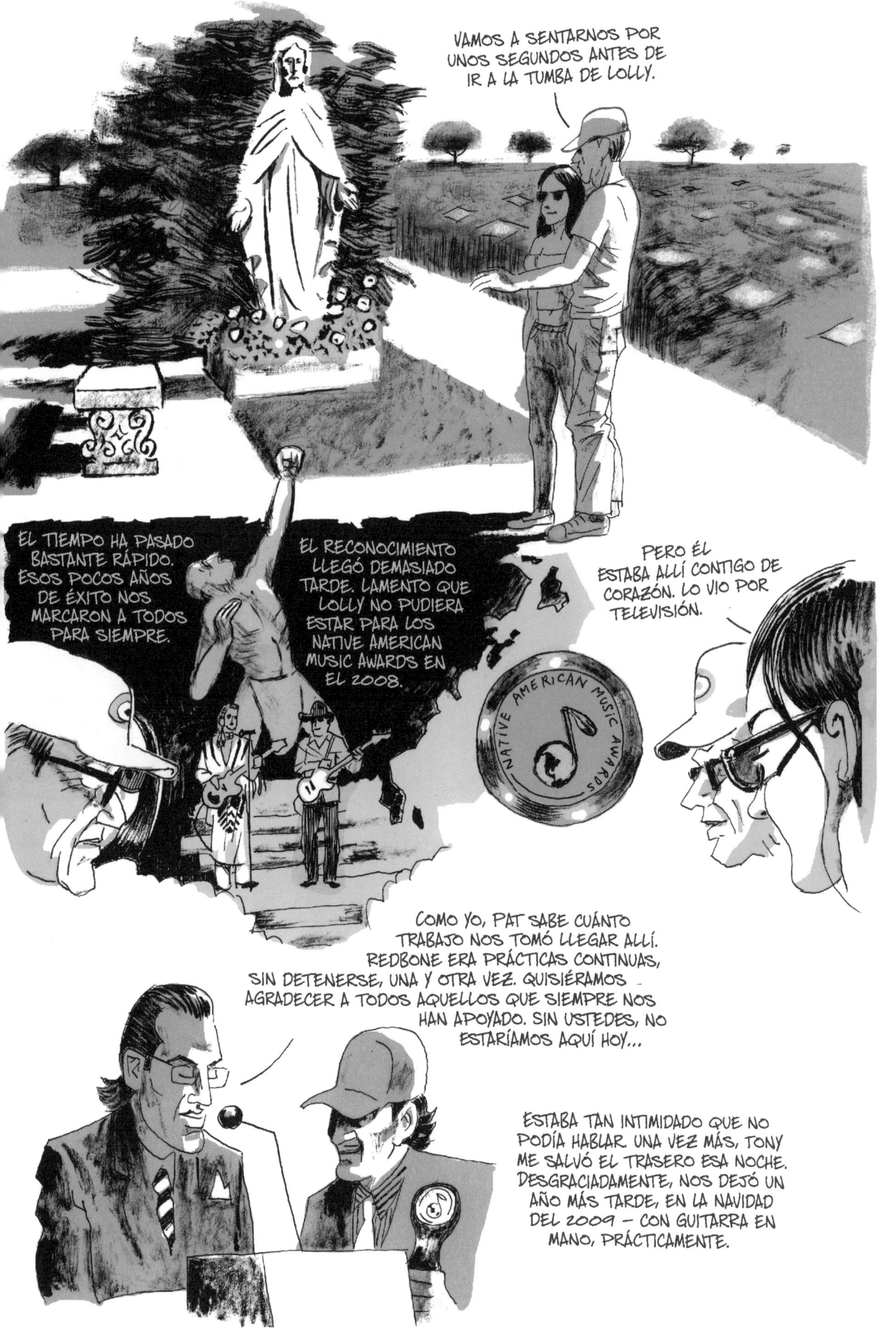
VAMOS A SENTARNOS POR UNOS SEGUNDOS ANTES DE IR A LA TUMBA DE LOLLY.
EL TIEMPO HA PASADO BASTANTE RÁPIDO. ESOS POCOS AÑOS DE ÉXITO NOS MARCARON A TODOS PARA SIEMPRE.
EL RECONOCIMIENTO LLEGÓ DEMASIADO TARDE. LAMENTO QUE LOLLY NO PUDIERA ESTAR PARA LOS NATIVE AMERICAN MUSIC AWARDS EN EL 2008.
NATIVE AMERICAN MUSIC AWARDS
PERO ÉL ESTABA ALLÍ CONTIGO DE CORAZÓN. LO VIO POR TELEVISIÓN.
COMO YO, PAT SABE CUÁNTO TRABAJO NOS TOMÓ LLEGAR ALLÍ. REDBONE ERA PRÁCTICAS CONTINUAS, SIN DETENERSE, UNA Y OTRA VEZ. QUISIÉRAMOS AGRADECER A TODOS AQUELLOS QUE SIEMPRE NOS HAN APOYADO. SIN USTEDES, NO ESTARÍAMOS AQUÍ HOY...
ESTABA TAN INTIMIDADO QUE NO PODÍA HABLAR. UNA VEZ MÁS, TONY ME SALVÓ EL TRASERO ESA NOCHE. DESGRACIADAMENTE, NOS DEJÓ UN AÑO MÁS TARDE, EN LA NAVIDAD DEL 2009 – CON GUITARRA EN MANO, PRÁCTICAMENTE.

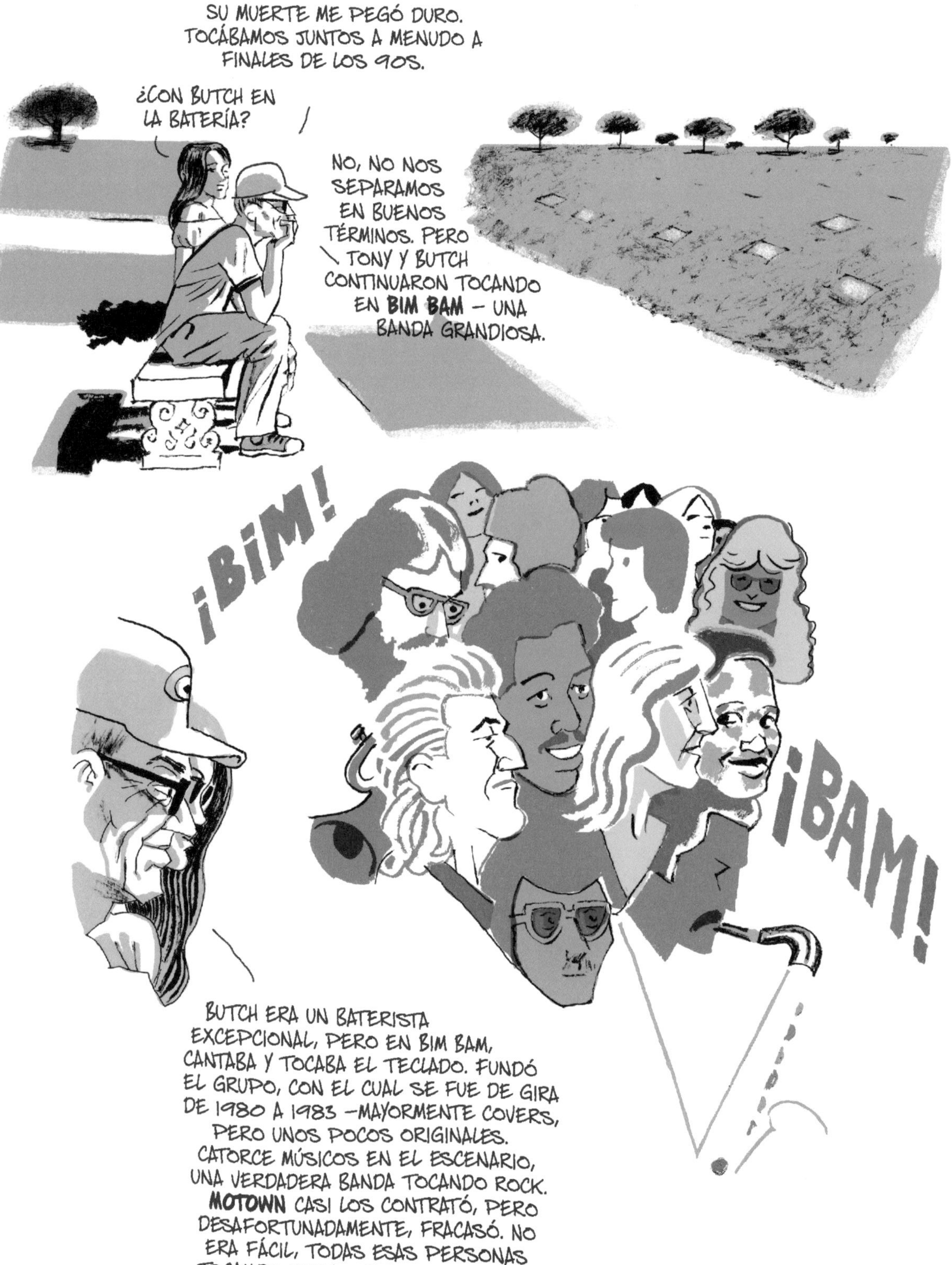
SU MUERTE ME PEGÓ DURO. TOCÁBAMOS JUNTOS A MENUDO A FINALES DE LOS 90S.
¿CON BUTCH EN LA BATERÍA?
NO, NO NOS SEPARAMOS EN BUENOS TÉRMINOS. PERO TONY Y BUTCH CONTINUARON TOCANDO EN BIM BAM – UNA BANDA GRANDIOSA.
¡BIM!
¡BAM!
BUTCH ERA UN BATERISTA EXCEPCIONAL, PERO EN BIM BAM, CANTABA Y TOCABA EL TECLADO. FUNDÓ EL GRUPO, CON EL CUAL SE FUE DE GIRA DE 1980 A 1983 –MAYORMENTE COVERS, PERO UNOS POCOS ORIGINALES. CATORCE MÚSICOS EN EL ESCENARIO, UNA VERDADERA BANDA TOCANDO ROCK. MOTOWN CASI LOS CONTRATÓ, PERO DESAFORTUNADAMENTE, FRACASÓ. NO ERA FÁCIL, TODAS ESAS PERSONAS TOCANDO JUNTAS. ERA SU FORTALEZA Y SU DEBILIDAD.

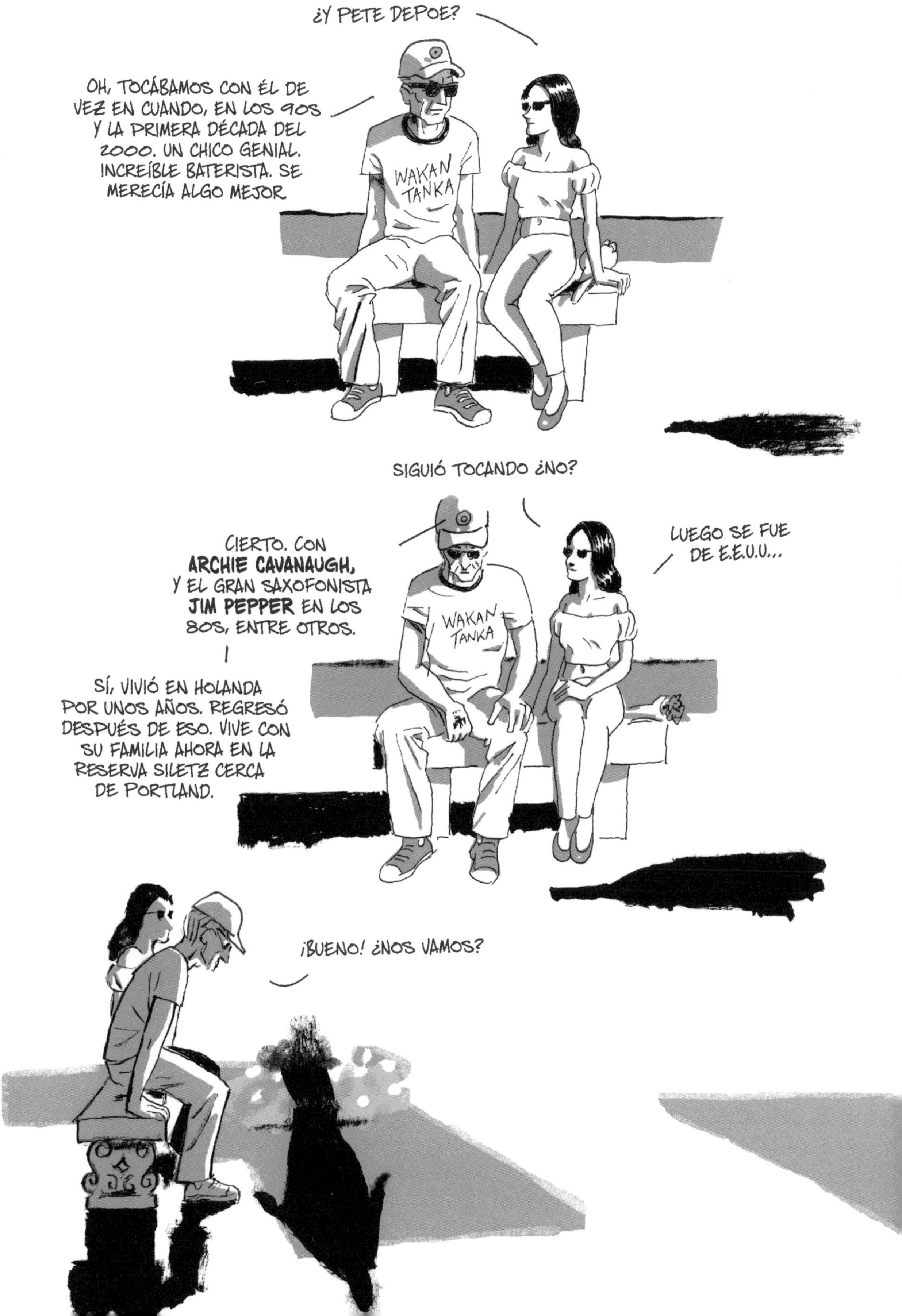
¿Y PETE DEPOE?
OH, TOCÁBAMOS CON ÉL DE VEZ EN CUANDO, EN LOS 90S Y LA PRIMERA DÉCADA DEL 2000. UN CHICO GENIAL. INCREÍBLE BATERISTA. SE MERECÍA ALGO MEJOR
WAKAN TANKA
SIGUIÓ TOCANDO ¿NO?
CIERTO. CON **ARCHIE CAVANAUGH,** Y EL GRAN SAXOFONISTA **JIM PEPPER** EN LOS 80S, ENTRE OTROS.
WAKAN TANKA
LUEGO SE FUE DE E.E.U.U...
SÍ, VIVIÓ EN HOLANDA POR UNOS AÑOS. REGRESÓ DESPUÉS DE ESO. VIVE CON SU FAMILIA AHORA EN LA RESERVA SILETZ CERCA DE PORTLAND.
¡BUENO! ¿NOS VAMOS?

IX
NIÑEZ
(1941-1959)

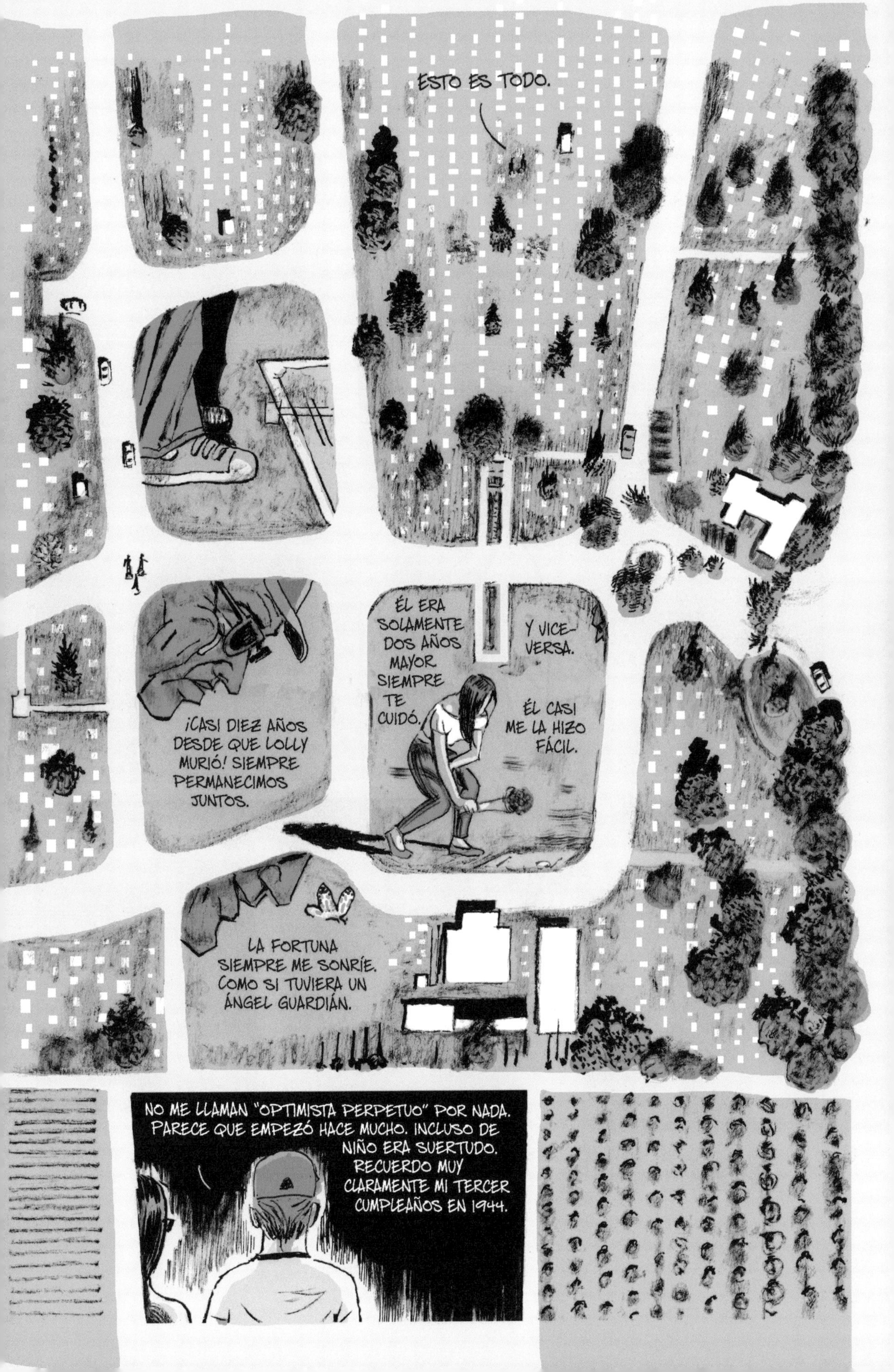
ESTO ES TODO.
¡CASI DIEZ AÑOS DESDE QUE LOLLY MURIÓ! SIEMPRE PERMANECIMOS JUNTOS.
ÉL ERA SOLAMENTE DOS AÑOS MAYOR SIEMPRE TE CUIDÓ.
Y VICE-VERSA.
ÉL CASI ME LA HIZO FÁCIL.
LA FORTUNA SIEMPRE ME SONRÍE. COMO SI TUVIERA UN ÁNGEL GUARDIÁN.
NO ME LLAMAN "OPTIMISTA PERPETUO" POR NADA. PARECE QUE EMPEZÓ HACE MUCHO. INCLUSO DE NIÑO ERA SUERTUDO.
RECUERDO MUY CLARAMENTE MI TERCER CUMPLEAÑOS EN 1944.

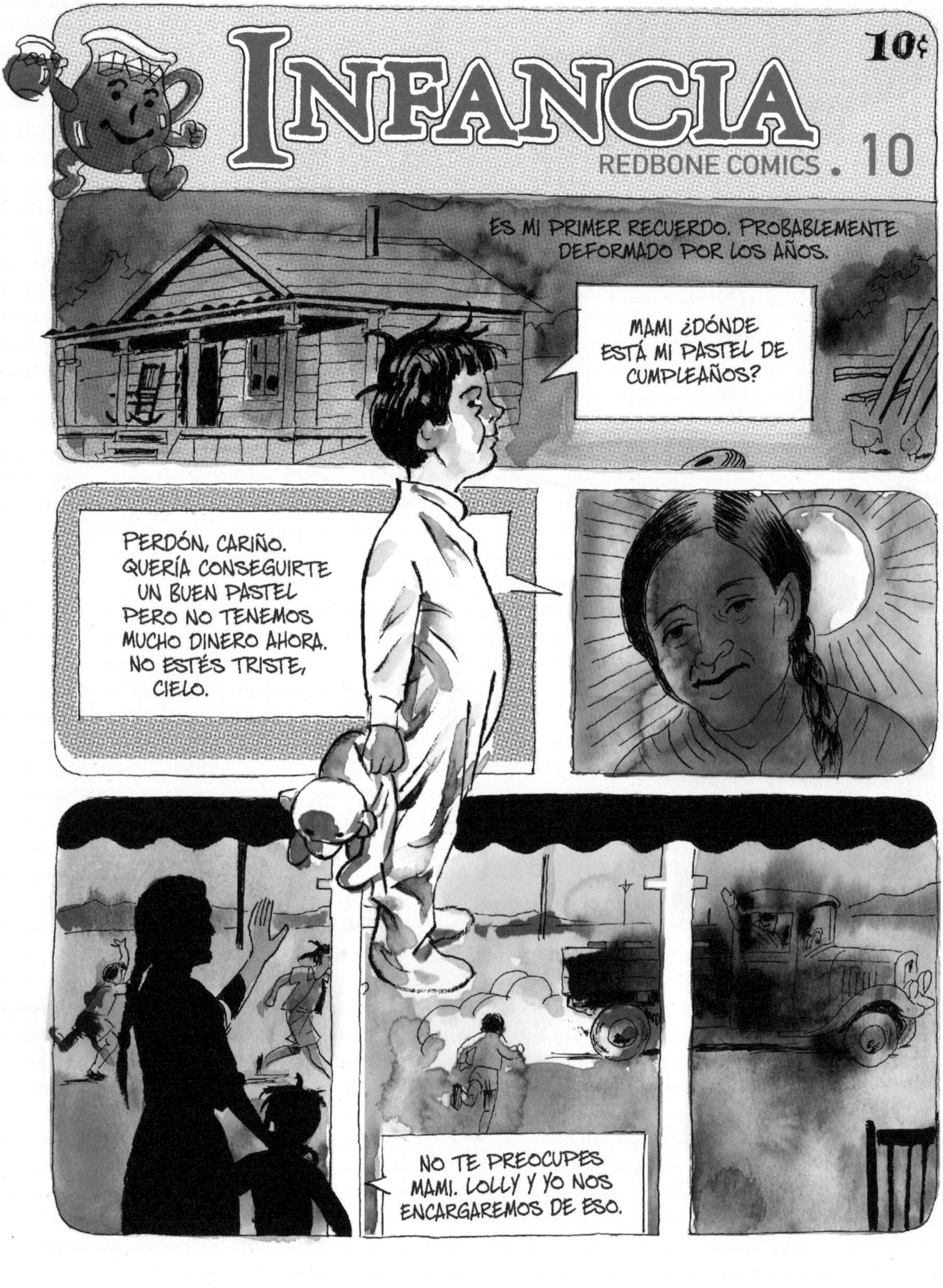
INFANCIA
10¢
REDBONE COMICS . 10
ES MI PRIMER RECUERDO. PROBABLEMENTE DEFORMADO POR LOS AÑOS.
MAMI ¿DÓNDE ESTÁ MI PASTEL DE CUMPLEAÑOS?
PERDÓN, CARIÑO. QUERÍA CONSEGUIRTE UN BUEN PASTEL PERO NO TENEMOS MUCHO DINERO AHORA. NO ESTÉS TRISTE, CIELO.
NO TE PREOCUPES MAMI. LOLLY Y YO NOS ENCARGAREMOS DE ESO.

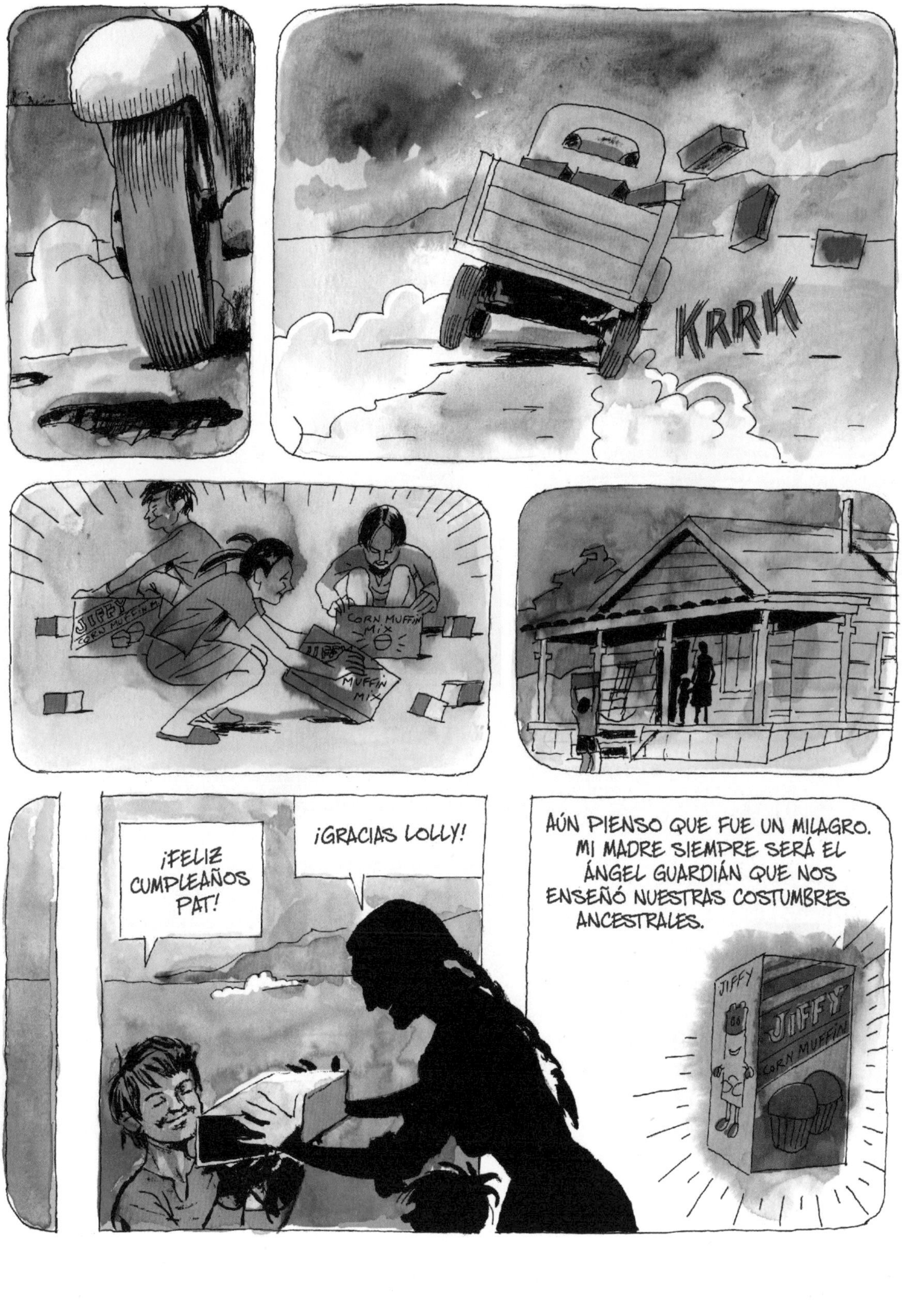
KRRK
JIFFY
CORN MUFFIN MIX
MUFFIN MIX
¡FELIZ CUMPLEAÑOS PAT!
¡GRACIAS LOLLY!
AÚN PIENSO QUE FUE UN MILAGRO. MI MADRE SIEMPRE SERÁ EL ÁNGEL GUARDIÁN QUE NOS ENSEÑÓ NUESTRAS COSTUMBRES ANCESTRALES.
JIFFY
JIFFY CORN MUFFIN

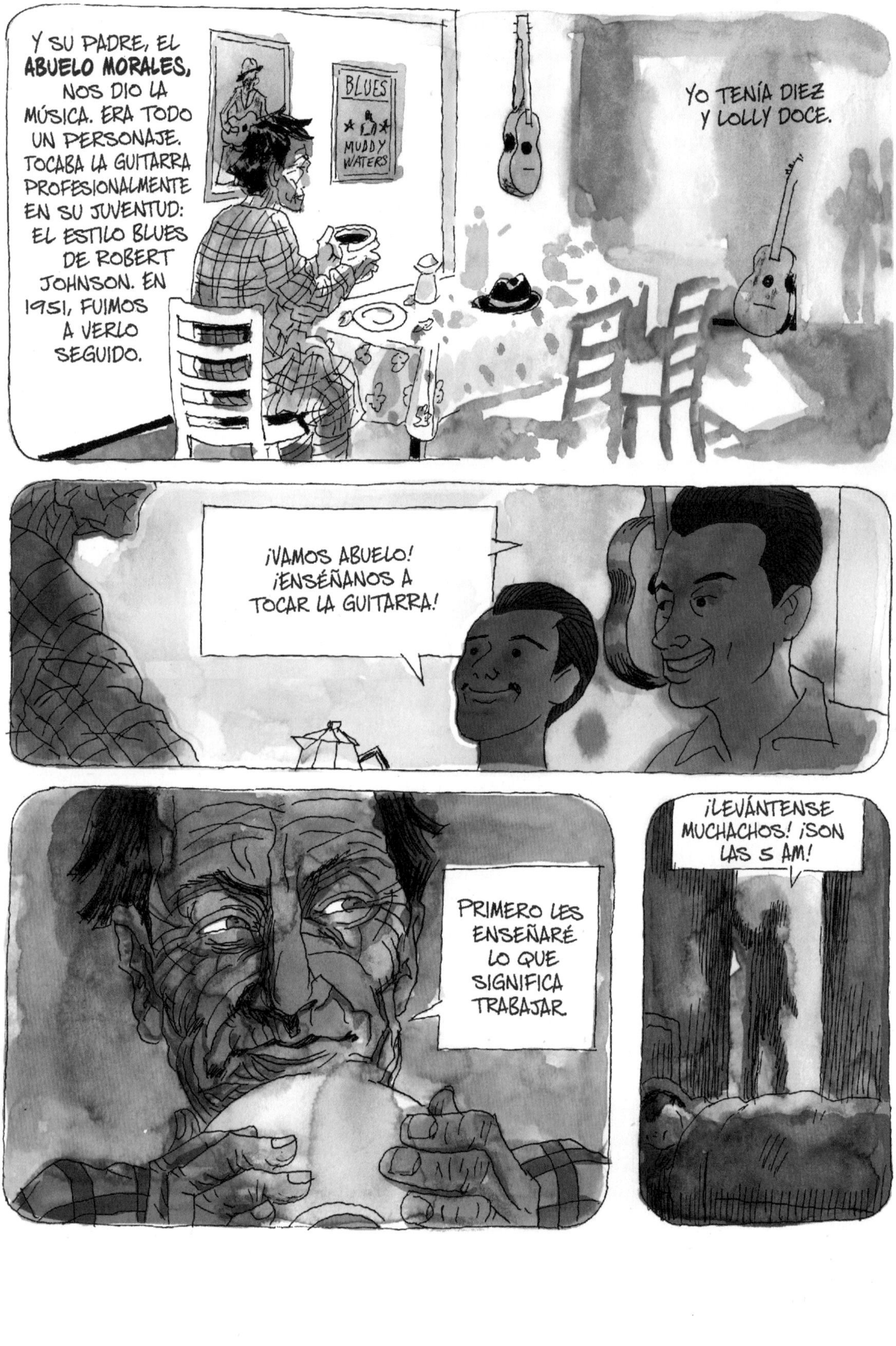
Y SU PADRE, EL **ABUELO MORALES,** NOS DIO LA MÚSICA. ERA TODO UN PERSONAJE. TOCABA LA GUITARRA PROFESIONALMENTE EN SU JUVENTUD: EL ESTILO BLUES DE ROBERT JOHNSON. EN 1951, FUIMOS A VERLO SEGUIDO.
BLUES
MUDDY WATERS
YO TENÍA DIEZ Y LOLLY DOCE.
¡VAMOS ABUELO! ¡ENSÉÑANOS A TOCAR LA GUITARRA!
PRIMERO LES ENSEÑARÉ LO QUE SIGNIFICA TRABAJAR.
¡LEVÁNTENSE MUCHACHOS! ¡SON LAS 5 AM!

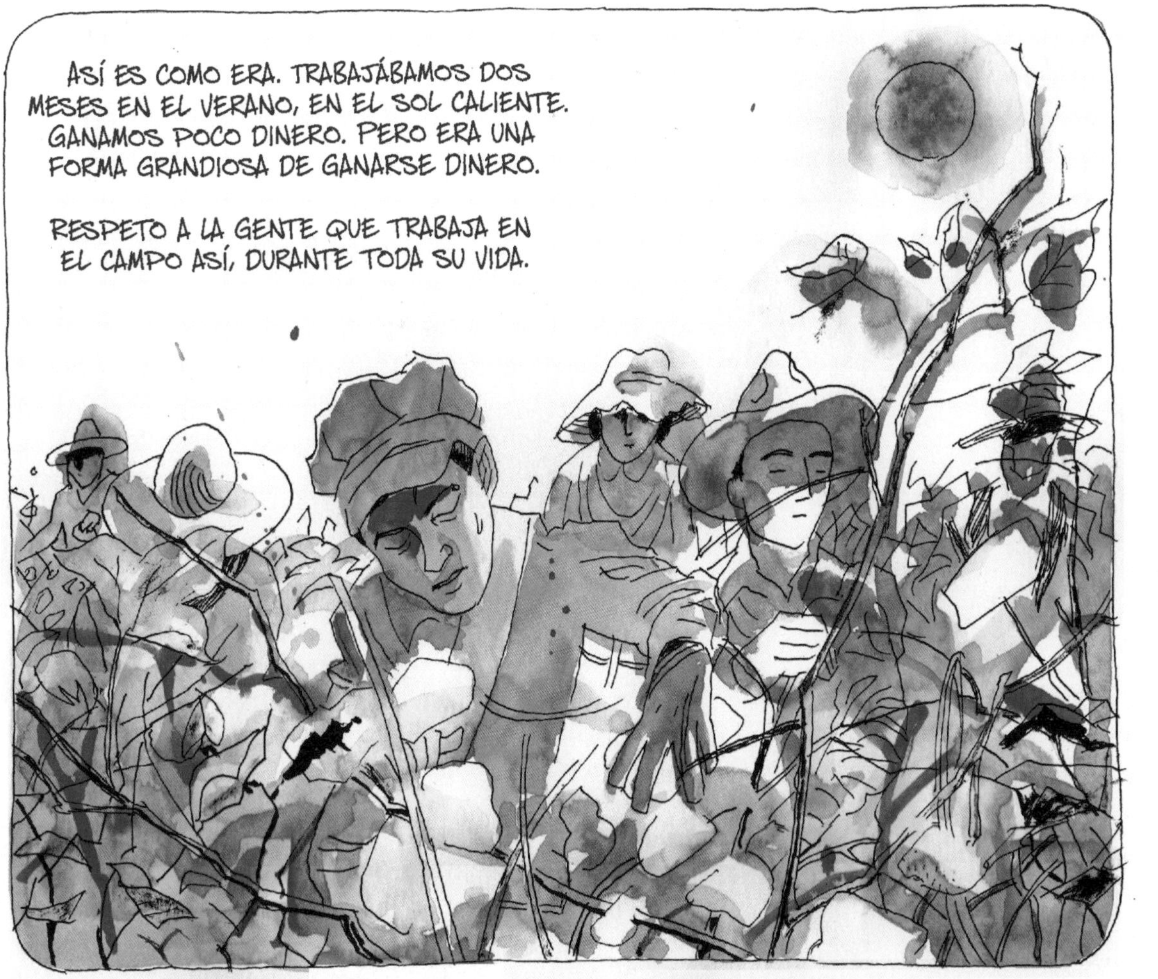
ASÍ ES COMO ERA. TRABAJÁBAMOS DOS MESES EN EL VERANO, EN EL SOL CALIENTE. GANAMOS POCO DINERO. PERO ERA UNA FORMA GRANDIOSA DE GANARSE DINERO.
RESPETO A LA GENTE QUE TRABAJA EN EL CAMPO ASÍ, DURANTE TODA SU VIDA.

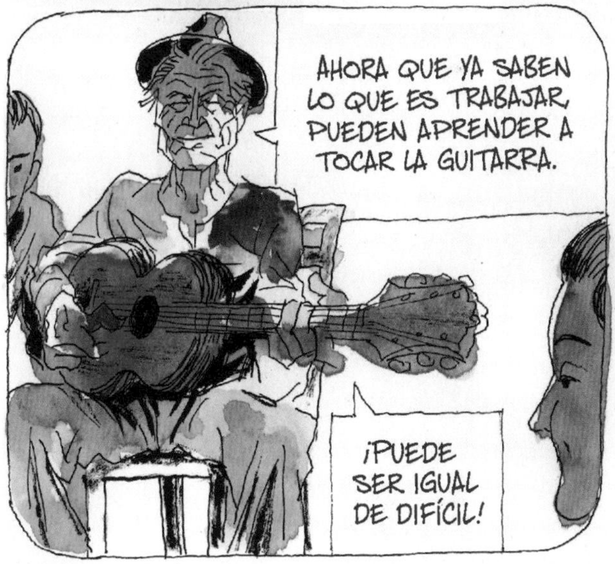
AHORA QUE YA SABEN LO QUE ES TRABAJAR, PUEDEN APRENDER A TOCAR LA GUITARRA.
¡PUEDE SER IGUAL DE DIFÍCIL!

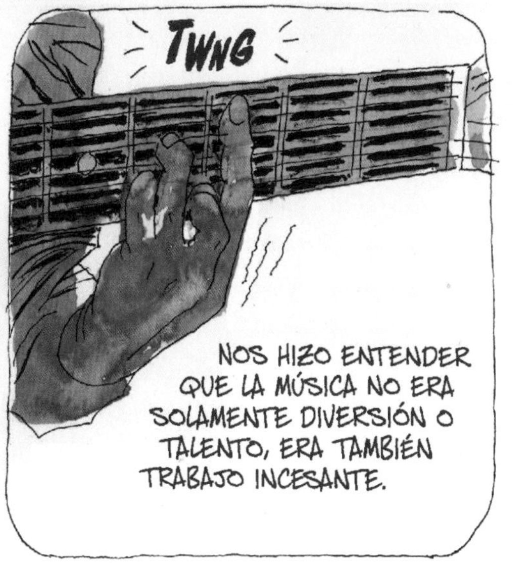
TWNG
NOS HIZO ENTENDER QUE LA MÚSICA NO ERA SOLAMENTE DIVERSIÓN O TALENTO, ERA TAMBIÉN TRABAJO INCESANTE.

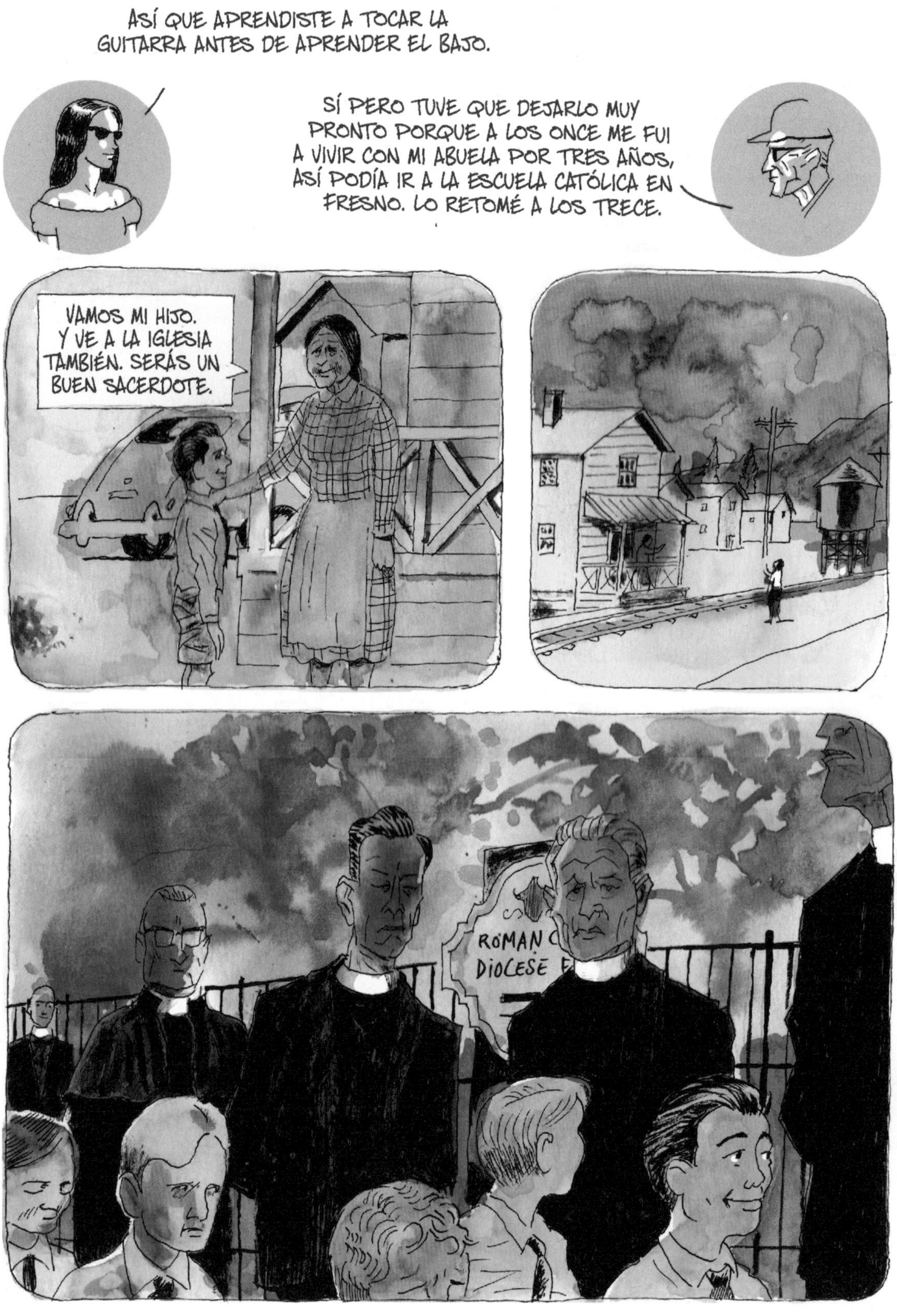

ASÍ QUE APRENDISTE A TOCAR LA GUITARRA ANTES DE APRENDER EL BAJO.
SÍ PERO TUVE QUE DEJARLO MUY PRONTO PORQUE A LOS ONCE ME FUI A VIVIR CON MI ABUELA POR TRES AÑOS, ASÍ PODÍA IR A LA ESCUELA CATÓLICA EN FRESNO. LO RETOMÉ A LOS TRECE.
VAMOS MI HIJO. Y VE A LA IGLESIA TAMBIÉN. SERÁS UN BUEN SACERDOTE.
ROMAN
DIOCESE

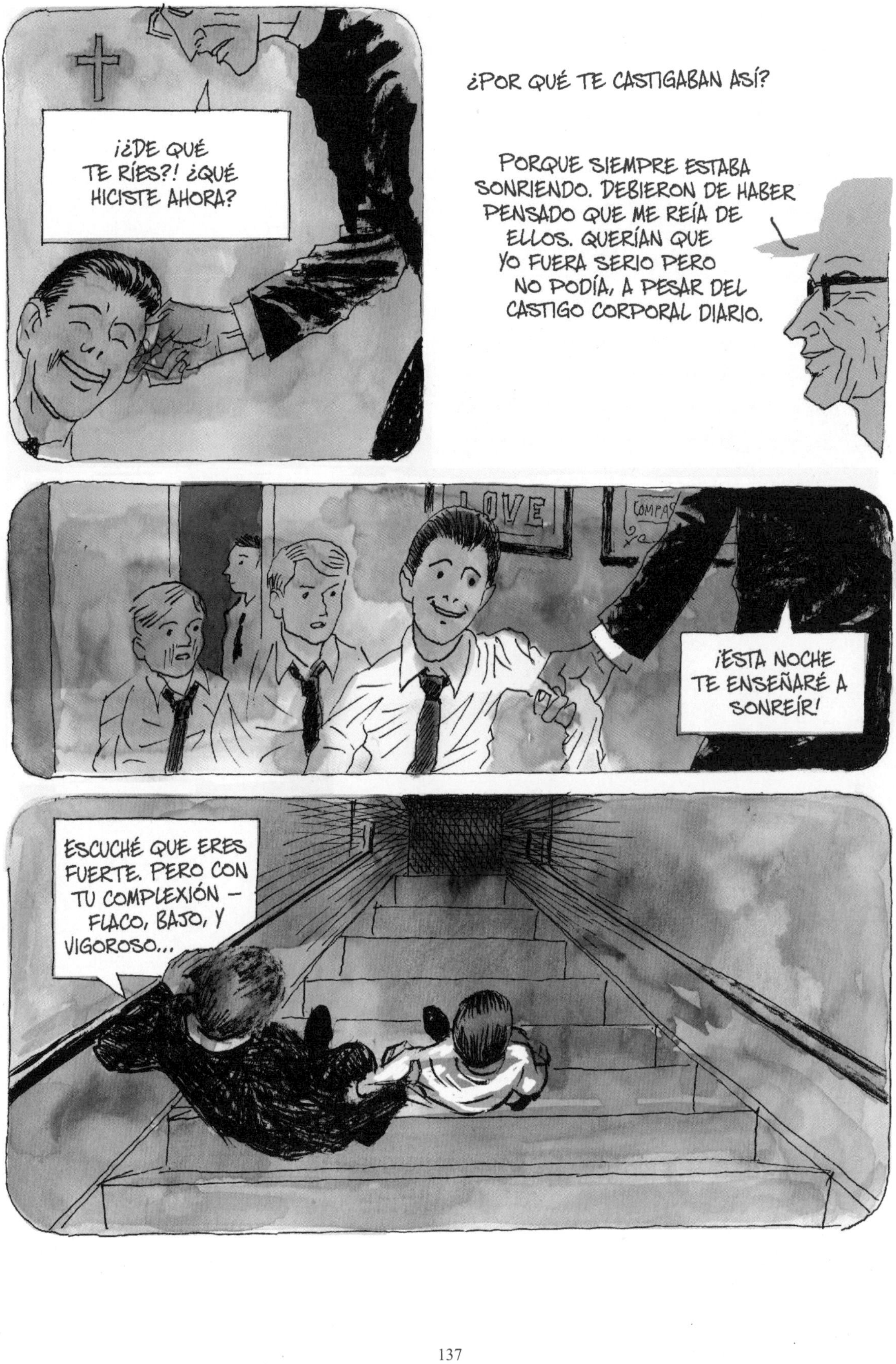
¡¿DE QUÉ TE RÍES?! ¿QUÉ HICISTE AHORA?
¿POR QUÉ TE CASTIGABAN ASÍ?
PORQUE SIEMPRE ESTABA SONRIENDO. DEBIERON DE HABER PENSADO QUE ME REÍA DE ELLOS. QUERÍAN QUE YO FUERA SERIO PERO NO PODÍA, A PESAR DEL CASTIGO CORPORAL DIARIO.
LOVE
¡ESTA NOCHE TE ENSEÑARÉ A SONREÍR!
ESCUCHÉ QUE ERES FUERTE. PERO CON TU COMPLEXIÓN — FLACO, BAJO, Y VIGOROSO...

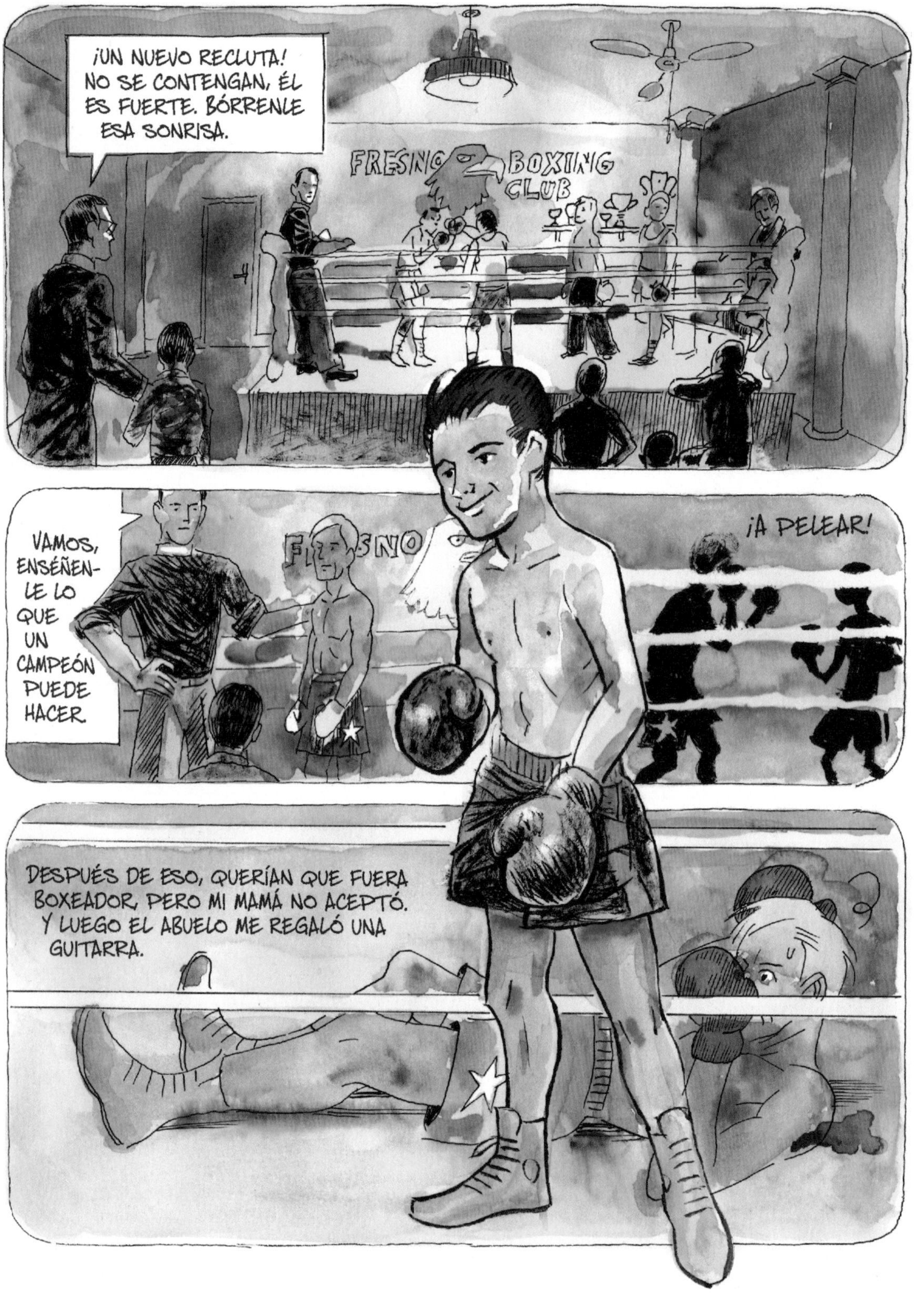
¡UN NUEVO RECLUTA! NO SE CONTENGAN, ÉL ES FUERTE. BÓRRENLE ESA SONRISA.
FRESNO BOXING CLUB
VAMOS, ENSÉÑEN-LE LO QUE UN CAMPEÓN PUEDE HACER.
¡A PELEAR!
DESPUÉS DE ESO, QUERÍAN QUE FUERA BOXEADOR, PERO MI MAMÁ NO ACEPTÓ. Y LUEGO EL ABUELO ME REGALÓ UNA GUITARRA.

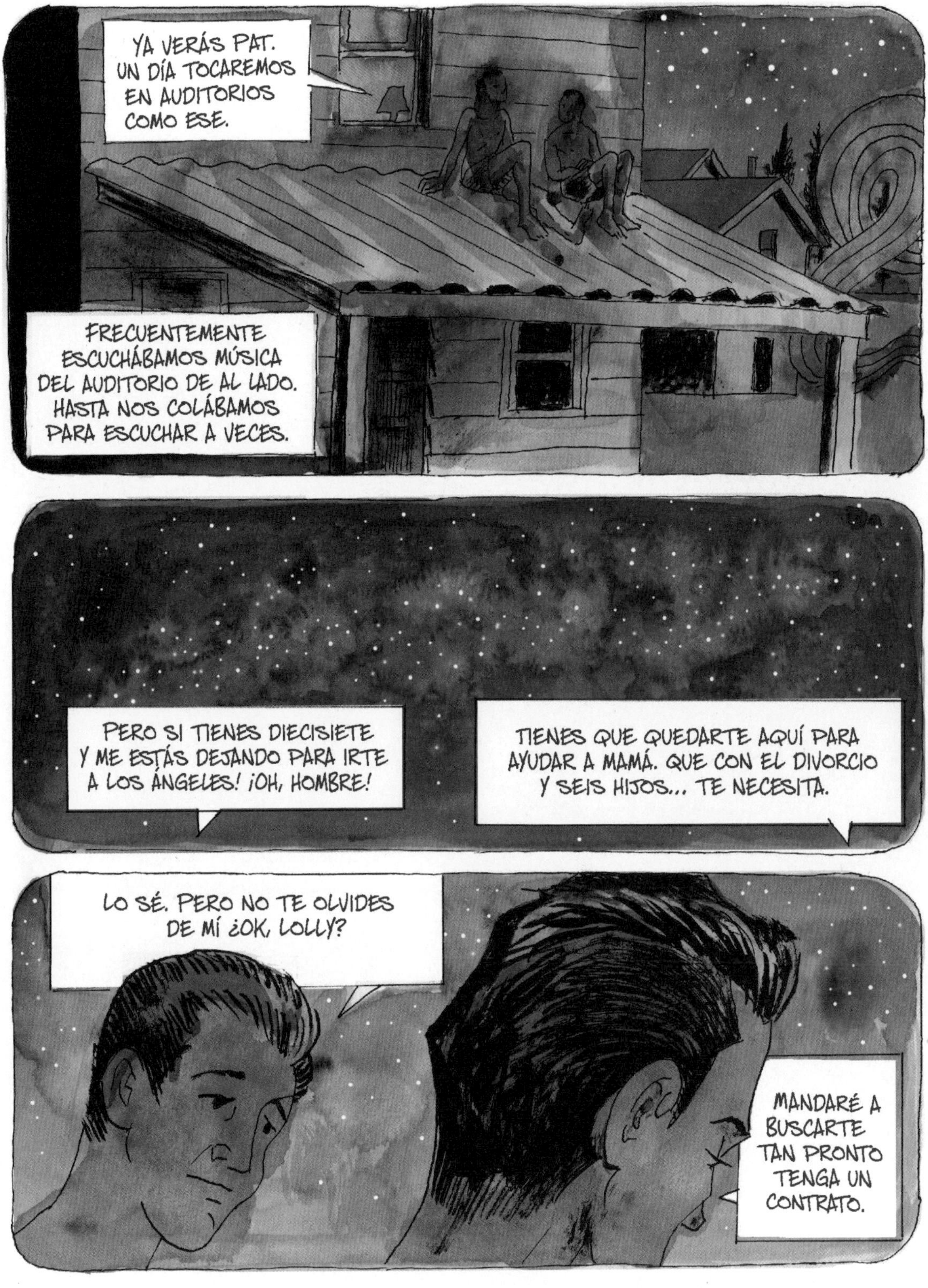
YA VERÁS PAT. UN DÍA TOCAREMOS EN AUDITORIOS COMO ESE.
FRECUENTEMENTE ESCUCHÁBAMOS MÚSICA DEL AUDITORIO DE AL LADO. HASTA NOS COLÁBAMOS PARA ESCUCHAR A VECES.
PERO SI TIENES DIECISIETE Y ME ESTÁS DEJANDO PARA IRTE A LOS ÁNGELES! ¡OH, HOMBRE!
TIENES QUE QUEDARTE AQUÍ PARA AYUDAR A MAMÁ. QUE CON EL DIVORCIO Y SEIS HIJOS... TE NECESITA.
LO SÉ. PERO NO TE OLVIDES DE MÍ ¿OK, LOLLY?
MANDARÉ A BUSCARTE TAN PRONTO TENGA UN CONTRATO.

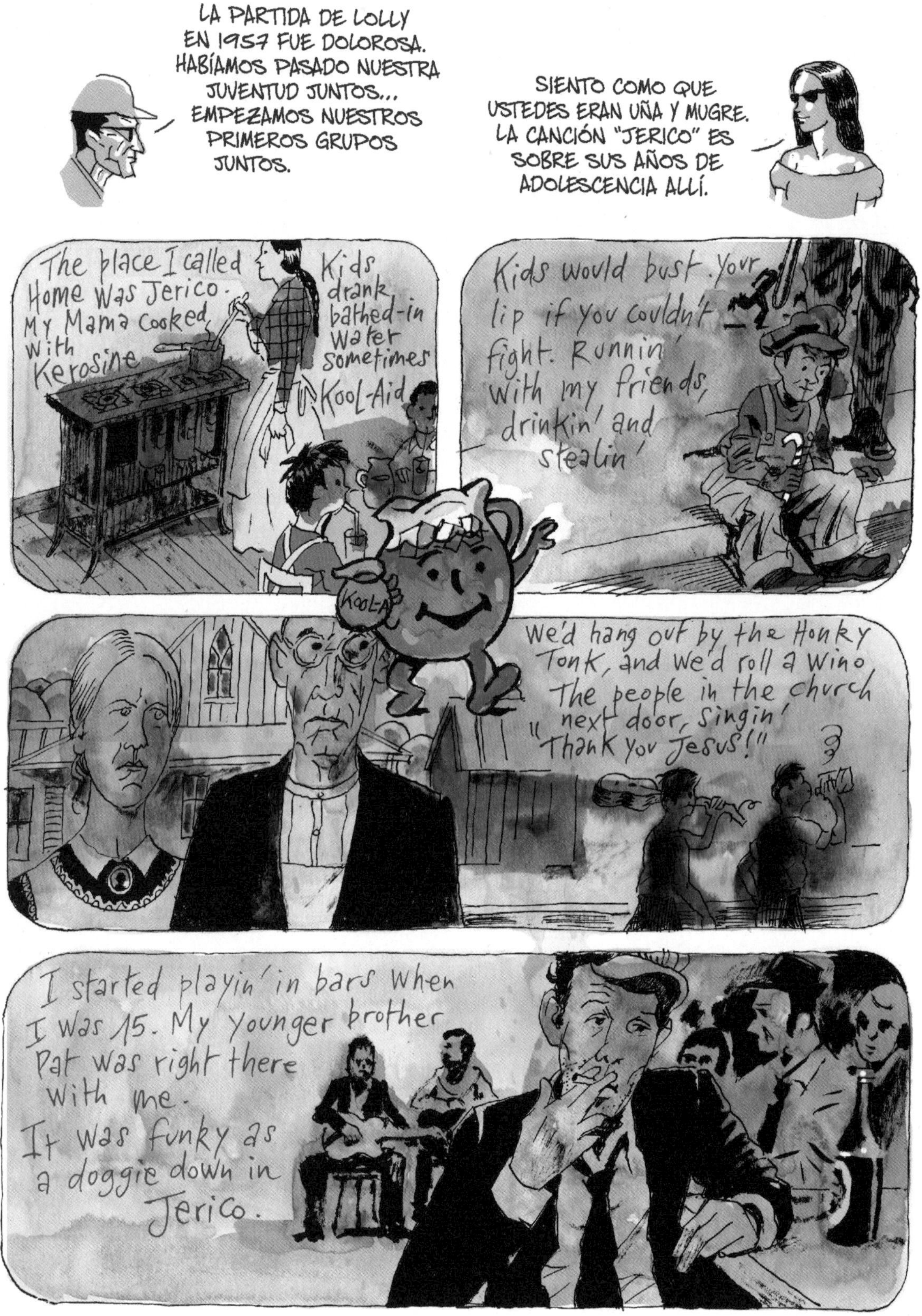
LA PARTIDA DE LOLLY EN 1957 FUE DOLOROSA. HABÍAMOS PASADO NUESTRA JUVENTUD JUNTOS... EMPEZAMOS NUESTROS PRIMEROS GRUPOS JUNTOS.
SIENTO COMO QUE USTEDES ERAN UÑA Y MUGRE. LA CANCIÓN "JERICO" ES SOBRE SUS AÑOS DE ADOLESCENCIA ALLÍ.
The place I called Home was Jerico. My Mama cooked with Kerosine
Kids drank bathed-in water sometimes Kool-Aid
KOOL-A
Kids would bust your lip if you couldn't fight. Runnin' with my friends, drinkin' and stealin'
We'd hang out by the Honky Tonk, and we'd roll a wino The people in the church next door, singin' "Thank you Jesus!"
I started playin' in bars when I was 15. My younger brother Pat was right there with me. It was funky as a doggie down in Jerico.

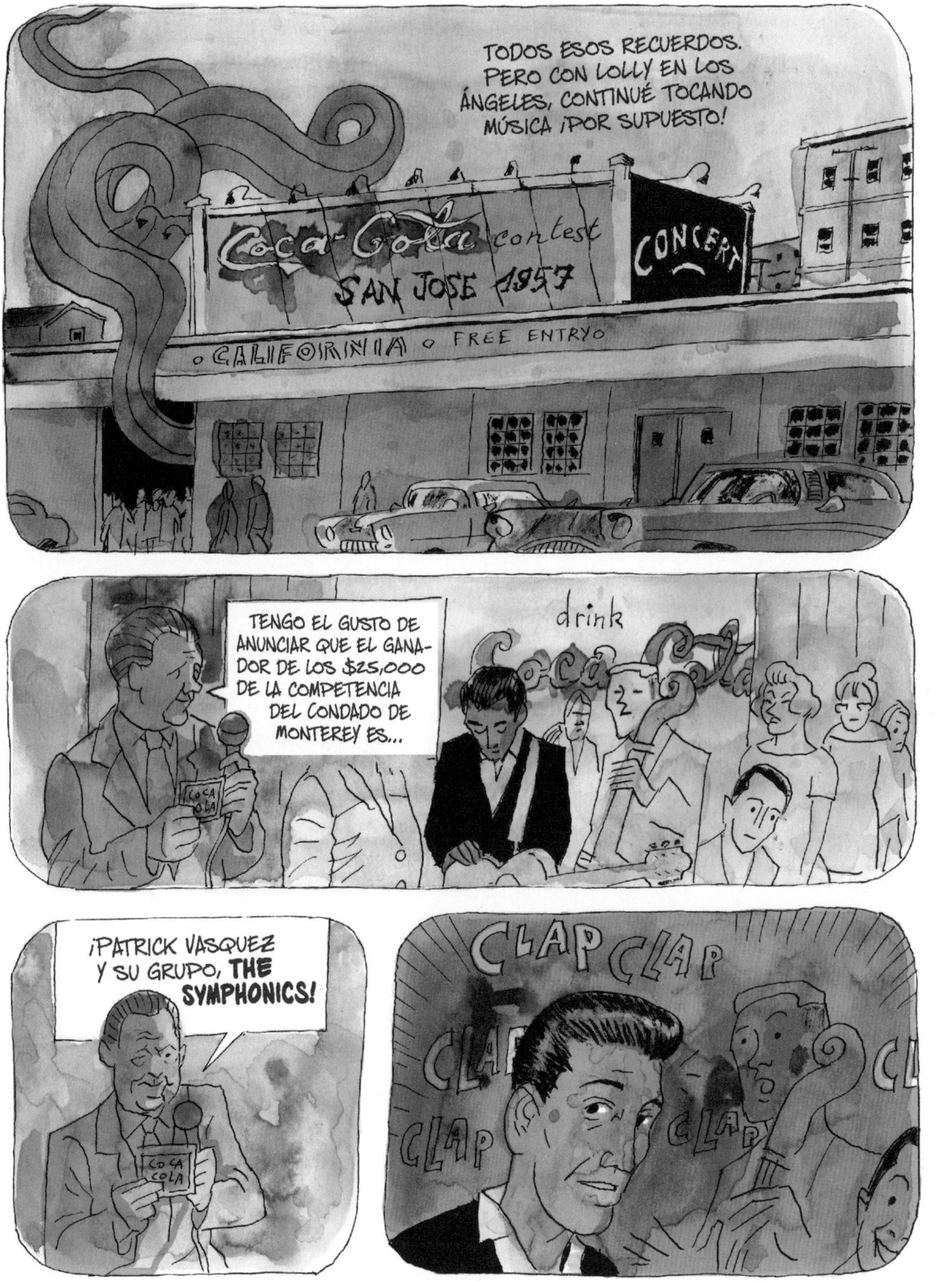
TODOS ESOS RECUERDOS. PERO CON LOLLY EN LOS ÁNGELES, CONTINUÉ TOCANDO MÚSICA ¡POR SUPUESTO!
Coca-Cola contest
SAN JOSE 1957
CONCERT
CALIFORNIA
FREE ENTRY
drink Coca-Cola
TENGO EL GUSTO DE ANUNCIAR QUE EL GANADOR DE LOS $25,000 DE LA COMPETENCIA DEL CONDADO DE MONTEREY ES...
COCA COLA
¡PATRICK VASQUEZ Y SU GRUPO, THE SYMPHONICS!
COCA COLA
CLAP CLAP
CLAP
CLAP
CLAP

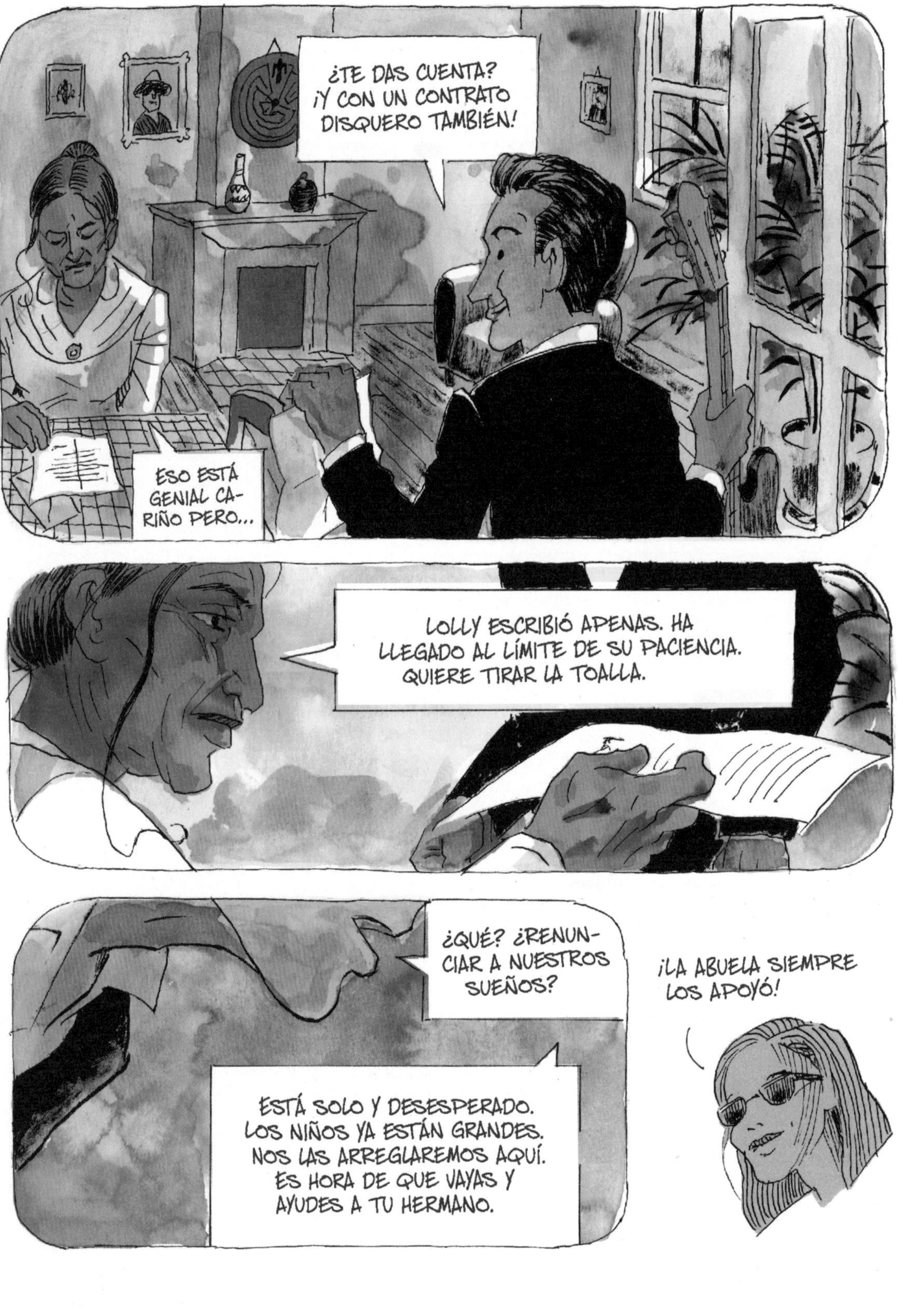
¿TE DAS CUENTA? ¡Y CON UN CONTRATO DISQUERO TAMBIÉN!
ESO ESTÁ GENIAL CARIÑO PERO...
LOLLY ESCRIBIÓ APENAS. HA LLEGADO AL LÍMITE DE SU PACIENCIA. QUIERE TIRAR LA TOALLA.
¿QUÉ? ¿RENUNCIAR A NUESTROS SUEÑOS?
ESTÁ SOLO Y DESESPERADO. LOS NIÑOS YA ESTÁN GRANDES. NOS LAS ARREGLAREMOS AQUÍ. ES HORA DE QUE VAYAS Y AYUDES A TU HERMANO.
¡LA ABUELA SIEMPRE LOS APOYÓ!

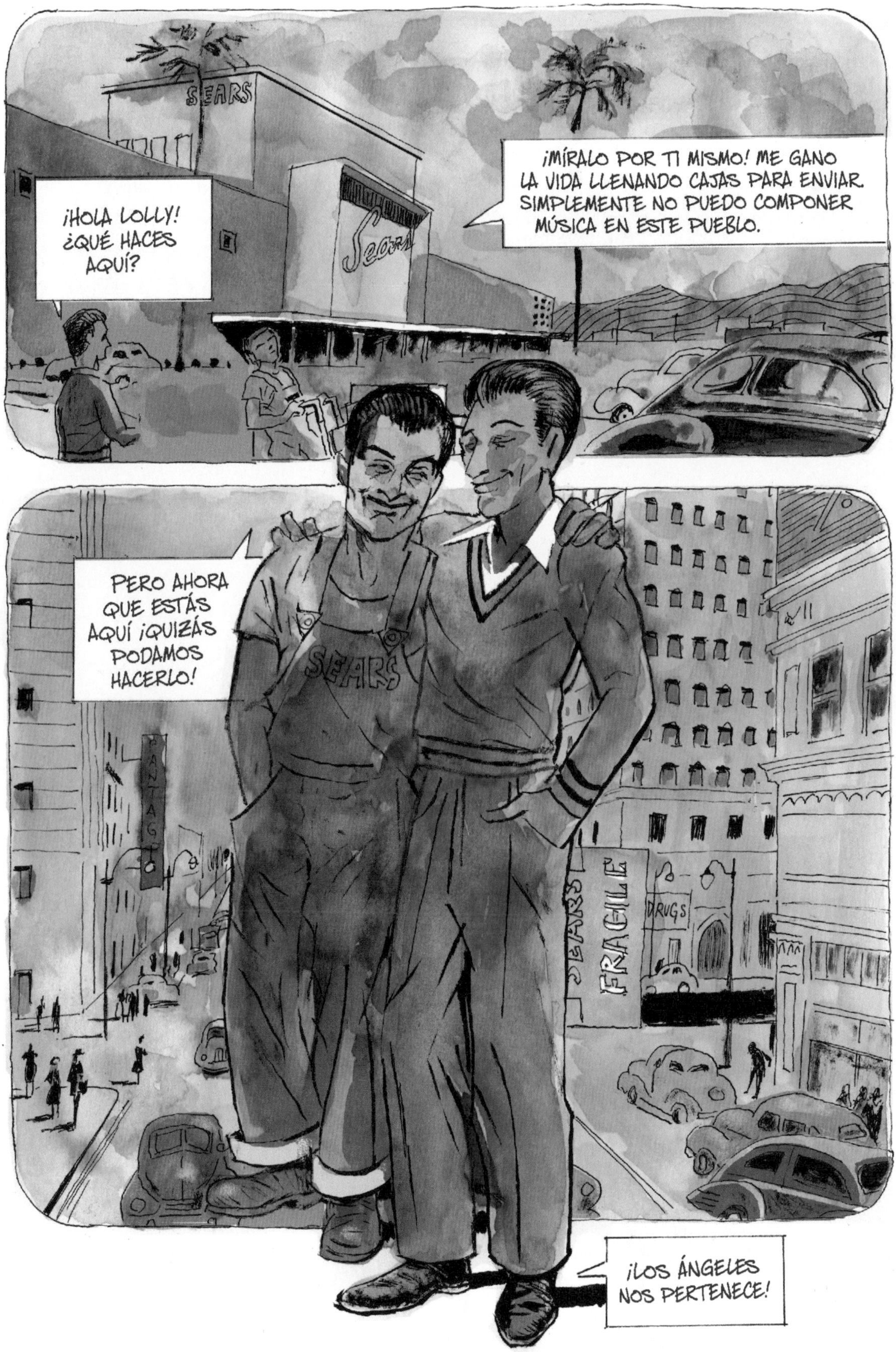
SEARS
Sears
¡HOLA LOLLY! ¿QUÉ HACES AQUÍ?
¡MÍRALO POR TI MISMO! ME GANO LA VIDA LLENANDO CAJAS PARA ENVIAR. SIMPLEMENTE NO PUEDO COMPONER MÚSICA EN ESTE PUEBLO.
PERO AHORA QUE ESTÁS AQUÍ ¡QUIZÁS PODAMOS HACERLO!
SEARS
FRAGILE
DRUGS
¡LOS ÁNGELES NOS PERTENECE!

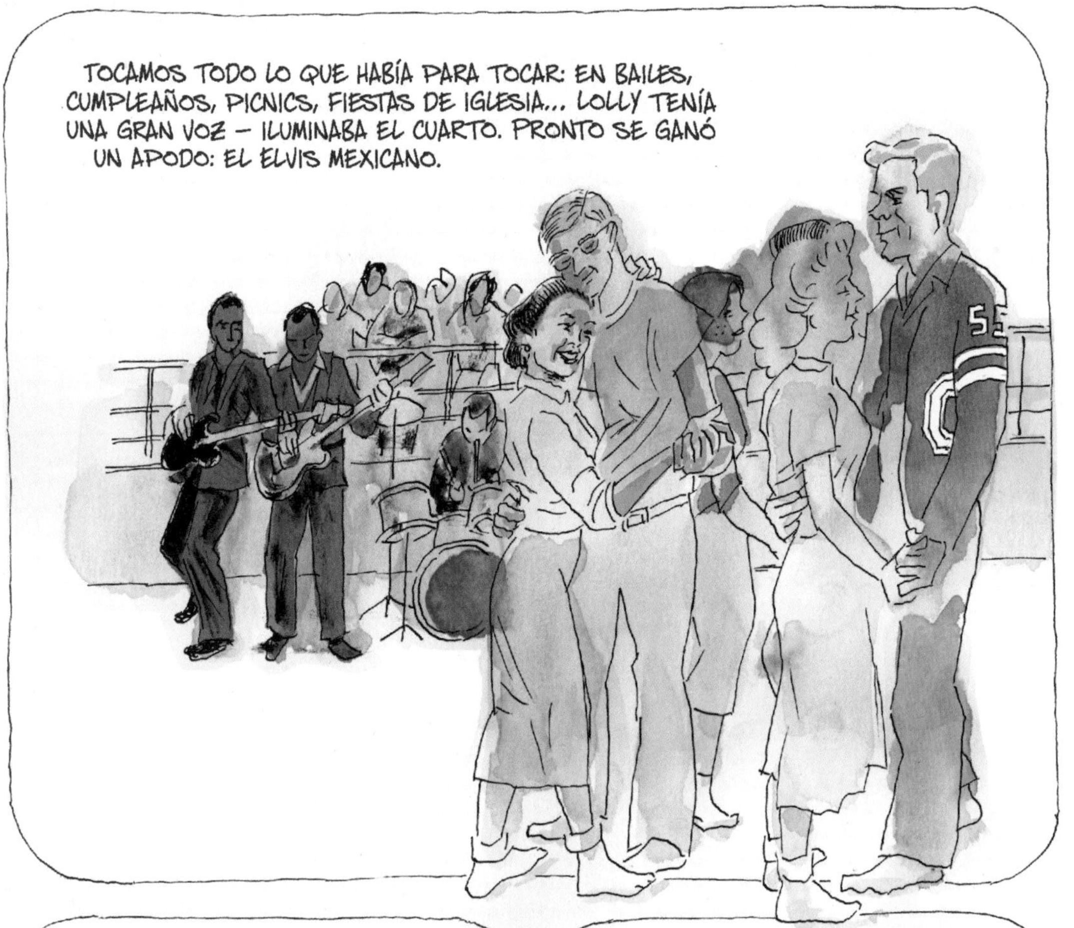
TOCAMOS TODO LO QUE HABÍA PARA TOCAR: EN BAILES, CUMPLEAÑOS, PICNICS, FIESTAS DE IGLESIA... LOLLY TENÍA UNA GRAN VOZ – ILUMINABA EL CUARTO. PRONTO SE GANÓ UN APODO: EL ELVIS MEXICANO.
55

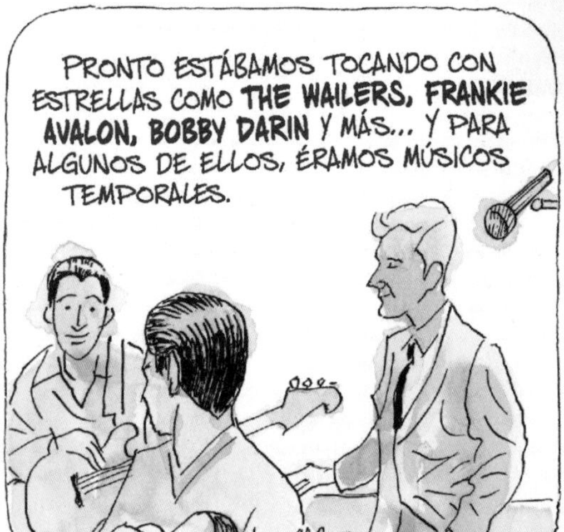
PRONTO ESTÁBAMOS TOCANDO CON ESTRELLAS COMO **THE WAILERS, FRANKIE AVALON, BOBBY DARIN** Y MÁS... Y PARA ALGUNOS DE ELLOS, ÉRAMOS MÚSICOS TEMPORALES.

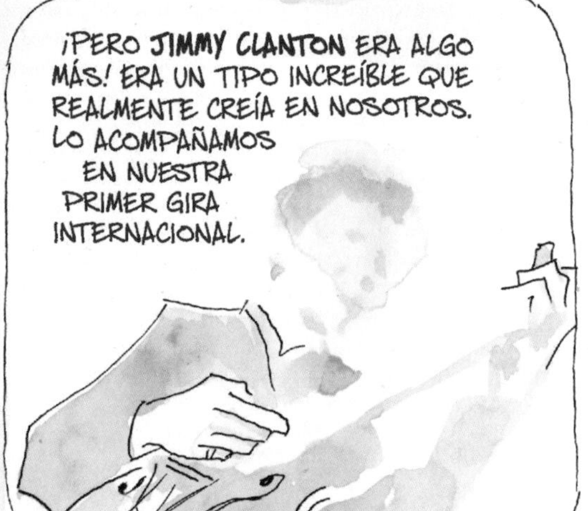
¡PERO **JIMMY CLANTON** ERA ALGO MÁS! ERA UN TIPO INCREÍBLE QUE REALMENTE CREÍA EN NOSOTROS. LO ACOMPAÑAMOS EN NUESTRA PRIMER GIRA INTERNACIONAL.

¡YA NO ÉRAMOS SOLAMENTE UNA GUITARRA Y UN BAJO!

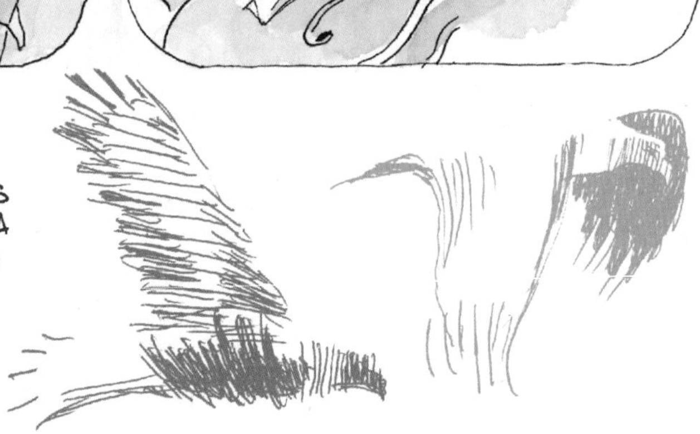

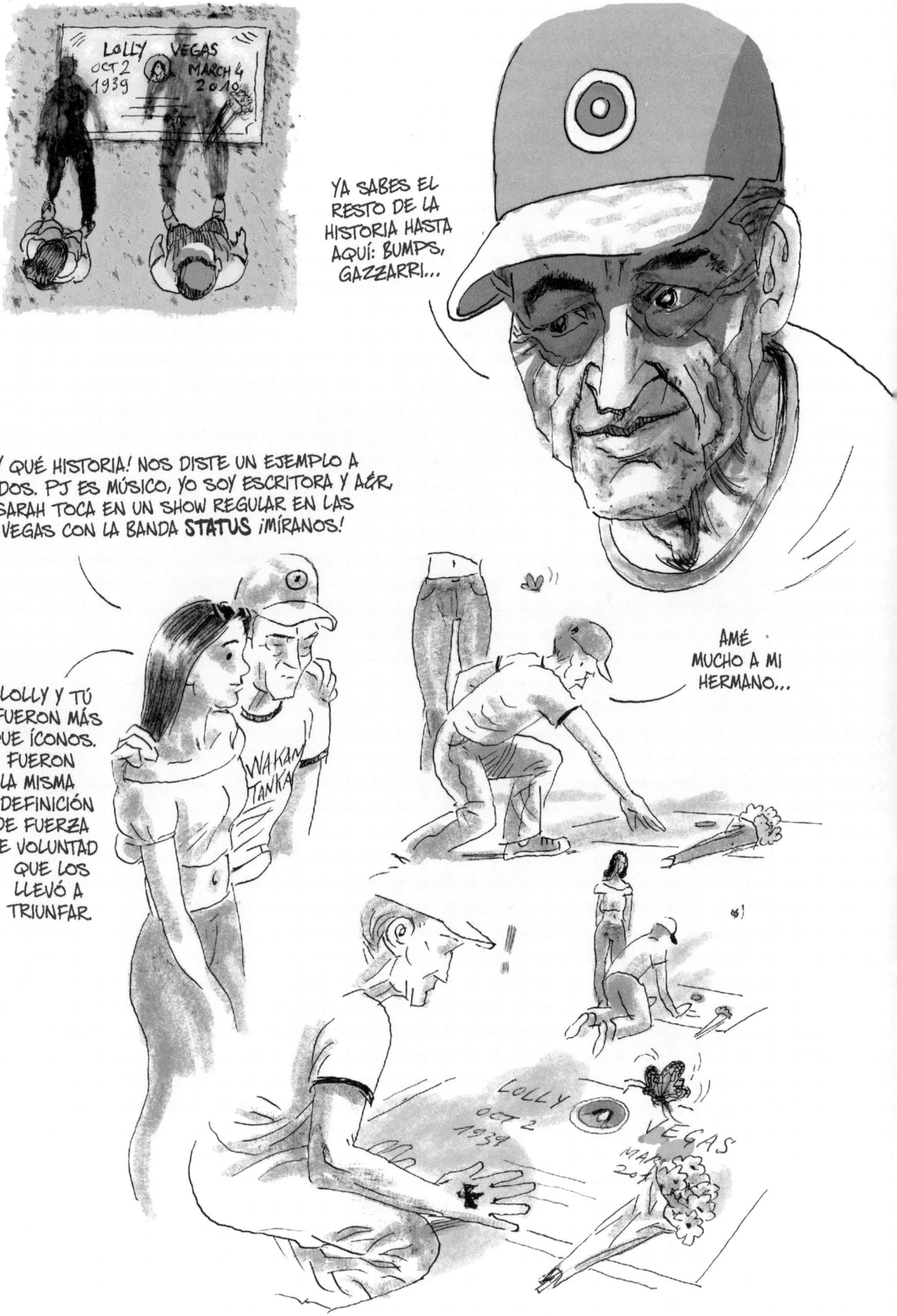
LOLLY VEGAS
OCT 2 1939
MARCH 4 2010
YA SABES EL RESTO DE LA HISTORIA HASTA AQUÍ: BUMPS, GAZZARRI...
¡Y QUÉ HISTORIA! NOS DISTE UN EJEMPLO A TODOS. PJ ES MÚSICO, YO SOY ESCRITORA Y A&R, Y SARAH TOCA EN UN SHOW REGULAR EN LAS VEGAS CON LA BANDA STATUS ¡MÍRANOS!
LOLLY Y TÚ FUERON MÁS QUE ÍCONOS. FUERON LA MISMA DEFINICIÓN DE FUERZA DE VOLUNTAD QUE LOS LLEVÓ A TRIUNFAR
AMÉ MUCHO A MI HERMANO...
LOLLY
OCT 2
1939
VEGAS

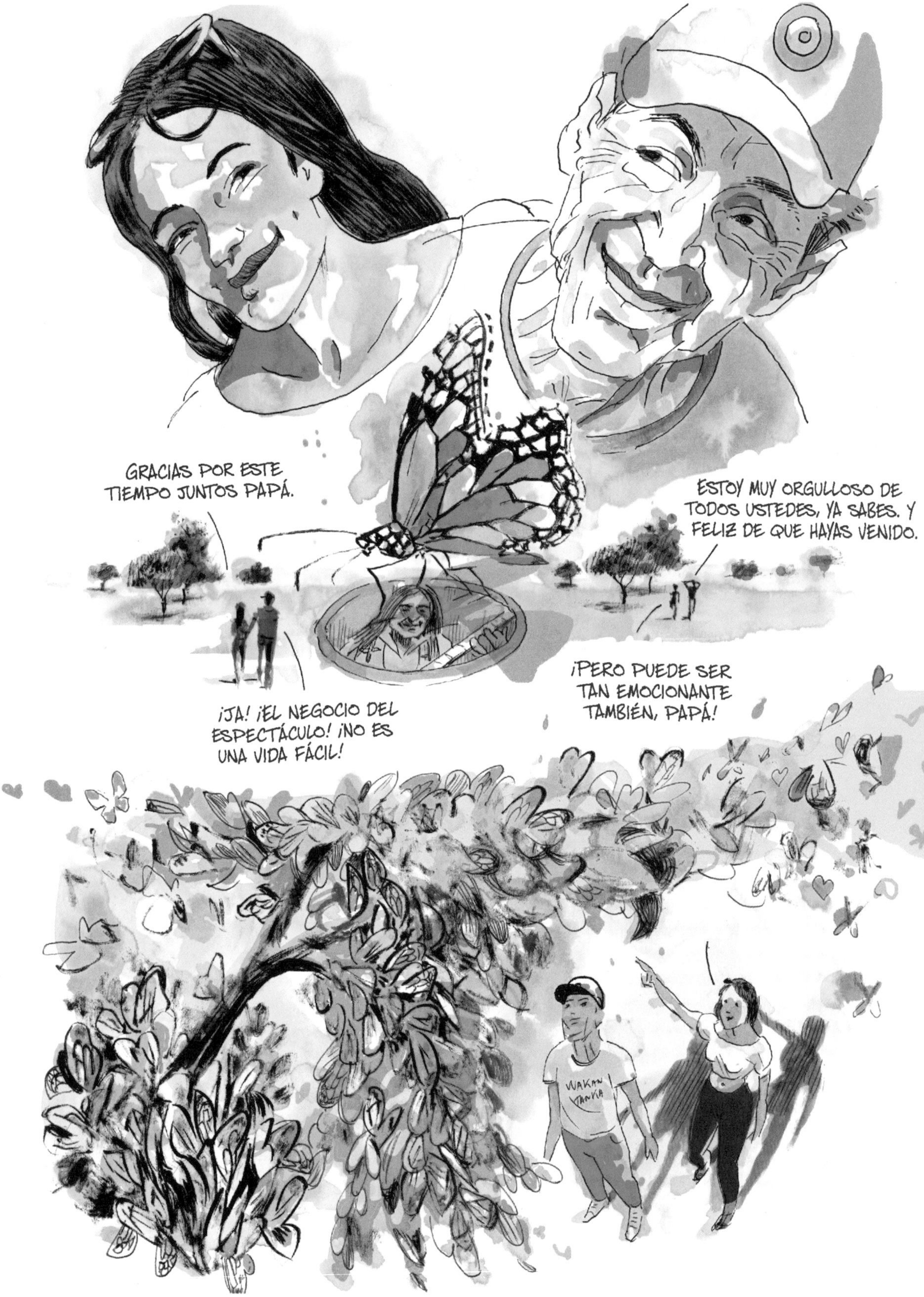
GRACIAS POR ESTE TIEMPO JUNTOS PAPÁ.
ESTOY MUY ORGULLOSO DE TODOS USTEDES, YA SABES. Y FELIZ DE QUE HAYAS VENIDO.
¡JA! ¡EL NEGOCIO DEL ESPECTÁCULO! ¡NO ES UNA VIDA FÁCIL!
¡PERO PUEDE SER TAN EMOCIONANTE TAMBIÉN, PAPÁ!
WAKAN TANKA

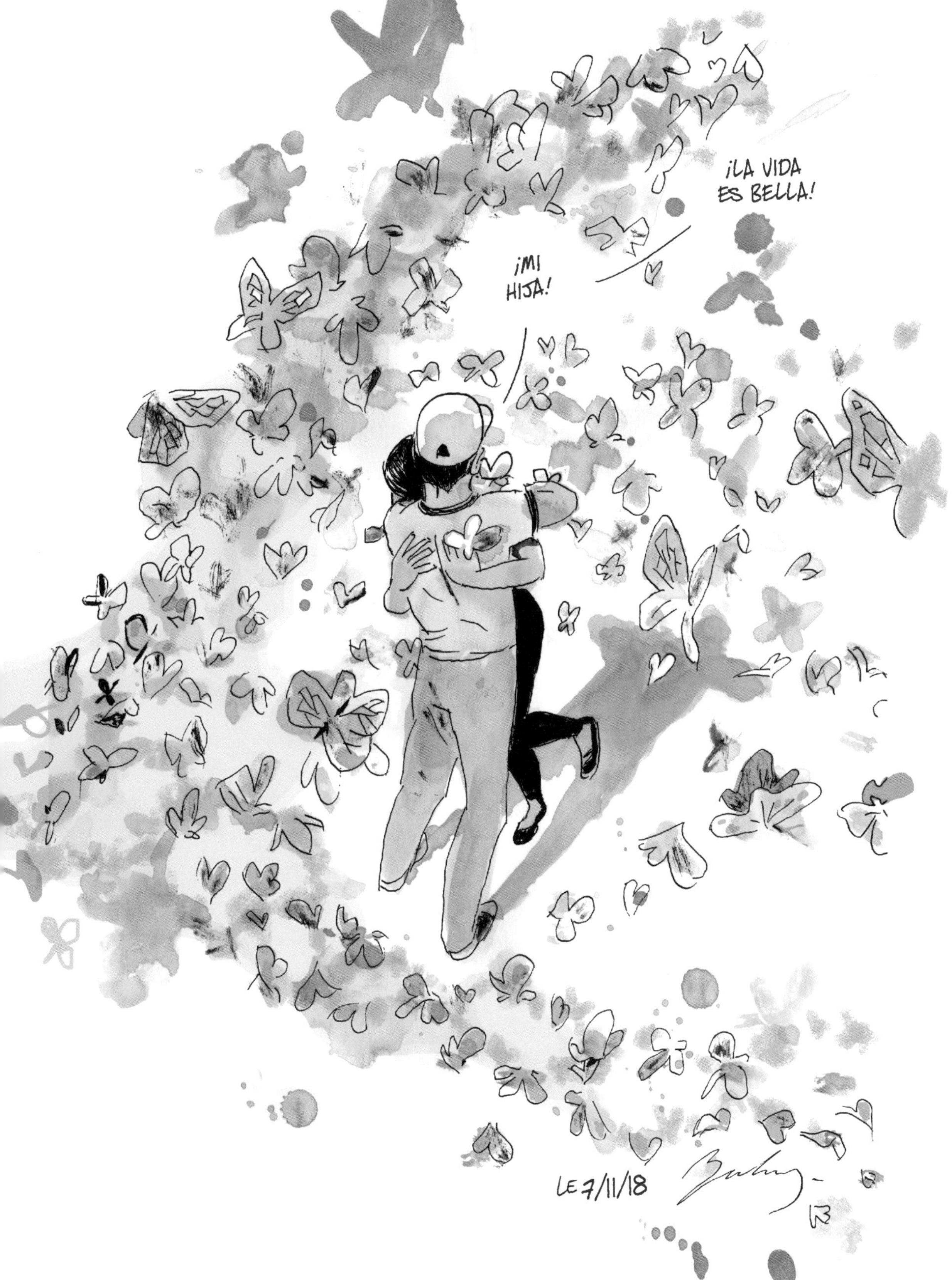
¡LA VIDA ES BELLA!
¡MI HIJA!
LE 7/11/18

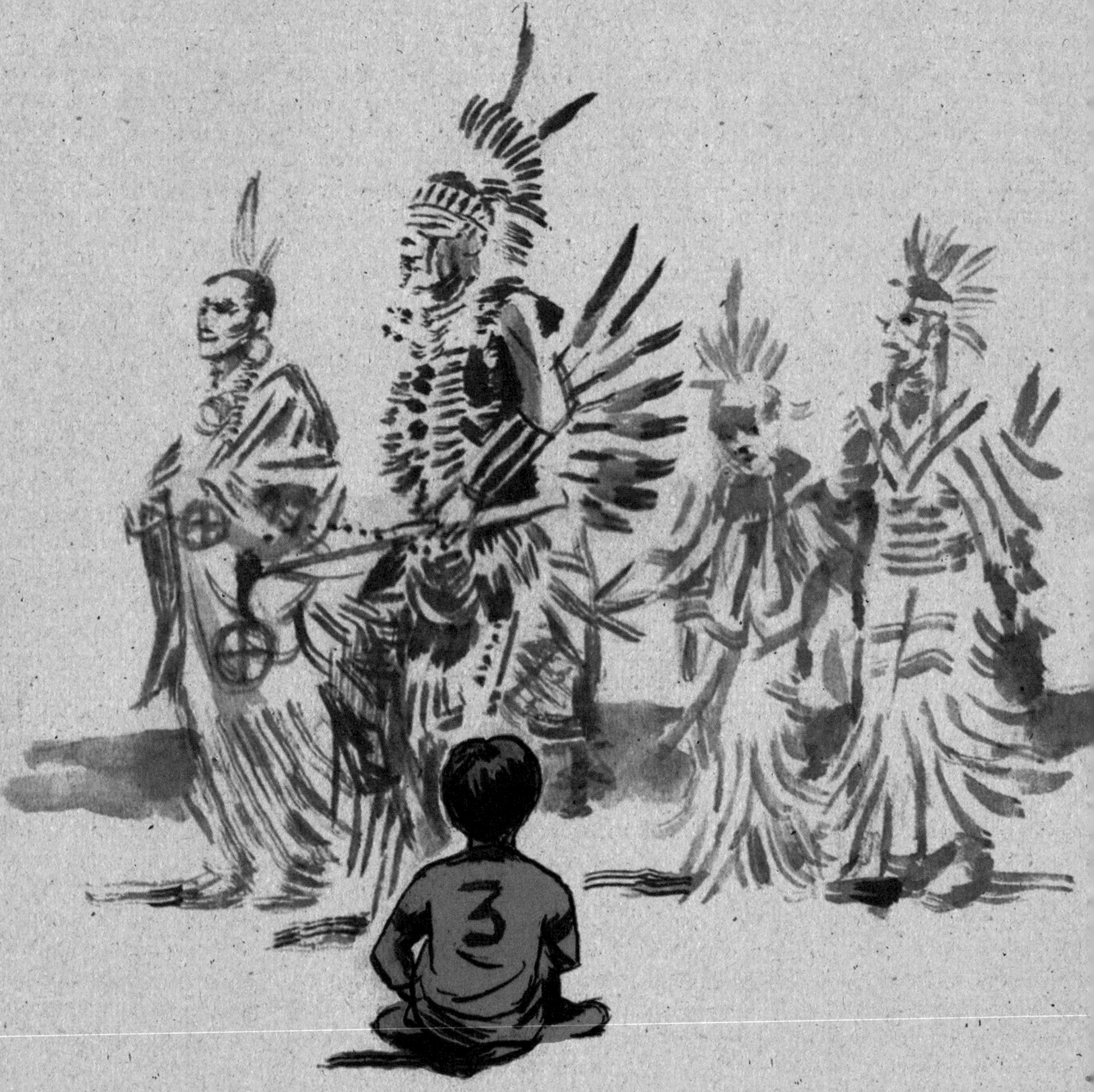

EPÍLOGO

Había una vez, en 1978, era estudiante de La Escuela de Artes Decorativas en Estrasburgo, Francia. El New Wave estaba empezando; el punk y el reggae estaban de moda. Pero yo estaba concentrado con el rock progresivo. Las conversaciones podían volverse acaloradas, las discusiones se convertían en enfrentamientos. Que con el construccionismo y el movimiento experimental de Soporte/Superficie, clasista y gente yendo en círculos, tendencias musicales diversas y variadas, no carecíamos de cosas por las cuales pelear. Hasta entonces, no había nada nuevo bajo el sol, y así era como las cosas aún estaban. Defendería con uña y dientes a Yes y Gentle Giant de mi amigo Patrick, quien odiaba a todos, excepto a Sex Pistols. Lo llamaría un fracasado, él respondería el halago, y todo estaría bien.

También había profesores, la vieja escuela contra la nueva, pre y post 1968, por supuesto. Lucien Leroy era un maestro veterano de dibujo, amado por sus alumnos y enormemente talentoso. Nos pidió dibujar un instrumento musical; dibujé mi bajo. Luego teníamos que dibujar el mismo instrumento viejo y decrépito, lo cual también hice. Maté muchos árboles en aquel entonces.

"¿Te gusta el bajo? ¿Ritmo? ¿Músicos talentosos?" dijo sobre mi hombro mientras yo estaba maltratando mi hermoso bajo. "¡Mira esto!" Y me entregó el álbum de Redbone que trajo esa mañana solo para mí.
¡Qué álbum! Lo amé, lo aprecié, lo atesoré.

A finales de los 70s y principios de los 80s, 45 rmps de discos exitosos eran fáciles de encontrar, pero los álbumes eran otra cosa. No fue sino hasta los 1990s, y con el comienzo del internet, que encontré la discografía completa de Redbone y completé mi colección. La banda indígena estadounidense podría estar muy lejos pero la web los acercó, aunque para entonces todavía no había mucha información disponible.

En el 2002, estaba tocando el bajo con un grupo de rock llamado Rowen,

Pete DePoe y Christian, La Haya, 2008.

y desde luego, quería tocar el cover de "Maggie". Allí fue cuando realmente empecé a investigar en línea. La información era escasa e irregular, a pesar de los mayores éxitos comerciales de la banda en los 1970s en Europa.

En el 2004, creé el sitio redbone.fr, para poner todo lo que encontrara sobre el grupo. Escaneé las portadas de discos e hice lo mejor que pude para escribir las letras de las canciones en inglés porque no estaban incluídas en los álbums. Allí fue cuando empecé a comunicarme con Sandra van der Maaden en Holanda, quien crearía el sitio redbone-europe.com por la misma fecha. Junto con Ellen Bout y Maurice Heerlink, ella reuniría bastante información —por supuesto, diferente a la mía— e intercambiamos lo que teníamos. Su objetivo era organizar una gira europea para Redbone pero tristemente nunca sucedió. Sandra fue primordial para mí porque no solo me ayudó a mejorar redbone.fr, sino también me puso en contacto con Pat Vegas y Pete DePoe. Ella tiene mi más sincero agradecimiento.

Redbone había sido una auténtica máquina de éxitos en Europa, pero aún más en Holanda, donde diez de sus canciones llegaron a las listas, con cinco rompiendo el Top 10. ¡"We Were All Wounded at Wounded Knee" fue el número 1 por cinco semanas! Tuvieron otras canciones en el Top 10 en Francia, Alemania, el Reino Unido y Noruega. "The Witch Queen of New Orleans" fue una sensación en Francia y Alemania —ricamente merecido por una canción como ninguna otra de su época. Pero extrañamente, a "Come and Get Your Love" nunca le fue tan bien como pasó en E.E.U.U. Con esa excepción a un lado, parecía natural que los fans apreciaran a la banda

Pat Vegas, Christian y Acela Cortese, Los Angeles 2017.

más en Europa que en E.E.U.U. Los europeos habían descubierto un grupo innovador mientras que los americanos solo vieron una maravilla de un solo éxito, o pasaron por alto deliberadamente la expresión artística de una minoría cultural.

En el 2008, pasé un día con Pete DePoe, quien estaba viviendo en Holanda en ese tiempo. Pete es una persona maravillosa, encantador y carismático.

En el 2010, empecé a comunicarme con Pat Vegas. Primero por teléfono y luego por email. Hemos estado en contacto desde entonces, y nuestras conversaciones largas me ayudaron a compilar suficiente información para pensar sobre crear esta novela gráfica.

En el 2017, mientras estábamos trabajando mucho en este libro, conocí a Pat Vegas y Acela en Los Ángeles. Me hicieron el honor de tenerme como invitado en su programa de radio. Esos tres días en su compañía estuvieron llenos de momentos que atesoraré para siempre. También conocí a los hijos de Tony Bellamy, Mellica y Tony Jr., también a su viuda DeVona. Quisiera darles mi más sincera gratitud por compartirme sus recuerdos y darle su confianza a un francés que vino a escudriñar lo que para ellos era un pasado distante.

Por ahora en el 2018, redbone.fr sigue fortaleciéndose con cada artículo de prensa y fecha de gira y foto y algunos datos que puedo encontrar de Redbone.

CHRISTIAN STAEBLER

ENTREVISTA CON PAT VEGAS

¿Qué piensas de la historia de Redbone como un cómic?

Primero que nada, me gustaría agradecer a los creadores de este libro por un trabajo tan fantástico. Los dibujos de Thibault Balahy son maravillosos y sorprendentes. Traen nuestra historia a la vida. Es un honor para mí ser representado en un cómic y contar mi historia.

Era un ávido lector de cómics de niño y aún tengo una colección de viejas ediciones que planeo darle a mis hijos. Aunque este tipo de novela gráfica no existía en aquel entonces, los cómics eran parte de nuestra vida diaria.

¿Crees que esta novela gráfica debería ser publicada en los Estados Unidos?

¡Absolutamente! Aquí es a donde pertenece. Y no puedo esperar a leerla en inglés...

Redbone merecía un lugar más grande en la historia cultural americana...

¡Ja ja ja! Las cosas están cambiando. Lentamente, pero han cambiado mucho desde que Redbone empezó. El reconocimiento está allí. Porque, apenas regresé de Canadá hoy —de los Indigenous Music Awards en Winnipeg, donde recibí el Music Lifetime Achievement Award por mi trabajo. La cultura indígena estadounidense está finalmente recibiendo reconocimiento, incluso si ese reconocimiento varía de época. En octubre pasado, Redbone también tocó en el primer Día de los Pueblos Indígenas en Los Ángeles. Los Ángeles se une así a una larga lista de ciudades como San Francisco, Berkeley, Denver, Seattle, Anchorage, Portland, Albuquerque, Minneapolis, y Santa Cruz para reemplazar el

Día de la Raza con el Día de los Pueblos Indígenas en sus calendarios locales. El año pasado, el Comité de Supervisores del municipio votó para reemplazar el Día de la Raza y adoptar el Día de los Pueblos Indígenas como el día festivo oficial del municipio.

Tuvimos el honor de participar en las festividades y mi hijo PJ tocó conmigo en el escenario. Él ha estado sustituyendo a mi hermano estos días con las canciones que Lolly cantaba como solista. PJ es un cantante nato con una voz tremenda.

Pat y su hijo PJ en concierto en Los Ángeles., 2018.

¿De dónde viene tu participación política? ¿Qué te hizo defender la identidad indígena estadounidense?

Mi padre y su padre vivieron en la reserva Hopi y la manera en que fue tratada la gente de las reservas siempre me enfadó. No me gustaba y recuerdo sentir esa rabia desde que era un niño pequeño. Estaba lleno de resentimiento; sentí que tenía que hacer algo al respecto. Habíamos empezado a dar nuestra opinión política cuando la gente de AIM nos contactó porque ellos luchaban por las mismas cosas.

Trataban de informar a la gente, de decirles cómo eran tratados los indígenas. Fue entonces cuando unimos fuerzas. La mayor parte del dinero que ganamos en nuestros dos primeros años fueron para AIM, para apoyar su causa. Trabajamos casi por nada en esos dos primeros años. Éramos amigos de gente como Russell Means y Dennis Banls. Éramos realmente cercanos a esos dos. Estaban también John Trudell, Floyd Webscom...

¿*Puedes ser abierto sobre tus raíces hoy, sin tener que pasar por mexicano?*

¡Ahora, la palabra "mexicano" ya es problemática! Es como decir "texano" o "de Filadelfia". A todos los que llamamos mexicanos eran de hecho indígenas estadounidenses. Los españoles llegaron y tomaron el poder en México, luego los alemanes vinieron después de ellos y finalmente los franceses, y todos ellos se casaron con indígenas.

Mis familiares eran papago, indígenas de E.E.U.U. Mi madre nació exactamente aquí en E.E.U.U.; nació en Texas y era papago. Y mi padre era papago, así que somos indígenas papago. Pero la familia de mi padre vivía en Sonora, México. Estuvieron allí buscando trabajo. Pero no pudieron encontrar ninguno, por lo que regresaron a la reserva papago, donde tampoco pudieron encontrar algo. Así que se fueron a Coolidge, Arizona, donde encontraron algo. Mi abuelo por el lado paterno se involucró con una mujer de la reserva Hopi. Entonces cuando llegó el momento de registrar a la familia, él lo hizo con la reserva Hopi, pero dice "papago" justo allí en el libro mayor. Él se registró como papago pero vivió en la reserva Hopi con su novia. Es algo confuso. Pero tienes que encontrar una forma de sobrevivir. Así que, sí, las cosas han cambiado mucho.

ENTREVISTA REALIZADA POR
CHRISTIAN STAEBLER

28 DE OCTUBRE DE 2018

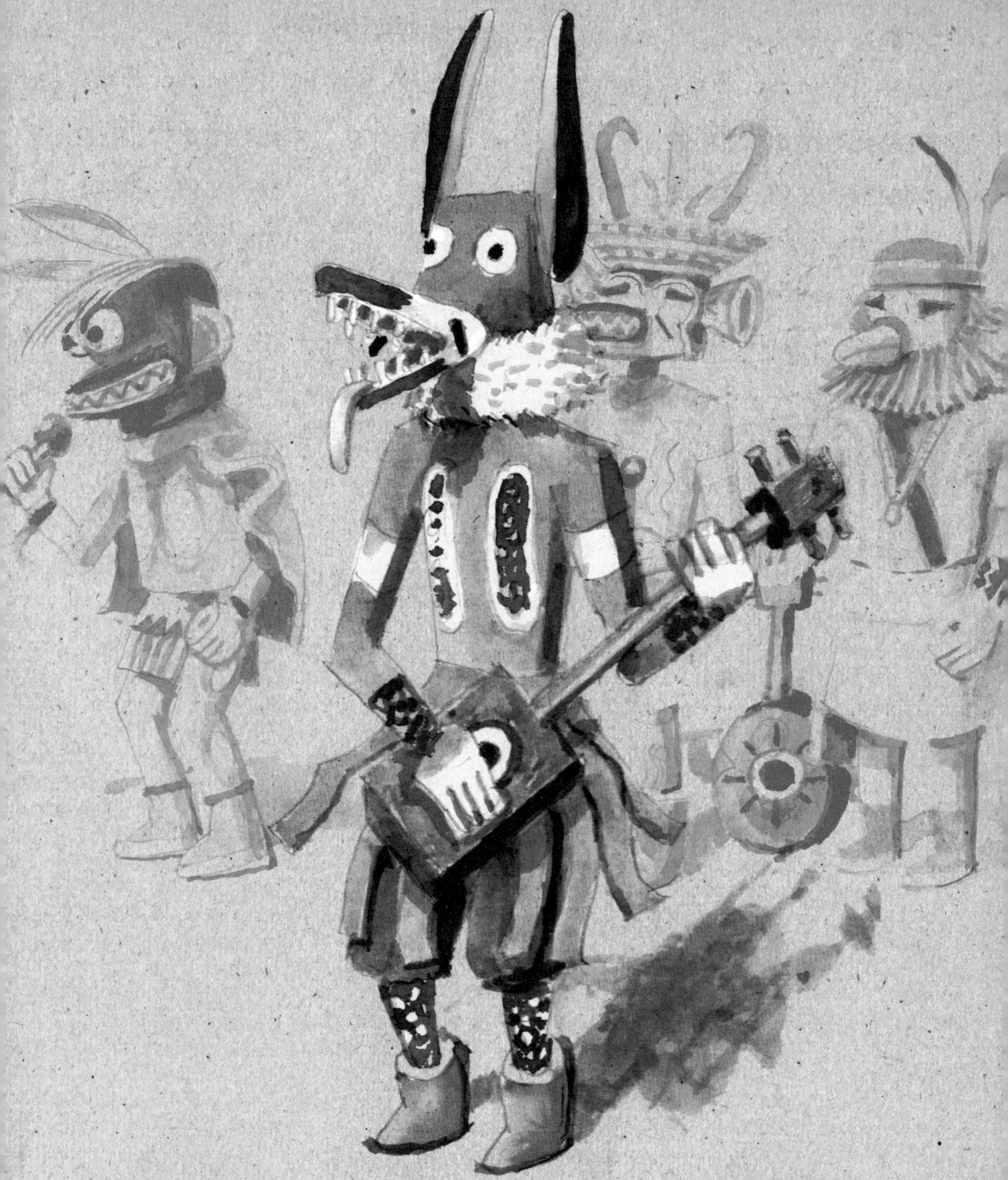

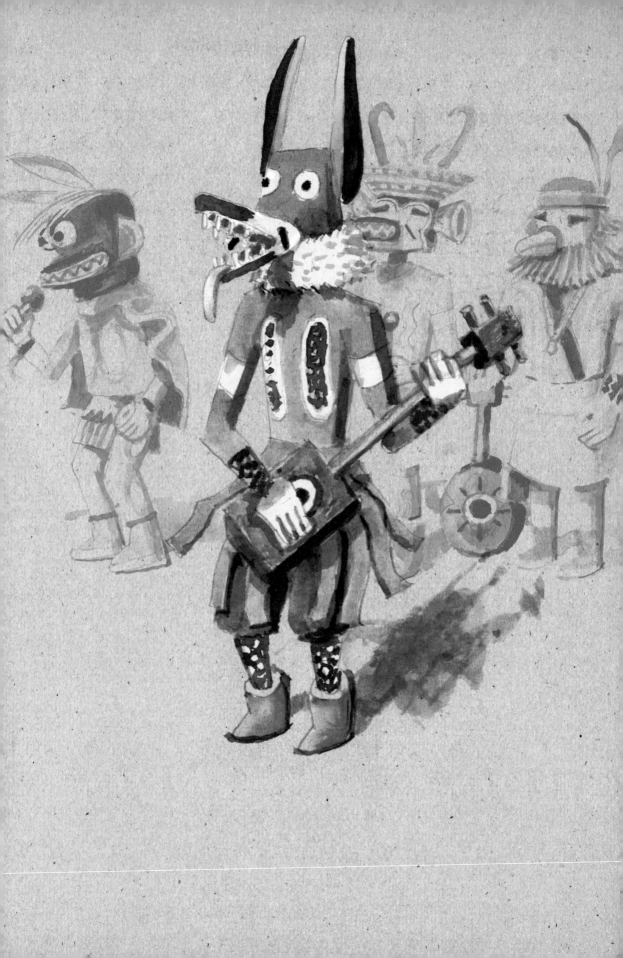

BIBLIOGRAFÍA

REFERENCIA GENERAL:

- *Native Americans,* Arlene B. Hirschfelder (Dorling Kindersley Pub., 2000)
- *La Terre des Peaux-Rouges [La tierra de los pieles rojas],* Philippe Jacquin (Découverte Gallimar, 1987)
- *Treaty between the United States of America and the Navajo tribe of Indians: with a record of the discussions that led to its signing, Navajo Tribe of Arizona, New Mexico & Utah* (KC Publications, 1968)
- *We Are Still Here: A Photographic History of the American Indian Movement,* Dick Bancroft & Laura Waterman Wittstock (Minnesota Historical Society Press, 2013)

SOBRE REDBONE:

- *Come and Get Your Love: A Celebratory Ode to Redbone,* Pat Vegas & Jim Hoffman (Rehbon Publishing, 2017)
- *King Kong Pete: Redbone and Beyond,* Pete DePoe & Jim Hoffmann (King Kong Beat Publishing, 2017)

SOBRE AIM:

- *Where White Men Fear to Tread: The Autobiography of Russell Means,* Russell Means & Marvin J. Wolf (St. Martin's Press, 1995)
- *Ojibwa Warrior: Dennis Banks and the Rise of the American Indian Movement,* Dennis Banks & Richard Erdoes (University of Oklahoma Press, 2004)
- *The Thunder Before the Storm: The Autobiography of Clyde Bellecourt,* Clyde Howard Bellecourt & Jon Lurie (Minnesota Historical Society Press, 2016)

SOBRE LOS INTERNADOS PARA INDÍGENAS:

- *Away From Home: American Indian Boarding School Experiences, 1879-2000,* Margaret Archuleta (The Heard Museum, 2000)
- *To Win the Indian Heart: Music at Chemawa Indian School,* Melissa Parkhurst (Oregon State University Press, 2014)

DISCOGRAFÍA

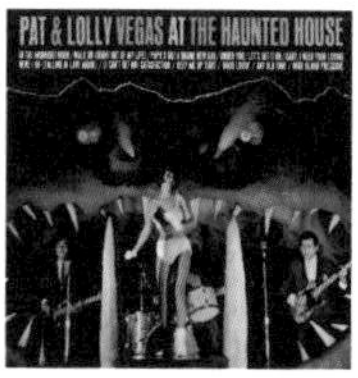
PAT & LOLLY VEGAS AT THE HAUNTED HOUSE

1966 – PAT & LOLLY VEGAS AT THE HAUNTED HOUSE
Un álbum pre-Redbone con algunos clásicos de los 60s y seis canciones originales de Pat y Lolly para descubrir. Todos los ingredientes que harían a Redbone un éxito están aquí. ¿Otro gran placer? Escucharlos tocar los covers de "(I Can't Get No) Satisfaction" y "In the Midnight Hour".

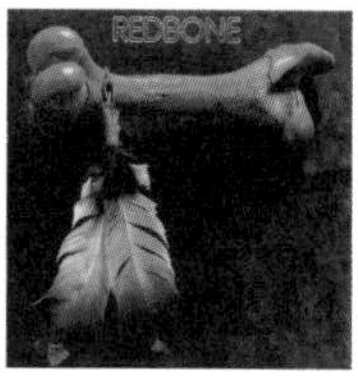
REDBONE

1970 – REDBONE
Este primer álbum es un logro musical en todos los sentidos. Lleno de ritmos antiguos, melodías penetrantes y solos de guitarra originales adelantados a su época, este doble álbum sin precedentes se distingue de los otros tipos de música de esos días. Escucha "Crazy Cajun Cakewalk Band" o "Danse Calinda" como ejemplos perfectos de su estilo inicial. Quizás su álbum más atemporal por el sonido de sus "raíces". Instrumentos largos junto con la improvisación virtuosa completan el conjunto.

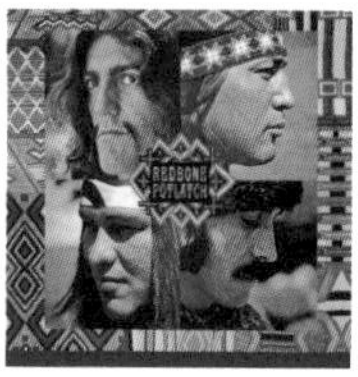
REDBONE
POTLATCH

1970 – POTLATCH
Este segundo álbum tiene su primer éxito: "Maggie". Un éxito que no es lo mismo que una buena canción pero lo hace resaltar. Canciones cortas y sin instrumentales: Redbone pretendía conquistar a la radio y la televisión. Pero a todo eso, nunca perdieron su sonido especial. Sus primeras canciones con mensajes [políticos] están también en este álbum, como "Alcatraz" y "Chant: 13th Hour". Los dos hermanos con sus voces excepcionales comparten funciones principales.

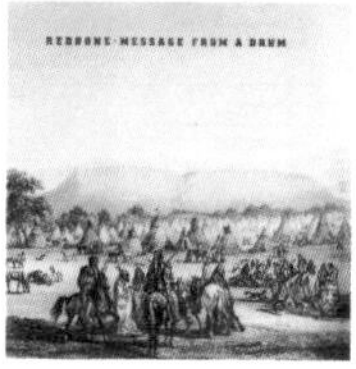
REDBONE·MESSAGE FROM A DRUM

1971 – MESSAGE FROM A DRUM
El tercer álbum tiene su segundo éxito: "The Witch Queen of New Orleans", quizás una de las mejores canciones en la historia del rock. Pero este álbum era mucho más que eso. Los magníficamente, abrazadores remolinos de los solos de guitarra te arrastran con alas de sentimientos musicales, especialmente el track "Emotions". Sus primeros arreglos para una orquesta de cuerda.

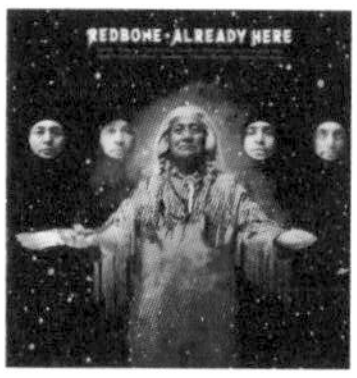
REDBONE·ALREADY HERE

1972 – ALREADY HERE
En este cuarto álbum, los músicos han encontrado su sonido y continúan ampliándolo. Algunas canciones se te quedan en la mente y permanecen contigo, llenándote con energía y felicidad. "Poison Ivy" es imprescindible, por órdenes de "Maggie", y también fue muy popular.

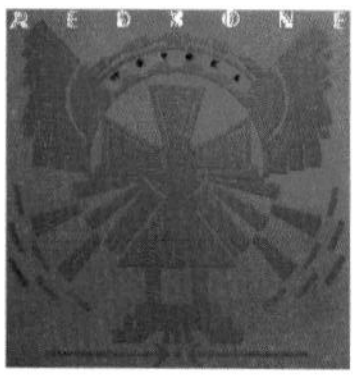
R E D B O N E

1973 – WOVOKA
Este quinto es su más famoso álbum y lo merece. Mezcla canciones muy "pop" con ritmos y raíces indígenas. El resultado es una verdadera joya. Aún hay música extraña y atmosférica, casi como free jazz, ("Liquid Truth" and "23rd and Mad"), justo al lado de su más grande éxito, "Come and Get Your Love". El uso de este último en el 2014 en Guardianes de la Galaxia solamente realza la legendaria importancia del álbum. Es también el primero en presentar a Butch y Pete.

1974 – BEADED DREAMS THROUGH TURQUOISE EYES

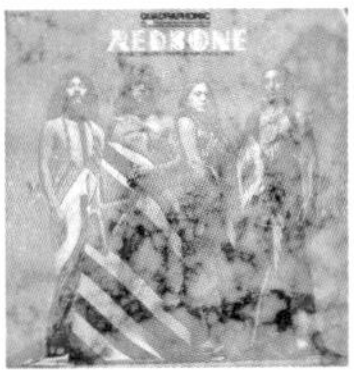

Este sexto álbum fue mucho más comercial que los anteriores. Pero por extraño que parezca, ninguna de estas canciones se volvió un éxito, incluso si "Suzi Girl" y "One More Time" lo merecían. ¿Debería verse como una consecuencia de sus opiniones políticas abiertas? Sin embargo, aparecen varios tracks atípicos para el grupo, como "Cookin' with D'Redbone". Con el reciente CD en el 2017, seis canciones adicionales que no están en el lanzamiento inicial completan el álbum. Otra ocasión más para descubrir los grandes éxitos de Redbone de su mejor época.

1977 – CYCLES

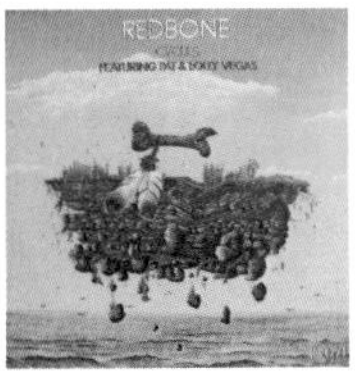

Este séptimo álbum fue la última grabación de estudio del grupo por tres décadas. Pat y Lolly están presentes, por supuesto, pero son los únicos de la época dorada de la banda. Con más sensación de discoteca, este es un disco subestimado. Merece ser redescubierto, porque tiene verdaderas joyas ("Gamble", "Don't Say No"). Una mención especial va para la línea del bajo en "Dancing Bones". Pero por supuesto, todas las líneas del bajo de Pat Vegas eran increíbles. Parecían simples pero son difíciles de imitar...

1977 – LIVE

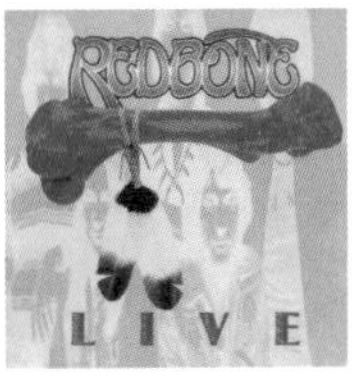
L I V E

El primer álbum en vivo de la banda se grabó el mismo año que Cycles pero no se lanzó hasta en 1994. Este álbum muestra su poder, virtuosismo y magia. Es un excelente testamento de quiénes eran al final de su primera época. Los pocos videos existentes muestran a una banda con un poder impresionante, ritmo y sentido musical.

2005 – PEACE PIPE

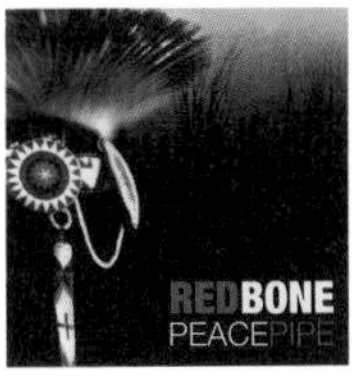
REDBONE
PEACEPIPE

Es un auténtico placer escuchar la voz de Pat en un disco reciente. Poderoso, calculado perfectamente, con harmonías vocales espléndidas. Se siente como si este álbum fuera grabado después de Beaded Dreams Through Turquoise Eyes. Súper arreglos para violín, un buen balance entre rock y canciones más suaves.

2017 – BUFFALO BLUZ

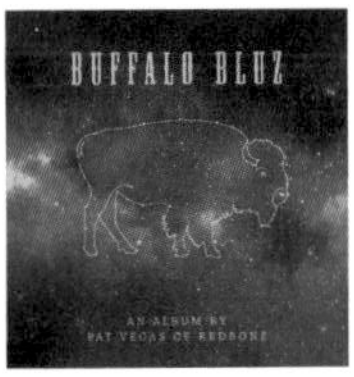
BUFFALO BLUZ

Una nueva grabación de Pat Vegas que explora sus temas más personales, una colección de canciones poderosas, nuevas composiciones y algunas viejas interpretaciones. "Humpty Dumpty", "CC Rider", "Thorns Over Rose", y "The Pessimist" son éxitos absolutos. Pat me dijo que buscaba la esencia misma de una canción de Redbone. Parece que encontró parte de eso aquí.

2018 – PJ Vegas – ON MY WAY

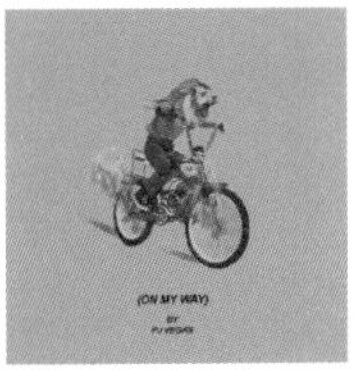

El hijo de Acela Cortese y Pat Vegas, PJ Vegas lleva unos años produciendo música hip hop bailable teñida de blues y rock que combina melancolía y ritmos potentes pero pacíficos. La producción sin igual, los sonidos con formas amorosas y las melodías cinceladas hacen que este álbum de cinco pistas valga la pena escuchar con atención.

WOVOKA
JACK WILSON